CW01500846

Professeure de lettres modernes et écrivaine, Laurine Roux est l'autrice de quatre romans qui lui ont valu plusieurs prix littéraires, notamment le prix SGDL révélation 2018, le Grand Prix de l'Imaginaire 2021, le prix Orange du livre 2022 ou encore le prix Alexandre-Vialatte 2023. Laurine Roux est également l'autrice d'un roman pour la jeunesse et de textes poétiques, qui ont fait l'objet de créations sonores et musicales.

Laurine Roux

Sur l'épaule des géants

Gallimard

À Rollande et Jean-Fabien, mes géants.

*Si j'ai vu plus loin, c'est en montant
sur l'épaule des géants.*

Isaac Newton,
lettre à robert hooke,
5 février 1675

PROLOGUE

Où Gabriel ne pleura pas la trisaïeule

(12 septembre 2001)

Mamita est morte ce matin. Hier, à la télé, ils ont coupé les dessins animés pour montrer des avions qui explosaient sur deux grosses tours en Amérique. Tout le monde avait l'air choqué, et Maman n'arrêtait pas de dire, *Oh mon Dieu oh mon Dieu.* Moi, j'ai bien aimé les pompiers. Quand Papa a appris la nouvelle pour Mamita, il a dit, *C'est un troisième monument qui s'écroule.* J'ai pas compris le rapport avec les deux tours.

Aux Bleuets, les infirmières avaient entouré sa tête avec un ruban passé sous son menton. Elles l'avaient noué en haut de son crâne, on aurait dit un œuf de Pâques. J'ai demandé pourquoi on l'avait déguisée comme ça, Maman n'a pas répondu. Elle est restée plantée devant le lit en répétant, *Non non non.* Son nez faisait plein de bruits dégoûtants et une bulle de morve a poussé au bord d'une de ses narines.

Je ne voyais pas pourquoi Maman était dans cet état. Mamita n'avait jamais vraiment été en forme. Chaque mercredi, on devait aller la voir aux Bleuets, un endroit tout pourri où il n'y a que des vieux. À cause de ça, je ratais tout le temps l'entraînement de foot. Le pire, c'est que Mamita ne se souvenait jamais de mon prénom. Les jours où ça allait, elle m'appelait Barthélémy ou Jacques, et quand elle perdait complètement la boule, elle inventait des surnoms débiles en me tripotant les joues, *Mon petit Haïm, Mon pauvre Audrain.* Ça m'énervait trop. Maintenant, je vais pouvoir jouer au foot. C'est pas très sympa – je sais, merci –, parce que Maman a beaucoup de peine. Seulement, Mamita était comme un vieux meuble qui tombe en miettes : poussiéreuse et complètement déglinguée.

Parfois, le soir, Maman essayait de me parler d'elle. Elle disait, *Tu sais Gaby, ton arrière-arrière-grand-mère a plus de cent sept ans. Elle a vécu plein d'aventures extraordinaires. C'est vraiment quelqu'un.*

Pour moi, seul Spiderman est vraiment quelqu'un d'extraordinaire.

PARTIE I

CHAPITRE PREMIER

Où l'on remonte à la naissance du quadrisaïeul

(1850)

Barthélémy Aghulon, fils de Lazare Aghulon, était un enfant du mitan du siècle. Sa naissance coïncida à peu de chose près au moment où, dans le sud de la France, les papillons commencèrent à battre de l'aile. Le phénomène fut particulièrement observé dans les Cévennes, où l'on cultivait massivement le ver à soie – bestiole tout à fait exigeante qui refuse de grandir sans soleil ni douceur.

Chez les Aghulon, chaque mois d'avril, et depuis des lustres, on voyait des nuées jaunes et frêles s'envoler de la magnanerie. L'affaire était prospère. Les femmes arboraient des jupons de soie et de coquets baise-en-ville, quoique l'on fût à la campagne. Mais à l'automne 1850, Lazare avait senti le vent tourner. De curieuses taches brunes étaient apparues sur les larves et le corps de ses papillons, en même temps que le ventre de Violette, son épouse, s'arrondissait.

En homme de son temps, Lazare était un fervent partisan du positivisme : il cherchait les causes premières. Si d'aventure sa femme lui reprochait les heures passées à observer son élevage, il répondait en levant l'index, *Madame, je suis homme à déflorer les mystères !* C'est pourquoi la grossesse de Violette – dont la cause première ne faisait guère de doute – fut accueillie comme un événement mineur comparé à l'énigme de la maladie qui décimait ses bêtes et qui, neuf mois durant, ravit toute son attention. Quand Violette accoucha, Lazare était en train d'écrire une énième lettre à Jean-Baptiste Dumas. Tous deux avaient usé leurs culottes sur les bancs de l'école communale d'Alès. Depuis, les cheveux de Dumas étaient tombés au même rythme que sa bedaine avait poussé, embonpoint qui seyait parfaitement à son siège de sénateur. Aucune des missives de Lazare n'avait reçu de réponse mais, cœur vaillant, notre scientifique renouvelait chaque mois sa tentative.

Lorsque la bonne accourut pour l'avertir que son fils était né, le savant pivota tranquillement et farfouilla dans son armoire avant de suivre la servante. Une fois dans la chambre, il se dirigea vers le lit, armé d'une toise et d'une balance. On le vit saisir l'enfant à pleines mains, le soupeser, le mesurer, soulever un bras, l'autre, ausculter l'intérieur de la bouche, des yeux ; enfin, noter à la plume le résultat de son examen. *Bon travail ma chère*, conclut-il, en accompagnant sa sentence d'un claquement de langue. Puis il retourna s'enfermer dans son laboratoire.

Barthélémy Aghulon ne serait jamais pour son père qu'un vague objet d'observation. Seules les larves mourantes arrachaient des larmes au paternel.

CHAPITRE 2

Où le quadrisaïeul
devient entomophage

Barthélémy Aghulon grandit donc dans un mélange d'indifférence et d'intérêt scientifique de la part de son père. Chaque dimanche, Lazare le faisait venir dans son bureau pour l'*inspection générale*. Dents, haleine, gaz, tout était scrupuleusement noté puis reporté sur une courbe, baromètre de son amour filial. Si l'enfant s'avérait trop faible, le père le renvoyait dans sa chambre en tempêtant, et si les résultats étaient bons, il l'emmenait en guise de récompense visiter son laboratoire. Là, il se lançait dans d'interminables explications, certain de réussir à éveiller l'esprit du garçonnet aux jubilations de la science.

— Mon fils, remarquez ces taches sombres sur le corps des vers à soie. On les appelle des corpuscules de Cornalia. Cor-na-lia.

Lazare détachait les syllabes pour que l'enfant retînt correctement le mot, puis exigeait de lui qu'il répétât le nom entier.

— Pustules de corne en bois, hasardait ingénument le marmot.

Lazare soufflait d'impatience et secouait le gamin par les épaules.

— Bougre d'imbécile ! Corpuscules de Corna-lia, du nom d'Emilio Cornalia ! Quelqu'un qui donne son nom à une maladie, ce n'est pas rien !

Le garçon regardait son père d'un air hébété. Une fois lancé, l'autre ne s'arrêtait plus.

— E-mi-lio Cor-na-lia. C'est pourtant simple ! Tâchez de vous en souvenir ! Comme moi, il fait partie de ceux qui, lorsqu'ils commencent à chercher, finissent par trouver. Belle leçon de persévérance car, voyez-vous, il occupe désormais l'honorifique poste de conservateur au musée d'Histoire naturelle de Milan…

Les mots s'égaraient dans les rêveries de Barthélémy aussi vite qu'un papillon dans le ciel.

Ces soporifiques exposés du dimanche devinrent bientôt une corvée, et l'enfant développa une ingénieuse stratégie. Ainsi que nombre de galopins, Barthélémy goûtait tout ce qui lui passait sous le nez : fourmis rouges, boudins de crasse entre les orteils, gratte-cul de la haie atterrissaient tôt ou tard au fond de son estomac. En digne fils de magnanier, il avait donc déjà testé les larves de ver à soie à chaque étape de leur transformation. Un jour, il engloutit quelques bombyx malades, qui lui flanquèrent une terrible courante, doublée d'une mine calamiteuse. Dégoûtant mais précoce, le gamin ne tarda pas à comprendre que ces pauvres bêtes allaient devenir ses alliées. Aussi se glissa-t-il chaque dimanche matin dans les entrepôts pour y grignoter, en lieu et place de son petit-déjeuner, quatre ou cinq larves contaminées. Il attendait ensuite le surgissement des gargouillis et des sueurs froides. Qui connaissaient leur apogée à l'heure de l'*inspection générale*. Depuis cette fabuleuse révélation, la visite se soldait immanquablement par un *Montez dans votre chambre, petit souffreteux, ce n'est pas ainsi que vous découvrirez quoi que ce soit.*

Aux anges, Barthélémy grimpait les escaliers et s'enfermait dans sa mansarde. Là où, n'en déplaise à son père, il fit une grande découverte.

CHAPITRE 3

Où le chat du quadrisaïeul philosophe

Un dimanche après-midi, alors que mille soldats ottomans galopaient dans le ventre de Barthélémy – qui avait dû avaler une larve de trop –, le gamin se jeta sur son lit et attrapa un album. Le marmouset se réfugiait souvent dans la contemplation d'ouvrages imagés pour tenter d'oublier ses maux d'estomac et son père.

Violette Aghulon, contrairement à son mari, aimait les mystères. Le soir, elle racontait à l'oreille de l'enfant des histoires peuplées de magie. De sorte que la nuit, ses récits se tressaient aux rêves de son fils. Comme il lui était interdit de visiter le garçonnet lorsqu'il était puni, elle avait disposé des volumes illustrés sur l'étagère au-dessus de son lit. Ainsi pouvait-il replonger à loisir dans ces mondes enchantés, quoiqu'il ne sût pas encore lire. Chaque fois qu'il tombait sur le loup tapi dans la forêt, Barthélémy sursautait. Quelques pages plus loin, il ne comprenait pas pourquoi l'animal dormait dans le lit de la grand-mère, le bonnet de l'aïeule entre ses oreilles. Il aurait voulu en savoir plus, scrutait désespérément les lettres sur la page – autant de hiéroglyphes qui restaient inexorablement muets. Le gamin ouvrait les livres tels une porte, mais son ignorance de la lecture le conduisait dans une pièce sans fenêtre : tant que les signes se tairaient, sa chambre demeurerait une prison.

Ce jour-là, absorbé par le dessin d'une princesse se délectant d'une tasse de thé sous un arbre, il entendit une voix émerger de nulle part.

Il y a plus de vingt-six siècles, autrement dit il y a bien longtemps, vivait en Chine une belle et douce jeune fille. Elle était la cadette de l'empereur et portait le nom de Si Ling-Shi. Cette jeune fille aimait par-dessus tout les jardins de la Cité royale et passait d'interminables heures à admirer les arbres centenaires. Avec une prédilection pour l'un d'entre eux : un mûrier blanc, dont les ramages abritaient des fruits gros comme le pouce.

Au printemps, de curieux cocons apparaissaient, d'où s'échappaient des volées de papillons blancs. La princesse avait coutume de s'asseoir au pied du tronc pour s'abandonner à la rêverie.

Un après-midi qu'elle savourait un thé vert, un cocon tomba dans sa tasse. La demoiselle aux doigts fins essaya de le récupérer et, ce faisant, saisit un fil. Qui commença à se dérouler, tant et tant que la princesse Si Ling-Shi finit avec une bobine soyeuse et résistante autour du doigt. Elle courut la tisser au palais. Le résultat dépassa ses espérances : la première robe de soie au monde était aussi légère que l'air et irisée que l'eau. Seules des princesses dignes de ce nom pourraient la porter.

La voix s'arrêta. Le conte avait captivé Barthélémy au point qu'il ne s'était même pas demandé qui le lui racontait. Étonné, il regarda autour de lui : sa mère n'était pas là. Le fût-elle, l'inflexion, grave et douce, était celle d'un homme. Or, d'homme, il n'en était pas non plus. Pourtant habitué aux histoires mystérieuses, Barthélémy trouva le phénomène fort curieux. Seul Socrate, le chat de la famille, se tenait debout sur le rebord de la fenêtre, lorgnant le livre par-dessus l'épaule de l'enfant. Lequel dévisagea le chat, puis le livre, et à nouveau le chat, qui dit simplement :

— Barthélémy, la sagesse commence dans l'émerveillement.

La voix de Socrate était bel et bien grave et douce.

CHAPITRE 4

Où le quadrisaïeul, guidé par Socrate, devient docte mais coquin

Depuis ce jour, Barthélémy ne quitta plus le chat – qui refusa catégoriquement de lui expliquer comment il avait appris à parler. Les autres membres de la famille s'obstinaient à n'entendre que miaulements là où l'animal dispensait un enseignement plein de sagesse. Jamais plus on ne les vit l'un sans l'autre, si bien qu'auprès des villageois et des siens, Barthélémy passa pour un original. Seule Violette, sa mère, souriait quand son fils soliloquait en compagnie du noiraud.

Infatigable questionneur, Socrate s'attela à déconstruire les certitudes de Barthélémy afin qu'il accouchât d'idées nouvelles. Il l'initia très tôt au précepte *γνῶθι σεαυτόν*, « Connais-toi toi-même ». Dès lors, le gamin sut se contenter de qui il était, en dépit des griefs de son père et des quolibets de ses camarades. Il s'intéressa aux auteurs, aux gazettes, à la morale et aux promenades dans la nature. Le petit félin devint un véritable guide, et Barthélémy un clairvoyant jeune homme. À quatorze ans, il maîtrisait le grec et le latin, avait lu Zénon d'Élée mais lui préférait Parménide. Il venait de connaître ses premiers émois confusément érotiques grâce à Rabelais, lequel brossait, sous l'anagramme d'Alcofribas Nasier, d'excitants tableaux de bêtes à deux dos. À peine pubère, Barthélémy s'était déjà posé la question de l'existence de Dieu avec Voltaire, celle de l'égalité sociale en compagnie de Diderot. Depuis peu, il se penchait sur les découvertes scientifiques de son siècle. Darwin, Gauss ou Nobel lui eussent permis de réfuter toutes les théories fumeuses de son père si ce dernier lui avait laissé voix au chapitre. Deux sujets passionnaient par-dessus tout l'adolescent : la botanique et les filles – une, spécialement, qui répondait au doux prénom d'Églantine.

Socrate avait bien remarqué le rouge aux joues du garçon lorsqu'il croisait la demoiselle. Mais l'adolescent restait secret. Un soir, le philosophe à quatre pattes décida qu'il était temps de prendre le taureau par les cornes :

— Mon cher, que signifiait cet air troublé lorsque nous avons aperçu cette tendre beauté qui cueillait des iris le long du ruisseau ?

— Je ne vois pas de qui ni de quoi vous voulez parler, feignit d'ignorer Barthélémy.

— Allons, allons, si votre langue sèche, votre cœur – que j'entends tonner d'ici – semble bien informé.

— Vous êtes vraiment pénible, Socrate, on ne peut rien vous cacher ! Puisque vous êtes si perspicace, saurez-vous me guider là où les lectures d'Épicure et de Saint-Augustin n'ont fait qu'aviver mon désir ?

— Saint-Augustin ? Attiser votre désir ? Diable, l'affaire est grave !

— Ne plaisantez pas, comment agir quand les battements du cœur font taire la raison ?

— Vous marier.

— Me marier ? Vous n'y songez pas, je n'ai que quatorze ans !

— Mais oui, mariez-vous ! Si la demoiselle se révèle bonne épouse, vous serez heureux. Si elle ne l'est pas, vous deviendrez philosophe, ce qui est excellent pour la santé.

Barthélémy sombra dans une profonde réflexion – les paroles de Socrate provoquaient souvent cet état ; le chat laissait alors son jeune ami méditer car, aimait-il croire, le temps malgré tout trouverait la solution malgré lui. Ce soir-là, cependant, il interrompit les pensées de Barthélémy. L'après-midi, il s'était frotté à la jambe du tendron. Au moment où Églantine s'était penchée pour le caresser, il avait glissé un œil sous ses jupons. Le blond souvenir de ses cuisses continuait à l'émoustiller, et il se fendit d'un conseil plus fripon que philosophe :

— N'hésitez pas, Barthélémy : une donzelle qui porte le prénom d'un rosier sauvage ne manquera jamais de piquant !

CHAPITRE 5

Ou l'interlude échevelé
mais non moins linguistique
du sénateur

Mais les amours naissantes de Barthélémy pour la jeune Églantine allaient connaître quelques contrariétés.

Les missives que Lazare Aghulon adressait depuis des années à Jean-Baptiste Dumas finirent par attirer l'attention du sénateur. À force de lire les doléances de magnaniers ruinés et de recevoir d'inquiétants rapports de ses préposés aux affaires économiques, les oreilles de l'homme politique commençaient à s'échauffer. La pébrine, cette fichue maladie, n'allait pas lui pomper le mou plus longtemps. Il allait en découdre avec cette peste des vers à soie ! Exterminer la vermine, envoyer au diable cet euphémisme de pacotille ! *La pébrine ! Entendez-moi ça !* Le replet sénateur que ses coups de chauffe avaient rendu célèbre à la Chambre – fulminait.

— Quelle agaçante manie que de ne pas nommer les choses ! Ah, les couards ! Comme si la pleutrerie pouvait conjurer le sort !

Dumas gueulait seul dans son cabinet.

— Les imbéciles disent la Faucheuse, moi je dis la mort ! Hardis, les mots ! Madame fait la grosse commission ? Eh bien moi, je fais caca ! Oui madame, caca !

— Monsieur veut se rendre au petit coin ? demanda la secrétaire qui, alertée par les vociférations du sénateur, venait d'entrebâiller la porte.

— Au petit coin ? Vous voulez dire aux chiottes ! Et ne me parlez pas du trône !

Jugeant à raison que ni la question ni la colère de son patron ne lui étaient directement adressées, la jeune femme referma le bureau avec précaution. Dumas continua sur sa lancée.

— Et ce n'est rien face à la pudibonderie de la langue ! Ces dames ont la parenthèse d'amour qui les gratte, le riant bocage qui les chatouille ! Nom de Dieu, irais-je dire que j'ai le petit soldat au garde-à-vous ? Je bande, moi ! Oui, je bande, haut et droit, n'en déplaise aux âmes sensibles !

Dumas tapa du poing sur la table – signe que l'on atteignait l'acmé de son échauffement.

— Et maintenant, il faut se coltiner la pébrine ! Aussi joli qu'un sobriquet, pas plus terrifiant qu'une tétine ! Alors que ce petit nom décime des exploitations entières ! *La merde qui me tombe sur les épaules,* j'aurais appelé ça ! *La grande poisse !*

Après une nuit de repos, Dumas s'était apaisé. Il étudia la question plus en profondeur. Karl Wilhelm von Nägeli, le célèbre botaniste suisse, avait identifié le champignon qui causait la maladie mais échoué à lui trouver un remède. Pour un homme politique comme le sénateur, la recherche ne valait rien si elle n'était synonyme de solutions, de succès, et d'électeurs – autrement dit de pouvoir et de petits-fours. La Suisse pouvait remballer ses effets, la France débarquait ! Il pensa à Guérin-Méneville, illustre spécialiste des insectes. Seulement, le scientifique était bien trop affairé avec le lancement de sa revue. Armand de Quatrefages aurait fait l'affaire, mais le sénateur se méfiait des anthropologues : payer des gens pour qu'ils voyageassent, ça puait le roublard à plein nez. C'est alors qu'il songea à Louis Pasteur, un chercheur émérite, quoiqu'un peu autoritaire, qui avait mené une étude sur la betterave et qui s'en était fort bien dépatouillé.

C'est ainsi que Louis Pasteur fut appelé à la rescousse.

CHAPITRE 6

Où Louis Pasteur bouleverse le destin du quadrisaïeul

La mission que Dumas confia à Louis Pasteur était simple : trouver pourquoi les larves de ver à soie, une fois contaminées, ne parvenaient plus à fabriquer leur cocon, et par voie de conséquence à produire de fil.

Pasteur arriva en juin 1865 à Alès et s'installa dans le modeste domaine de Pont Gisquet, non loin des Mûriers, où vivait la famille Aghulon. Le scientifique commença aussitôt ses recherches. Il fit d'abord une visite des magnaneries alentour en vue d'y prélever des spécimens. Ainsi rencontra-t-il pour la première fois Lazare Aghulon. Lequel lui fit d'emblée fort mauvaise impression.

Car Lazare accueillit l'arrivée de ce Pasteur comme l'occasion de mettre en lumière ses recherches. Il se lança dans un rapport aussi confus qu'interminable sur les axiomes de ses études et sur ses déductions provisoires. Pasteur considéra rapidement le bonhomme comme un Tartuffe et cessa de noter quoi que ce fût. Le fils du magnanier regardait le savant d'un air désolé, qui semblait vouloir excuser les chinoiseries de son père.

Au bout de vingt minutes, Lazare Aghulon conclut enfin :

— J'ai conscience de l'audace de mon raisonnement. Peut-être préféreriez-vous que je mette mon expertise par écrit afin d'en mesurer toute sa complexité ?

— Ce ne sera pas nécessaire, se contenta de répliquer Pasteur. J'accepterais en revanche volontiers que votre fils me montre où prélever les bombyx.

— Je peux vous y conduire ! proposa Lazare, désireux de rester dans la course.

— Non, vraiment, je vous assure, il vaut mieux que vous retourniez à vos travaux, ils sont tellement plus avancés que les miens, manœuvra habilement le scientifique.

— Je vous l'accorde, admit Lazare, imperméable à l'ironie. Barthélémy se fera un plaisir de vous accompagner. Ne vous préoccupez pas de ses bizarreries, mon fils est un original mais il est bien éduqué.

Et voilà comment Barthélémy Aghulon fit la connaissance de Louis Pasteur.

Le jeune homme demeura silencieux, veillant à ne pas déconcentrer le savant. Lorsque celui-ci eut choisi les bêtes destinées à l'observation, il demanda à l'adolescent ce qu'il pensait de tout cela.

— Je pense que je n'en pense rien, répondit simplement le jouvenceau.

— Sage conclusion, convint Pasteur en souriant. Mais dites-moi, mon garçon, cela vous intéresserait-il de visiter mon laboratoire ?

Le lendemain, Barthélémy partit pour Pont Gisquet, flanqué de Socrate. Ils y passèrent l'après-midi. La sagacité et l'humilité du jeune homme firent forte impression sur Pasteur. Le chat n'y était pas pour rien : aussi fin observateur que philosophe, il ne manqua pas de conseiller son maître et de lui glisser de judicieuses réparties – fort heureusement, les incessants miaulements du félin n'incommodèrent pas le savant.

Sur le chemin du retour, Barthélémy croisa Églantine. La fille de Fernand Allizart, dont le domaine jouxtait Pont Gisquet, rassemblait des rameaux d'abricotiers en fleur tout en fredonnant. De quelques années sa cadette, la demoiselle avait poussé comme une tulipe au printemps, si bien que le jeune homme faillit ne pas la reconnaître. Quand il passa devant elle, la donzelle lui lança un timide sourire avant de baisser les yeux. Cette nuit-là, Barthélémy rêva de baisers et de microscopes.

Au fil des semaines, Pasteur se prit d'affection pour le petit Cévenol et fit de lui une sorte d'assistant. Les mois s'écoulèrent et, chaque jour, escorté de Socrate, Barthélémy se rendait au laboratoire, où il apprit à disséquer les papillons, à reconnaître leurs organes et à isoler les symptômes. Pasteur avait avancé dans la description de la maladie, mais peinait encore à en comprendre l'origine et le développement.

Chaque soir, sur le trajet du retour, Barthélémy tombait sur Églantine qui cueillait des bouquets de fleurs. Et chaque soir leurs regards s'énamouraient plus profondément.

Seulement, un matin d'automne, Pasteur annonça la nouvelle : il devait retourner à Paris. Barthélémy accusa le coup. Le scientifique posa une main sur l'épaule du jeune homme. Il avait une proposition à lui faire :

— Pourquoi ne viendriez-vous pas à la capitale avec moi ? Vous y feriez de véritables études. Je pars dans deux jours. Songez-y.

CHAPITRE 7

Ou le dilemme du quadrisaïeul

Encore sous le choc de la nouvelle, Socrate et Barthélémy restèrent cois en regagnant les Mûriers. Quand ils se retrouvèrent face à

Églantine, qui ramassait les dernières giroflées de la saison, Barthélémy ne sut que faire. Et sans rien avoir prémédité, il l'embrassa. Un petit baiser de rien du tout, rapide et léger, qui pourtant l'électrisa des orteils à la racine de ses cheveux. Puis il demeura les bras ballants, étourdi par son audace, ignorant s'il devait s'excuser ou hurler son amour à la belle. Laquelle, candide et pudique, s'enfuit sitôt le baiser volé. Barthélémy en fut terrassé. Mille tourments l'assaillirent, soulevant son ventre au point que de grosses larmes envahirent ses yeux.

— Allons, rentrons à la maison, l'invita Socrate en le poussant du museau.

— Je ne sais que faire, je ne sais que faire ! sanglotait le jeune homme.

— Rentrons, répéta Socrate. Le temps malgré tout trouvera la solution malgré vous.

Barthélémy peina à s'endormir, tiraillé qu'il était entre l'envie de saisir cette chance inouïe – découvrir le monde aux côtés d'un homme qu'il admirait depuis leur première rencontre – et son fol amour pour Églantine. Il s'en ouvrit à Socrate, qui refusa énergiquement de prendre parti : Barthélémy seul devait être maître de son destin.

L'adolescent passa la nuit à se remémorer le baiser – une bulle, une fraise des bois – et à essayer d'interpréter la fuite de son aimée. Ne partageait-elle pas ses sentiments ? Mais alors, que signifiaient les regards langoureux qu'ils avaient échangés tout l'été ? Encore inexpérimenté, il trancha : la belle s'était jouée de lui. Et précipita sa décision de partir. Barthélémy ne se doutait pas que les émotions les plus puissantes pussent provoquer des réactions brutales, que les jambes pussent fuir là où le cœur explosait. Il était à mille lieues d'imaginer qu'à peine le virage passé, Églantine avait virevolté de joie. Qu'à cette heure, elle non plus ne parvenait pas à trouver le sommeil, rêvant déjà à leurs retrouvailles. S'il l'avait su, son choix eût-il été différent ? Las, Barthélémy était novice en amour.

Le matin, il rassembla ses affaires et annonça la nouvelle à ses parents. Lazare se mit en colère, contrarié certes d'être séparé de sa progéniture, plus encore de n'avoir pas obtenu les faveurs du grand savant. Violette, en bonne mère, félicita son fils d'avoir pris une décision aussi téméraire et l'encouragea tout en retenant ses larmes. Quant à Socrate, il restait muet. À n'en pas douter, il faisait la gueule.

C'est en début de soirée que Louis Pasteur vint s'enquérir de la décision du jeune homme.

— Je vous suis. À une condition : j'emmène Socrate.

À ces mots, le chat, prostré sur le rebord de la fenêtre, bondit vers son maître et s'enroula autour de ses jambes, vibrant de sonores ronrons.

— À croire que les bêtes comprennent bien des choses, songea tout haut Pasteur.

— Vous ne croyez pas si bien dire, répondit

Socrate, là où tous n'entendirent qu'un énième miaulement.

CHAPITRE 8

Où, parti au nord, le quadrisaïeul ne perd pas le sud

C'est donc à peine âgé de quinze ans que le quadrisaïeul arriva à Paris.

Là, il collectionna les honneurs du lycée, avant de récolter ceux de l'École normale supérieure. Où il opta pour les cours de chimie et de microbiologie. Le dimanche, il déjeunait chez les Pasteur, où Marie l'avait accueilli comme son sixième enfant. Quoique enchanté, Barthélémy n'en oubliait pas pour autant les siens, et chaque semaine écrivait une lettre à sa mère, puis une à son père. Dans la première, il rapportait les menus détails de son quotidien, donnait des nouvelles de Socrate, dans la seconde, tenait son père au courant de ses travaux – en espérant que Lazare suivrait ses conseils. Ses recherches progressaient et sa thèse avait été couronnée de succès : on tenait enfin un procédé pour enrayer les infections des vers à soie.

Père, il vous suffit de prélever un échantillonnage de chrysalides et de les broyer. Si aucune trace de corpuscule ne réside dans le broyat, votre

chambrée est saine, donc apte à la reproduction.
Dans le cas contraire, il vous faudra trier les
œufs. Une simple opération de sélection !

Hélas, Lazare s'entêtait, sourd aux recommandations de son fils. En vérité, il refusait de
reconnaître que le gosse l'avait surpassé. Tant
et si bien que la magnanerie alla de mal en
pis. Violette s'en épanchait d'ailleurs dans ses
missives, ne sachant plus comment redresser la
situation. Barthélémy décida de s'en ouvrir à
Pasteur, qui lui décocha cette boutade :

— Mon pauvre ami, avec l'ouverture du canal
de Suez, c'en est fini de la soie : aucun vaccin ne
peut éradiquer la concurrence !

La plaisanterie fit mouche. Ce soir-là,
Barthélémy demanda son avis à Socrate. Fidèle
à son usage, le chat retourna la question à son
expéditeur :

— Et vous, Barthélémy, qu'en dites-vous ?

— Je me souviens du jour où j'ai découvert
votre don. Vous racontiez l'histoire de la princesse Si Ling-Shi...

— Continuez, l'encouragea le félin sur un ton
maïeutique.

— Eh bien, c'est elle qui a lancé la culture du
ver à soie. La Chine a ensuite étendu la sérici-
culture à tout l'Orient...

— Et pourquoi pas à l'Europe ?

— Parce que nos bateaux, figurez-vous,
devaient franchir le cap de Bonne-Espérance...

— Et que c'était trop long, n'est-ce pas ?

— Oui, donc trop cher. Ainsi fabriqua-t-on la soie en France. Coûteuse, certes, mais plus économique qu'un voyage depuis les Indes.

— Seulement, maintenant que le canal a été creusé…

— Les soies du Levant sont à portée de main…

— … donc de bourse.

Moroses, Socrate et Barthélémy plongèrent leurs regards dans le vague. Il fallait se rendre à l'évidence : la famille Aghulon devait se reconvertir. Barthélémy s'endormit en songeant à la fertilité de la terre cévenole, aux iris et au soleil qui baignait les coteaux. Le lendemain, il écrivit ses inquiétudes à ses parents, mais leur fit aussi part d'une idée : n'avait-on pas toujours fait pousser un pan de vigne pour la consommation familiale ? Pourquoi ne pas développer l'affaire ?

La proposition fut accueillie de manière pour le moins contrastée. La dernière ligne lue, Lazare se fendit d'un *Non* catégorique. Violette, quant à elle, opina du chef, et sortit se promener entre les ceps. En rentrant, elle répondit à son fils qu'elle considérerait ce projet avec le plus grand intérêt.

L'année suivante, on dégusta le premier cru de Violette. Il se déroulait en bouche telle une histoire magique.

CHAPITRE 9

Où les conquêtes du quadrisaïeul
lui laissent un goût amer

Barthélémy avait désormais dépassé la vingtaine. Il se plaisait à Paris. Pasteur l'avait introduit auprès de Dumas, qui à son tour l'avait intronisé dans les salons mondains où, débarquant accompagné de son chat, il faisait fureur. Pour ces dames, la coquetterie était irrésistible, et chacune rivalisait de minauderies afin d'attirer l'attention du jeune homme. Socrate était aux anges : bien qu'il avançât en âge, il n'avait rien perdu de son goût pour la gaudriole. Il fallait le voir se glisser sous les jupons, frotter le mollet de l'une ou bobiner la cheville de l'autre. Ces demoiselles finissaient toujours par le prendre dans leurs bras et le presser – ô comble de délice – contre leur sein. Las, Socrate ne souffrait pas la bêtise et déchantait immanquablement. Car les femmes d'esprit – les seules à pouvoir lui plaire – terrorisaient Barthélémy : la fuite d'Églantine Allizart avait tué en lui la possibilité de tout élan amoureux. Voilà donc comment Barthélémy choisissait ses conquêtes : jolies pour l'agrément, cruches par sécurité. Sous de facétieux miaulements, Socrate noyautait les conversations galantes de son maître. À peu de chose près, les déclarations des grues se ressemblaient toutes, et commençaient sur un ton badin lorsque Barthélémy les raccompagnait chez elles :

— Quelqu'un d'aussi intelligent que vous ! Dame, il faut que je fasse attention à ne pas dire de sottise…

— Je suis certain que vous n'en dites jamais.

— Je vous en prie, ne vous moquez pas ! Vous pouvez être sûr que je ne ferai aucune erreur en associant un chapeau à une robe, mais pour ce qui est des choses de l'esprit…

— Je n'en crois rien…

Plus on approchait du domicile, plus elles s'enhardissaient :

— Vous êtes si courtois, si élégant…

Au pied de l'immeuble, les jolies basculaient la tête en arrière en murmurant un théâtral *Je vous suivrai jusqu'au bout du monde.*

— Très bien, mais tâchez d'y demeurer ! feulait Socrate qui, décidément, n'aimait pas les péronnelles.

Barthélémy adressait un clin d'œil au chat, puis escortait ces dames jusque dans leur lit. Au réveil, il prétextait une conférence urgente, prenait ses cliques et ses claques, et ne revenait jamais. Sans trop de risque, on pouvait dire que sa vie était un enchaînement de succès scientifiques doublé de fiascos sentimentaux.

Chaque Noël, Barthélémy retournait aux Mûriers. Il n'y passait que deux jours, ses recherches ne pouvant souffrir de trêve excessive – les chats ne font pas des chiens. Et chaque fois qu'il se couchait dans sa chambre d'enfant, lui revenait en mémoire l'après-midi divin mais fatal du baiser donné à Églantine Allizart. Et chaque fois il en ressentait de vifs picotements, là, au fond de son ventre.

Depuis, la belle avait dû se marier.

CHAPITRE 10

Où la perfide Albion
mène le quadrisaïeul dans le Jura

Barthélémy Aghulon allait bientôt manquer de temps pour collectionner ses conquêtes : les préoccupations du scientifique s'apprêtaient à toucher de près aux affaires de l'État.

Car en 1860, Napoléon III avait eu la bonne idée d'éduquer le palais des Anglais aux saveurs viticoles. L'empereur espérait ainsi ouvrir aux vignerons français un marché qu'il devinait juteux. Il avait donc conclu un traité de libre-échange avec Richard Cobden, en contrepartie de quoi le diplomate avait promis d'abaisser les droits d'importation sur les vins. Mais les nectars français continuaient, près de dix ans plus tard, à heurter les papilles saxonnes, amollies par l'insipide thé de quatre heures. L'accord fut compromis.

Louis Napoléon convoqua séance tenante les sommités en la matière :

— Qu'on me trouve une solution fissa ! Et s'il faut ajouter un nuage de lait pour plaire aux Rosbifs, qu'on ajoute un nuage de lait !

Quoique échaudé par le ton, Pasteur fut bien obligé d'accepter la mission : on ne discute pas le commandement d'un empereur, fût-il de petite taille. L'envoyé britannique précisa qu'il s'agissait de corriger ce fâcheux *péti gü de fieu* qui heurtait les sensibilités outre-Manche. Pasteur fit répéter le plénipotentiaire. *Ce pé-ti gü de fi-eu*, articula l'Anglais. Le secrétaire d'État chuchota à l'oreille du savant qu'un regrettable *petit goût de vieux* froissait les amateurs anglo-saxons. En termes moins diplomatiques, la terre d'Albion ne voulait plus de piquette. Pasteur soupira, cela faisait des années que les phénomènes de fermentation alcoolique lui trituraient les méninges.

Le dimanche suivant, invité à déjeuner par Marie, Barthélémy apporta l'une des bouteilles élevées par Violette. On la but en accompagnement du gigot. Quand Pasteur y trempa ses lèvres, lui d'ordinaire si courtois laissa échapper un tonitruant *Nom de Dieu !* Le vin s'enroulait autour de la langue, coulait en glouglous tendrement érotiques le long du gosier. Comment pareil miracle pouvait-il s'expliquer ? Le jeune homme haussa timidement les épaules :

— Le mariage de la science et de la poésie ?

Pasteur ouvrit grand ses bras.

— Accompagnez-moi dans mes recherches, mon ami !

Ému, Barthélémy leva son verre et on trinqua à la prospérité scientifique.

Les deux hommes décidèrent de déplacer temporairement leur laboratoire à Arbois, dans le Jura natal de Pasteur, où ses investigations avaient débuté une décennie plus tôt. On établirait le camp au milieu des cépages de pinot, de poulsard, de savagnin, de trousseau et de chardonnay, noms dont la seule évocation suffisait à émoustiller Barthélémy : cette mission s'annonçait autrement plus excitante que le dépeçage des vers à soie. Tout au long du voyage, Socrate ne cessa de miauler de plaisir. Quand Pasteur se fut assoupi, le jeune homme s'en étonna en chuchotant :

— Je croyais que les chats ne buvaient que du lait ?

— Mon cher, l'illustre Platon écrivait que le vin est le lait des vieillards. Ne suis-je pas bien âgé ?

Enfin, on arriva. Des filets de truite au bleu les attendaient et une bouteille de blanc avait été débouchée. Socrate remua la queue lorsque la cuisinière lui jeta les arêtes du poisson. Ces recherches jurassiennes se présentaient décidément sous les meilleurs auspices.

CHAPITRE 11

Où science et amitié
ne font pas toujours bon ménage

Si les travaux dans le Jura furent généreusement arrosés, ils n'en restèrent pas moins sérieux et appliqués. Pasteur nourrissait une grande ambition : disqualifier la théorie de la génération spontanée en élucidant les mystères de la fermentation alcoolique. Il y dépensa une énergie pharaonique. Dès le petit-déjeuner, il tempêtait contre cette manie qui remontait à l'Antiquité :

— Figurez-vous cela : les Anciens croyaient que les grenouilles naissaient de la boue et les pucerons du bambou ! La peste soit d'Aristote qui a inventé de telles sornettes !

Moins véhément, Barthélémy portait un regard amusé sur ces antédiluviennes errances. Il rit lorsque Pasteur lui raconta l'expérience menée par Van Helmont, un médecin flamand du XVIIe siècle. L'imbécile avait versé des grains de blé dans un vase, qu'il avait scellé avec une chemise de femme couverte de sueur puis, vingt et un jours d'incubation plus tard, avait prétendu que des souris en étaient sorties. Pasteur grimaça : ceux qui défendaient la thèse selon laquelle les problèmes de la vigne ne pussent provenir que de la vigne n'étaient pas moins stupides !

Forts de ce postulat, nos deux scientifiques

se lancèrent corps et âme dans une véritable enquête. Armés d'alambics, de cloches et d'innombrables tubes à essai, ils formulèrent cette hypothèse : des agents extérieurs intervenaient dans la vinification. Certains vertueux, qui permettaient la fermentation, d'autres coupables qui, suspendus dans l'air ambiant, œuvraient dans l'ombre pour faire tourner le vin en cette fameuse piquette.

Ainsi traquèrent-ils ces micro-organismes. Leur théorie microbienne connut de belles avancées, mais leurs publications ne recevaient jamais qu'un accueil mitigé. La critique pinaillait, on voulait des preuves plus flagrantes, et Barthélémy s'en plaignit à Socrate :

— Hélas, la bêtise n'est pas un micro-organisme, soupira le félin.

— Certes, mais comment prouver que ces satanées levures doivent se déposer sur les grappes pour enclencher ce processus qui nous donne du fil à retordre ?

— Le temps malgré tout trouvera la solution malgré…

— Vous finissez par être agaçant !

— La vérité vous agacerait-elle, dorénavant ?

Barthélémy ne répondit pas : il savait que Socrate avait raison.

L'embellie ne tarda d'ailleurs pas à se profiler sous les traits joviaux de Jules Vercel. Le bonhomme connaissait Pasteur depuis toujours. Un beau matin, il fit irruption dans le laboratoire où nos deux amis besognaient, pipettes en mains.

Jules affichait son air des jours heureux. Il avait une affaire en or à leur proposer : quelques arpents de vigne à vendre pour une bricole ! De quoi pratiquer des expériences grandeur nature ! Pasteur se frotta la barbe, puis eut un sourire en coin. Barthélémy se demanda quelle idée pouvait avoir germé dans le cerveau du génie.

— Mon cher, nous allons faire pousser des vignes sous cloches hermétiques. À l'abri de l'air ambiant…

— … et de nos bonnes vieilles levures ! claironna le jeune homme.

— Je prends d'ores et déjà les paris : cet automne, notre raisin ne donnera pas de vin !

Marché fut conclu et, dès le lendemain, on se retroussa les manches.

Courant octobre, on vendangea sous gazes stériles et pressa les grappes avec mille précautions. Puis on attendit. On aurait pu attendre jusqu'à la Saint-Glinglin que le jus n'en eût pas plus fermenté. Ils le tenaient, leur eurêka : un agent extérieur était bel et bien à l'origine de la vinification. Jamais ils ne se délectèrent autant d'un vin raté. Leur restait à comprendre comment juguler les mauvaises levures. Et c'est en goûtant moult piquettes, en détaillant leurs défauts – l'amertume, l'acescence, la graisse, la tourne –, en observant au microscope la composition de chaque breuvage, qu'ils isolèrent quatre maladies. Aucune ne résistait à la chaleur : la pasteurisation avait vu le jour.

Emplis de joie, nos deux scientifiques rentrèrent enfin à Paris. L'éclaircie ne fut malheureusement que de courte durée. Car à la même époque, Marcellin Berthelot – qui se réclamait des recherches de Claude Bernard – eut le mauvais goût de publier un essai remettant en question, ne fût-ce que timidement, la théorie de Pasteur. Notre microbiologiste ne digéra pas le coup et se lança instantanément dans un contre-exposé qu'il rédigea d'une plume trempée dans l'acide. Sa réponse, rendue publique dès 1879, agit comme une traînée de poudre. On s'offusqua de son ton péremptoire et de sa conclusion brutale : *Bernard s'est fait illusion*. Barthélémy se sentait profondément mal à l'aise. Phénomène inédit, une partie des arguments de son maître ne le convainquait pas. Seulement, il ne savait quelle conduite adopter, aussi consulta-t-il Socrate. Le chat se contenta de lui demander si l'intégrité n'était pas une déclinaison de la vérité, puis laissa le jeune homme à sa méditation. Après une nuit de réflexion, Barthélémy décida de faire part de ses réserves à son cher professeur et l'invita le soir même aux Trois Frères, un petit restaurant de la place Monge où l'on servait le fameux cru de Violette. Tout au long du repas, notre jeune scientifique guetta l'occasion d'aborder la question. Au dessert, légèrement éméché, Pasteur partit dans une diatribe contre ses détracteurs, donnant de violents coups de cuillère dans sa croustade de gaufre. Saisissant la balle au vol, Barthélémy émit quelques menues objections. Pasteur le somma de s'expliquer. Le jeune homme s'excusa par avance, exposa son point de vue avec toutes les préventions possibles, moyennant quantité de *peut-être* et de *sans doute*. Mais rien n'y fit. Touché en plein cœur, le savant entra dans une colère homérique. Il ne supportait pas que son disciple – *Mon disciple !* insista-t-il, *Celui que j'ai formé depuis sa plus tendre enfance !* – pût accorder quelque crédit aux inepties de Claude Bernard, pire encore, à ce moineau de Berthelot. Pasteur se leva, jeta sa serviette à la tête de Barthélémy et prononça cette terrible sentence, *Allez au diable, toi et tes cornichons !*

La brouille durerait de longues années.

CHAPITRE 12

Où Socrate friponne dans les cuisines

Dès le début du repas, Socrate s'était éclipsé dans les cuisines. Peut-être avait-il senti poindre la discorde. Ou avait-il une bonne raison de traîner du côté des casseroles : une soudaine envie de saluer Gisquette, par exemple. La chatte trônait au milieu des marmites, se pelotonnant entre les jambes des trois frères et goûtant leurs assaisonnements. Quoique de gouttière, la féline n'en était pas moins dotée d'un palais délicat :

une diva des fourneaux. Quand les trois cuisiniers mariaient des saveurs inédites, ils se fiaient à ses papilles et, si l'idée leur venait de revisiter la sauce gribiche en l'accommodant d'ail des ours, c'est encore vers elle qu'ils se tournaient. Du bout de son museau, bonbon au milieu de sa houppe angora, elle fleurait, reniflait, et y revenait plus que nécessaire. Lorsque le plat lui convenait, elle remuait la queue ; s'il était à jeter aux oubliettes, elle le renversait d'un coup de patte. À force, Gisquette affichait un embonpoint qui lui donnait des airs de pelote de laine.

Socrate l'avait remarquée dès sa première visite. La diva faisait son tour de piste, glanant caresses d'un côté, morceaux de viande de l'autre, roucoulant de plaisir aux gratouillis sous le menton, quand elle ne marivaudait pas dans la crinoline de ces dames. Ce fameux soir, elle avait décoché un regard si coquin au noiraud qu'il en avait été piqué au vif. Que croyait cette maraude ? Qu'un intellectuel de sa trempe mangeait de ce pain-là ? Qu'elle pût le mener par le bout du nez ? *Que nenni !* semblait signifier la mine altière avec laquelle il l'avait révérencieusement saluée. Salut bien trop poli pour être honnête, n'avait pas manqué d'observer la belle, qui connaissait ses gammes. Aussi, tout le repas durant, elle avait titillé le chat, mordillant une arête de sardine de manière outrageusement provocatrice, le frôlant non moins équivoquement, si bien que le philosophe, tout cérébral qu'il fût, avait eu toutes les peines du monde

à dissimuler son émoi. *La chair est triste, hélas !*
et j'ai lu tous les livres, se répétait-il pour tenir
bon. Trop tard, Gisquette avait fait mouche.
Ainsi naquit le seul et unique grand amour de
Socrate.

Chaque fois que Barthélémy prévoyait de dîner
aux Trois Frères, le matou passait des heures à
se lisser le poil. Le jeune homme n'eut bientôt
plus aucun doute sur les sentiments du félin.
Qui toutefois avait sa fierté : s'il ne ratait pas
une occasion de venir saluer Gisquette, jamais
il ne céda. Peu habituée à ce qu'on lui résistât,
la minette eut d'abord le béguin, puis en pinça
sacrément pour ce drôle de zigue.

Il faudrait pourtant de longues années avant
que notre philosophe se laissât dévergonder.

CHAPITRE 13

Où le quadrisaïeul boit
et le quintaïeul trinque

Barthélémy fut meurtri par sa dispute avec
Pasteur. Son intégrité scientifique ne souf-
frant aucune compromission, le jeune homme
décida néanmoins de camper sur ses positions,
quoique son affection pour son maître, au-delà
de la brouille théorique, restât intacte. Il poursuivit ses travaux de son côté, s'inspirant des

spéculations de son aîné tout en les nuançant avec les réserves de Claude Bernard, ce qui permit, ni plus ni moins, d'ouvrir la voie à l'enzymologie. Pour approfondir son sujet, il étudia différents échantillons de cépages. Au point de devenir incollable : capable de différencier les moindres nuances du piquepoul au romorantin, d'identifier les notes de poivron vert d'un cabernet sauvignon, la lourdeur d'un merlot cueilli trop tardivement, de reconnaître un cinsault entre mille. Surtout, il se fit expert en dosage, sachant mieux que quiconque quand le grenache était trop prégnant et le mourvèdre pas suffisamment. Parmi tous ces raisins, il chérissait le syrah, qui lui rappelait les coteaux rocailleux des Mûriers.

De fait, c'était le goût qui dominait dans le vin de Violette. Amatrice d'histoires, elle l'avait appelé l'Aïthops Oinos, le *vin aux sombres feux*, expression qu'elle avait empruntée à Homère dans *L'Odyssée*. Il est vrai qu'en respirant le parfum de ses caves, on était envahi par un vent épique, puissant, presque dangereux. La viticultrice aimait rappeler que jadis, en Grèce, une gorgone ornait le fond des coupes dans le but d'épouvanter ceux qui frôlaient l'ébriété.

Fort de ses recherches, Barthélémy avait aidé Violette à bonifier le domaine. Aux intuitions poétiques de sa mère, il apportait sa constance rationnelle ; de lui, la charpente, d'elle, les fulgurances. Quant à Lazare, le breuvage de son épouse lui semblait par trop baroque, *Totalement fantaisiste,* arguait-il en repoussant son verre. Une menace pour le sérieux de ses études. Il n'y touchait par conséquent jamais, préférant se cloîtrer dans son laboratoire, s'enfermant dans ses travaux sur les bombyx, accumulant des piles d'observations qui ne menaient à rien – si ce n'est à encombrer la pièce. Le vieux fou n'en démordait pas, il touchait au but : quelques relevés encore, et il percerait le mystère de la maladie. Pour les autres, il était désormais acquis que son entêtement conduisait les Mûriers à leur perte. Le couple ne vivait plus que de la vente de l'Aïthops Oinos. On avait dû renvoyer la bonne depuis longtemps.

L'hiver 1893 fut si rude que Barthélémy glissa quelques billets dans une enveloppe afin que ses parents eussent au moins de quoi se chauffer. Violette avait beau raisonner Lazare, le vieux savant refusait de quitter son laboratoire où sévissaient pourtant des températures polaires. Elle y installa un poêle pour que son mari résistât à la vilaine bronchite qui l'affaiblissait. Si fiévreux fût-il, Lazare excluait l'idée de se reposer : depuis qu'il pratiquait la dissection, ses recherches avaient pris un tournant décisif. Il comprenait les bêtes de l'intérieur, *Intimement.* Un jour, Violette le surprit en train de leur parler. Sans que personne n'osât mettre un mot dessus, chacun songeait de plus en plus à la démence. Barthélémy en fut très affecté lors de sa visite à Noël. Il se demanda si l'exposition continue à l'éther diéthylique, utilisé pour endormir les vers, n'avait pas atteint le système nerveux de son père. Violette devait se montrer vigilante : qui savait ce qu'un homme aussi déterminé pouvait faire dans un accès de folie ? Lorsque Barthélémy reprit la route pour Paris, il eut un drôle de pressentiment.

Et il n'avait pas tort : deux jours plus tard, tandis que Violette revenait d'Alès, elle fut alertée par une colonne de fumée à hauteur des Mûriers. L'estomac noué, elle s'élança sur le chemin verglacé. Son cœur faillit lâcher quand elle découvrit le laboratoire entièrement détruit par les flammes. Pendant des heures et des heures, ignorant la neige et l'évidence, elle appela son mari dans le fol espoir qu'il se fût absenté. Mais au fond d'elle, elle savait. Lazare ne quittait jamais son officine et elle s'adressait à un tas de cendres.

CHAPITRE 14

Où l'on dit adieu à Lazare et bonjour à l'amour

Quand il reçut le télégramme, Barthélémy venait à peine de rejoindre Paris ; il reprit aussitôt la route en sens inverse.

À son arrivée, il trouva Violette assise dans la cuisine, les yeux dans le vague, rougis par les pleurs et le manque de sommeil. Lazare avait beau avoir été un mari farfelu, elle l'avait aimé. Son fils descendit à la cave et en remonta une bouteille d'Aïthops Oinos. Violette but son verre cul sec avant de rapporter les conclusions du garde champêtre. Lazare avait dû passer la journée à opérer des larves dans son laboratoire. On supposait qu'il avait manipulé de l'éther. Extrêmement volatil, le gaz s'était probablement répandu dans toute la pièce – l'odeur persistante après l'incendie en attestait. Chargés de vapeurs toxiques, les lieux avaient réagi telle une cocotte-minute à la première étincelle du poêle. Seule certitude : les monceaux d'archives s'étaient embrasés comme du papier à cigarette.

— Si seulement je n'avais pas installé ce maudit chauffage, se récriminait Violette.

— Ma pauvre Maman, il serait mort de froid, tenta de la disculper Barthélémy, qui savait que rien ne la consolerait.

Socrate s'était réfugié près de la cheminée, silencieux. Il n'avait jamais particulièrement goûté la compagnie du diafoirus, mais il respectait la tristesse des siens.

La cérémonie fut fixée au surlendemain. Les jours qui précédèrent, Barthélémy les passa à soutenir Violette dans l'épreuve des démarches à accomplir.

Le moment venu, tous les villageois se rassemblèrent, davantage poussés par la curiosité que par la compassion. Violette avait demandé au curé de s'en tenir à une certaine sobriété et d'insister sur la passion de son époux pour la science. Le religieux vanta la ferveur du défunt pour la recherche, qui l'avait *littéralement consumé*. Tout le monde s'offusqua. Pour se venger, Socrate pissa dans le bénitier. Le cortège chemina ensuite sans un mot jusqu'au cimetière ; la neige crissait sous les semelles dans un bruit de verre pilé. Après la mise en terre, personne ne s'attarda. On languissait de rentrer se réchauffer au coin de l'âtre. De vagues serrements de main, d'impersonnels *Mes condoléances*, et Violette et Barthélémy se retrouvèrent plus seuls que jamais devant la tombe de Lazare.

C'est à ce moment qu'il la remarqua. Elle se tenait à quelques pas, des fleurs sèches à la main. Si Barthélémy ne se souvint pas des giroflées cueillies le jour du baiser volé, il n'eut aucun mal à reconnaître la beauté sauvage d'Églantine. Lorsqu'elle lui tendit son bouquet, ni l'un ni l'autre ne trouvèrent quoi dire, mais tout fut exprimé : elle sut qu'il l'aimait encore, et lui comprit qu'elle l'avait attendu. Socrate s'enroula le long des jupes de la belle. Violette explosa en sanglots. La jeune femme lui frotta affectueusement le dos, puis ils prirent le chemin des Mûriers comme s'ils formaient une famille depuis toujours.

Dès le lendemain, Barthélémy se rendit chez le père Allizart pour lui demander la main d'Églantine. Fernand marqua un temps d'arrêt – une demande en mariage un lendemain d'enterrement, pardieu, ce n'était pas commun ! –, mais son bon sens paysan ne l'y trompa point : ces deux-là s'aimaient à en crever les yeux. Qui plus est, il avait vu sa fille repousser, année après année, les avances des meilleurs partis du coin. Auxquels elle répondait chaque fois la même chose : son cœur n'était plus à prendre, dérobé qu'il avait été il y a fort longtemps. Le vieux fermier se félicita que le voleur le lui eût enfin rendu, et donna sa bénédiction.

On fixa les noces au mois suivant, qu'importât que les mariés fussent de noir vêtus : les tourtereaux avaient du temps à rattraper. Fernand fit rapidement taire les mauvaises langues. À quiconque trouvait quelque chose à redire, il rétorquait, *Pardieu, le véritable amour s'embarrasse pas d'chichis ! Et si vous pensez être invité, vous vous fourrez l'doigt dans l'œil !* Son ton sans concession – pas moins que sa fourche – tua dans l'œuf toute tentative de polémique.

CHAPITRE 15

Où le quadrisaïeul solde de vieux comptes

La fin du mois de janvier fut entièrement consacrée aux préparatifs de la fête, à quoi chacun s'employa avec entrain. Bien sûr, le moral de Violette était en berne, mais de voir son fils si heureux l'aidait à surmonter son chagrin. Et lorsqu'elle lui avait demandé s'il comptait emmener Églantine à Paris, Barthélémy n'avait pas hésité une seconde :

— Y penses-tu, là-bas il n'y a pas de fleurs !

Violette l'avait serré dans ses bras ; cela avait suffi à exprimer sa gratitude.

Barthélémy dut pourtant se rendre à la capitale afin d'y régler quelques affaires. Il confia sa mère et sa future aux bons soins de Socrate – qui aurait préféré retrouver Gisquette et ses rondeurs aguicheuses, mais promit, juré craché, de veiller sur les deux femmes. Barthélémy partit ainsi le cœur un peu moins lourd, quoique toute séparation avec Églantine lui parût désormais insupportable.

Sa première visite fut pour les Trois Frères où, venu acquitter son ardoise, il en profita pour soumettre une requête aux cuisiniers : accepteraient-ils de se charger du banquet de son mariage ?

— Votre mariage ? Diantre ! tonitrua Eugène en lui assénant une solide frappe dans le dos.

Habitué à touiller le pot-au-feu dans de colossales marmites, le cuistot n'y était pas allé de main morte : Barthélémy faillit tomber de sa chaise. Il se remettait à peine qu'Alphonse y revint de sa bourrade, pendant que Zacharie faisait sauter un bouchon de champagne. Les maîtres-queux passèrent le repas à se disputer au sujet du menu, évoquant, sous le regard médusé de Barthélémy, poulardes de Bresse en chapelure de truffe, noisettes de chevreuil laquées au miel, sans parler des croquembouches d'Auvergne et des biscuits à l'italienne.

Le jeune homme salivait déjà à la seule perspective du festin de roi qui s'échafaudait sous son nez. Quant à Gisquette, elle ne cessa de se frotter contre ses mollets, bien décidée à imprégner de son odeur le pantalon de Barthélémy, pour rappeler à Socrate son bon souvenir, cela s'entend. Elle ignorait que le matou aurait tout donné, n'était son ascétisme philosophique, pour être à la place de son maître.

L'estomac repu et les narines fourmillant de saveurs, notre scientifique se dirigea tout guilleret chez son propriétaire. L'austère bonhomme récupéra les clefs, le loyer du mois entamé, et prit, sans affectation aucune, congé de son locataire.

— La peste soit des prospecteurs haussmanniens ! marmonna Barthélémy, qui trouva l'énumération des quittances, état des lieux et autres papelards d'un ennui mortel comparée au truculent débat gourmand auquel il venait d'assister.

Ne lui restait qu'une affaire à régler, qui ne pourrait être indéfiniment différée. Armé de courage, il commanda un fiacre et ordonna au cocher de faire route vers Vaugirard ; plus la voiture approchait, plus il transpirait. Barthélémy regretta que Socrate ne fût à ses côtés pour lui répéter que le temps malgré tout trouverait la solution malgré lui.

Impressionné par la bâtisse, Barthélémy grimpa timidement les marches du perron et pénétra dans le grand hall où des dizaines d'hommes et de femmes s'activaient en blouse blanche. Au milieu de la foule, il distingua sans peine la silhouette de son maître, penché au-dessus d'une table d'étude, une main posée sur le front. Pasteur ne lui parut jamais aussi magistral qu'à la tête de cet institut éponyme, quoique l'âge et la maladie l'eussent visiblement affaibli.

Quand Barthélémy se présenta, le septuagénaire leva sur lui un regard dénué de tout ressentiment. Un moment, il resta sans voix, puis réussit à articuler un simple *Merci*. Le jeune homme voulut le complimenter : ce vaccin contre la rage, c'était la découverte du siècle ! Le savant l'arrêta net ; son humilité et sa passion désintéressée pour la recherche l'empêchaient d'en entendre davantage. Barthélémy connaissait par cœur l'adage du maestro : *Ce n'est pas la profession qui honore l'homme, c'est l'homme qui honore la profession.* Pasteur invita son ancien élève à le suivre dans le salon, où il s'enquit de ses nouvelles.

— Cher professeur, me feriez-vous l'honneur de venir à mon mariage ?

— Si ma santé me le permet, je serai flatté de compter parmi vos invités.

— Aurais-je l'audace de vous demander d'être mon témoin ?

Une larme perla à la paupière du patriarche.

Une attaque empêcherait malheureusement le vieil homme de quitter Paris. Il succomberait un an et demi plus tard à une hémorragie cérébrale, sans avoir jamais revu son cher disciple. Peut-être Barthélémy avait-il pressenti cette fin tragique car, en refermant la porte, il ne put réprimer un sanglot, accablé par l'impression qu'en un mois il venait de perdre un père et de dire adieu à l'autre.

CHAPITRE 16

Où la nuit, certains chats sont gris

Quand Barthélémy la vit s'engager dans l'allée centrale de l'église, il n'en crut pas ses yeux. Églantine avait passé un mois à confectionner sa robe, cousant chaque pli dans un lourd damas noir, en souvenir de Lazare. De ce fastidieux travail était né un prodige : autour de la taille, le tissu ployait telle une corolle, tandis que le plastron remontait en pistil le long de sa gorge. Les broderies, vivaces volubilis, colonisaient les drapés. Une robe-fleur. Un murmure d'admiration parcourut la nef. À chaque pas de la belle, de petits perce-neige s'échappaient de son chignon, déposant au sol leur sillage immaculé. Quand la mariée arriva aux côtés de Barthélémy, Socrate, incapable de se contenir, émit un miaulement suraigu qui fit pouffer jusqu'aux promis. Le curé – qui soupçonnait fortement le chat pour le coup du bénitier – le foudroya du regard. Personne ne se rappela le discours du religieux : on retint seulement que les deux amoureux se dévoraient du regard et que Violette s'évanouit lors de l'échange des vœux. Affolées, les villageoises couinèrent, déclenchant l'hilarité des enfants de chœur. Devant un tel désordre, le curé refusa de participer au repas.

Mal lui en prit car, de mémoire d'homme, nul n'avait jamais connu pareilles agapes. Les trois frères s'étaient surpassés. À peine le déjeuner terminé, il était déjà l'heure de dîner, et on ne se fit pas prier pour remettre le couvert. Eugène s'accointa avec Fernand, le père de la mariée, s'obstinant à lui faire saisir toutes les subtilités du suprême de volaille à la Coligny. Le brave paysan n'y entendait goutte et répétait à chaque bouchée, *Pour sûr, c'est pas de la potée !* Et chaque fois, Églantine éclatait de rire. Violette, qui avait repris ses esprits, avait sorti ses meilleures bouteilles de la cave. Zacharie éclusa tant et tant qu'il finit par s'égosiller sur les airs qu'Alphonse enchaînait à l'accordéon. Quant à Socrate, il se consola de l'absence de Gisquette en lampant les fonds de verre. Le reste de la nuit ne fut que rires et farandoles.

Contrairement à son chat, Barthélémy n'avait point besoin de recourir au vin pour s'enivrer : depuis qu'il avait retrouvé Églantine, chaque instant le grisait. Étendu sur son lit de noces, il admirait sa jeune épousée dormir, lorsque Socrate poussa la porte et sauta laborieusement sur l'édredon, avec l'œil vitreux des lendemains de fête. Barthélémy s'apprêtait à lui en faire la remarque quand la vue du poil chiffon le retint. Le bestiau écopait une sacrée gueule de bois. Le jeune homme le caressa longuement avant qu'un faible ronron fût perceptible.

— Je croyais que le vin était le lait des vieillards ? ne put-il s'empêcher de railler.

— À croire que je ne suis pas si vieux, répliqua Socrate qui, s'il avait perdu une partie de son foie, n'avait rien cédé de son esprit.

CHAPITRE 17

Où l'on fait d'une pierre deux coups

Barthélémy était aux anges. La vie à deux se révéla source d'inépuisables voluptés. Qu'Églantine envahît les Mûriers de primevères ou le chatouillât pendant qu'il lisait des revues scientifiques, il affichait continûment le même sourire béat. Ce n'est pas que l'amour le rendît stupide, tant s'en faut, mais il lui offrait la clef des plaisirs simples. Par le passé, seule la polarité inédite d'une molécule le transportait au nirvana ; avec Églantine, une rondelle de saucisson suffisait à le combler. Néanmoins, une joie plus grande encore allait l'emporter sur les autres.

Un soir de mars, alors qu'il rentrait de la cave, Barthélémy surprit Violette et Églantine tricotant au coin du feu. La vieille femme racontait comment Stevenson avait traversé les Cévennes en compagnie de Modestine, une ânesse *à la mâchoire résolue*. Églantine l'écoutait tendrement. Devant ce tableau familial, une vague de bonheur tiédit la poitrine du tout frais épousé. Seulement, quelque chose clochait, sur quoi il ne parvenait pas à mettre de mots. Le voyant ainsi planté, avec cet air, à la limite du benêt, Violette et Églantine échangèrent un sourire taquin. Le savant en fut tout froissé. Il ne comprenait pas, non, vraiment pas ce qui amusait ces dames. Églantine secoua la tête : son mari avait beau être le plus fin des scientifiques, il n'en restait pas moins piètre observateur.

Socrate vint à sa rescousse :

— Que votre caboche soit suffisamment petite pour entrer dans ce bonnet, à la rigueur ; mais qu'on tricote de si minuscules chaussettes pour vos pieds !

Interdit, Barthélémy observa Violette, puis Églantine, et soudain ses yeux s'écarquillèrent. Il se jeta aux genoux de sa femme, dont il couvrit le ventre de baisers.

— Vous avez raison, mon fils. Le plus beau cadeau que vous puissiez faire à cet enfant est de l'aimer déjà comme vous chérissez sa mère, formula Violette en guise de bénédiction.

Les mois passèrent au rythme des bouquets qu'amassait Églantine. À la fin de l'été, elle était si ronde qu'elle ne pouvait même plus se pencher. Jugeant du bombé, Violette prédit d'abord que ce serait un garçon, bien que l'empâtement lui fît ensuite penser à une fille : à n'y rien comprendre. Le soir, à la veillée, l'aïeule lisait des contes, certaine que le bébé l'entendait.

— Balivernes, miaulait Socrate, qui trouvait qu'on ne caressait plus assez son bedon et trop celui d'Églantine.

— La jalousie est un bien vilain défaut, le tançait Barthélémy.

— Moins que la négligence, bougonnait le vieux chat devenu, avec l'éloignement de Gisquette, légèrement sourcilleux.

Un après-midi d'octobre, Églantine alla se dégourdir les jambes dans les champs. Elle ramassait péniblement les dernières marguerites de la saison quand une douleur violente au bas-ventre la plia en deux. Elle appela à l'aide, mais ni Barthélémy ni Violette ne l'entendirent, occupés qu'ils étaient à la cave. Seul Socrate, qui somnolait sur le pas de la porte, perçut son S.O.S. Faisant fi de sa rivalité avec le marmouset à venir, il courut avertir son maître.

Quand Barthélémy arriva, Églantine avait commencé le travail. Le futur père fonça récupérer des couvertures pendant que Violette tenait la main de sa belle-fille. Ne sachant comment l'encourager, la vieille femme sortit *Jacques le Fataliste* de sa poche et commença à lire le fantasque dialogue d'ouverture. Elle en était à peine à la troisième page qu'Églantine, hurlant et ahanant, expulsa le bébé, qui poussa un vigoureux premier cri. C'était bel et bien un garçon – que l'on appela Jacques, en souvenir de cette extravagante délivrance. Brusquement, et contre toute attente, Églantine redoubla de douleur.

— Ciel, gémit-elle, les contractions reprennent !

Quelques instants plus tard, une petite sœur gigota dans les marguerites – qui inspirèrent son prénom aux parents. Socrate pesta : avec des jumeaux, la guerre des papouilles s'annonçait deux fois plus coriace. Par acquit de conscience, il se pencha au-dessus des nouveau-nés : face aux minois roses, sa rancœur fondit intégralement et il sut qu'il aimait déjà ces mômichons.

CHAPITRE 18

Où les deux font la paire

Heureusement que Socrate avait une réserve infinie d'amour pour les mouflets, car ils allaient lui en faire baver. Tout commença quand les jumeaux s'aperçurent qu'ils pouvaient communiquer avec l'animal :

— Dis, Socrate, je peux monter sur ton dos ?

— Et pourquoi tu fais pas le cheval quand on te tire la queue ?

— Allez, goûte la pâtée, on a mis des crottes de bique et des pissenlits dedans !

Le félin s'efforçait de rester stoïque tout en ressassant, la mine amère, ce proverbe chinois selon lequel il faut quelques mois pour apprendre à parler quand une vie n'est jamais assez longue pour apprendre à se taire. Trop occupés au bonheur de voir s'ébattre leurs deux monstres, les parents faisaient peu de cas du martyre de Socrate. Et si d'aventure le matou s'en plaignait, Barthélémy, inspiré par l'affaire Dreyfus, vantait les vertus de la patience et du courage.

— Les Mûriers ne sont tout de même pas votre île du Diable !

— Certes, mais où voyez-vous un Zola pour me défendre dans cette maison ?

— Le temps malgré tout…

Socrate ne le laissait pas finir, peu disposé à recevoir les leçons qu'il avait lui-même dispensées. Coussinets tournés, il allait bouder dans un coin.

De brefs moments de grâce émaillaient tout de même cette amicale guérilla. Il arrivait que des traits de génie traversassent les enfants. Comme ce jour où le médecin, après avoir ausculté Marguerite pour un terrible mal à l'oreille, lui diagnostiqua une otite aiguë. La gamine parut immédiatement rassurée.

— Si elle est aiguë, c'est donc qu'elle n'est pas grave…

Les années passèrent ainsi, entre émerveillements et crises de nerfs, les jumeaux bénéficiant d'une instruction on ne peut plus complète : Violette se chargeait de la littérature, Églantine de la nature, tandis que Barthélémy et Socrate se partageaient l'enseignement de la science et de la philosophie.

Chaque année, M. Lué, le plus fidèle des clients deViolette, s'enthousiasmait des progrès que faisaient les enfants. Il arrivait en janvier pour sélectionner les crus qu'il servirait l'année durant dans son Casino de Paris. Marguerite adorait ce monsieur à la moustache distinguée et au costume en queue-de-pie. Au moment de repartir, il arrosait invariablement la cour des Mûriers de sonores coups de klaxon : car Monsieur Lué possédait l'une des premières voiturettes en série de cette fin de siècle.

— Une Amédée Bollée deux cylindres, dix chevaux ! s'extasiait Jacques sans quitter l'engin des yeux.

L'enfant nourrissait une passion dévorante pour la mécanique et planchait même sur la mise au point d'un moteur à explosion. Marguerite, elle, maudissait la grossièreté de ces machines, leur préférant le chic des colifichets. Il fallait bien que les jumeaux se démarquassent, l'un versé dans le cambouis, l'autre dans les paillettes.

CHAPITRE 19

Où tous les chemins mènent à Paris

Ces traits de caractère ne cessèrent de s'affirmer. Alors que les jumeaux venaient d'avoir seize ans, Barthélémy décida de leur offrir un cadeau exceptionnel : un voyage à Paris ! Puisqu'il devait s'y rendre en juin afin de quérir de nouveaux distributeurs, pourquoi ne pas en profiter pour faire découvrir la ville à Jacques et Marguerite ? Le frangin et la frangine explosèrent de joie.

— On prendra le métropolitain ? demanda immédiatement Jacques, fasciné par les inventions d'une révolution industrielle qui battait son plein.

— Pourquoi s'enterrer ? Allons plutôt au cabaret ! enchaîna Marguerite, qui rêvait de french cancan.

— Va donc au zoo si tu veux des plumes, lui rétorqua son frère, encore indifférent aux charmes de ces dames.

— Dans ce cas, tu pourras m'accompagner, ta place est toute réservée avec les ours, riposta la donzelle en lui tirant la langue.

— Allons, allons, les enfants, tempéra Socrate – qui pilotait un petit nuage à l'idée de revoir Gisquette –, embrassez-vous ! Tout le plaisir des disputes est dans l'idée de faire la paix, comme disait ce bon vieux Musset.

Les jumeaux se serrèrent de mauvaise grâce la

main, et Violette tenta de mettre un terme défi-
nitif à la querelle : il était tout à fait envisageable
de ménager la chèvre et le chou en se rendant
aux spectacles par le métropolitain ! Le diffé-
rend reprit de plus belle, à déterminer qui était
la chèvre, qui le chou. Barthélémy tapa du poing
sur la table. Puis se racla la gorge et annonça,
sur un ton qui ne souffrait aucune contestation :

— Soyez sûrs d'une chose – et que ça vous
plaise ou non –, la journée du 18, il n'y aura ni
métro ni music-hall : on ira à Boulogne pour la
fête des fleurs.

La messe était dite. À ces mots, Églantine se
jeta à son cou. Dès le lendemain, elle commença
à préparer ses valises, quoique le départ fût fixé
au mois suivant.

— Dame, si j'allais à oublier quelque chose !
s'inquiétait-elle, intimidée à l'idée de quitter les
Cévennes pour la première fois.

Son inexpérience attendrissait Barthélémy.
Jacques, lui, passa les jours précédant le voyage
enfermé dans la remise. Il ajusta le vilebre-
quin de son moteur à explosion, en serra les
culasses, et bichonna à coups de chiffon les
pistons à coulisse. Le jeune homme comptait
bien profiter de sa visite à la capitale pour
observer les innovations des autres afin de par-
faire la sienne. Pendant ce temps, Marguerite
ravigotait sa garde-robe, ajoutant ici un galon
de dentelle, là une pince à son corsage pourtant déjà pigeonnant, le tout en fredonnant des
airs de Félix Mayol. En bon philosophe, Socrate

s'abîmait dans le doute : comment Gisquette réagirait-elle en le voyant ?

Enfin le 16 juin arriva. Le chat tremblait autant qu'il bouillait d'impatience. Pressés de s'engouffrer dans le train, les jumeaux prirent congé de leur grand-mère sans atermoiement. Seule Églantine serra longtemps la vieille femme dans ses bras – par affection, assurément, par crainte aussi de monter dans l'énorme serpent de fer.

— Le PLM ! Tu te rends compte, sœurette ! s'émerveillait Jacques.

— Paris-Lyon-Méditerranée ! s'extasiait Marguerite, qui avait repéré une coquette portant un collier dessiné par Mucha et rêvait déjà aux razzias qu'elle allait pouvoir faire au Bon Marché.

Barthélémy et Socrate échangèrent un regard complice.

N'avaient-ils pas, dans le temps, emprunté cette même route, la tête pleine de chimères ?

CHAPITRE 20

Où l'on arrive en trombe à Paris

Une fois débarqués gare de Lyon, Marguerite ne put s'empêcher de clamer un théâtral, *À nous deux, Paris, maintenant !* Un groupe de rombières se retourna. L'une d'elles lâcha un méprisant, *Ces provinciaux...* Marguerite lui balança une grimace qui cloua le bec à la prétentiarde. Jacques adorait les facéties de sa sœur. Elle n'avait jamais froid aux yeux, et sa bonne humeur se révélait à toute épreuve. Monsieur Lué les attendait sur le parvis, dans son Amédée Bollée.

— Cap sur le Casino ! trompetta le gros moustachu en démarrant à toute berzingue, sous le regard admiratif des passants.

Lué fonça sur l'avenue Daumesnil en klaxonnant chaque fois qu'un piéton menaçait de lui barrer la route. À bord, les femmes retenaient leurs chapeaux tandis que le vent plaquait les moustaches de Socrate en arrière. Grisé par la vitesse, Jacques célébrait chaque accélération d'un tonitruant *Caramba !* Place de la Bastille, Églantine faillit être éjectée du bolide à cause d'un coup de volant destiné à éviter un omnibus. L'équipée sauvage remonta le boulevard du Temple, la place de la République, le boulevard Magenta, zigzagua entre les marchands ambulants, et quand l'automobile manqua écraser un badaud, Églantine laissa échapper un *Jésus Marie Joseph !* qui fit hurler de rire les jumeaux.

— Ne vous inquiétez pas, nous arrivons ! la rassura le conducteur en se tournant vers elle.

— Dieu tout-puissant, regardez la route Monsieur Lué ! le supplia Églantine au bout du boulevard de Clichy, se voyant déjà atterrir dans la façade enguirlandée du Casino de Paris.

Une fois le pied à terre, elle jura qu'on ne

l'obligerait plus jamais à grimper dans l'un de ces engins de malheur. Valises débarquées, on entra dans le grand hall. Ce n'était qu'embouteillage et charivari : chassé-croisé de danseuses, de plumes, de mimes enfarinés, sans compter l'étouffante flore exotique qui croissait sous la baie vitrée.

— *Bistro ! Bistro !* encourageait l'impresario Sergeï Diaghilev.

Il pressait ses ballerines – la danse ne souffrait aucun retard – et hop, leur administrait une petite tape sur les fesses du bout de son pommeau doré.

— Pourquoi se dépêchent-elles d'aller au bistrot ? demanda naïvement Marguerite.

Le Russe fut pris d'un rire dantesque et se pencha vers elle. Dans sa langue natale, *bistro* ne signifiait rien moins que « vite ». La chose exposée, il eut soudain une idée : et si cette délicieuse jeune fille assistait à leur répétition ? Marguerite supplia ses parents, qui finirent par consentir. Sitôt, elle disparut dans un tourbillon de tutus.

Socrate aurait bien voulu l'accompagner car, si chenu fût-il, il n'était pas insensible au galbe velouté des cuisses. Son excitation connut un pic dangereux lorsque les danseuses entrèrent en file indienne dans la salle et l'étrillèrent de leurs mollets musclés. Jacques, en revanche, les laissa passer sans broncher – les belles le troublaient bien moins qu'une bielle.

— Si jeunesse savait et vieillesse pouvait, soupira Socrate avant de rattraper le reste de la famille, parti déjeuner dans les appartements privés de Lué.

CHAPITRE 21

Où chacun tire la couverture à soi

Le repas terminé, tout le monde rejoignit Marguerite dans la salle de spectacle, où la répétition touchait à sa fin. On trouva la jeune fille sur scène, lancée dans une série de pas chassés aux allures de sirtaki. Le saut de biche qui couronna sa chorégraphie entraîna une cascade de fous rires chez les danseuses. Notre ballerine salua son public d'un geste burlesque, déclenchant un tonnerre d'applaudissements. Églantine et Jacques ne savaient plus où se mettre ; le brave Lué donna une grande claque dans le dos de Diaghilev.

— Fichtre ! Et si vous embauchiez notre petite Cévenole ?

— Vous voulez dire qu'elle nous débauche ! s'exclama le Russe qui en avait encore les larmes aux yeux. Cette gamine n'a rien d'un rat d'opéra mais tout d'une reine d'opérette !

— J'ai peut-être cette qualité d'être drôle, admit Marguerite, en descendant de l'estrade, mais j'ai surtout le défaut de ne pas le faire exprès !

On salua unanimement son esprit et invita le chorégraphe à dîner le soir même aux Trois Frères – Barthélémy jeta un coup d'œil malicieux à Socrate, dont les moustaches frissonnèrent de plaisir à la seule évocation de l'établissement. Auparavant, Lué proposait de conduire la famille rive gauche – il devait faire un saut chez son banquier, non loin du Bon Marché –, mais Églantine refusa catégoriquement.

— Plutôt mourir ! ne put-elle s'empêcher d'ajouter.

Jacques en profita pour revenir à la charge avec son métropolitain et il fallut bien céder. Marguerite marmonna :

— Quel raseur… S'embourber dans des galeries de taupes alors que les étals d'un grand magasin nous tendent les bras !

Le paternel, qui en avait ras la casquette des lubies des uns et des autres, s'emporta :

— Soit, si personne n'est content, on peut toujours rentrer aux Mûriers !

Marguerite l'imita, ce qui amusa la petite troupe.

— Votre fille a un don rare, confia Lué à Barthélémy, le rire lui ouvrira bien des portes…

— Sornettes, personne ne prend les clowns au sérieux, protesta le père.

— Détrompez-vous, l'humour est le plus élégant costume de la sagesse.

Barthélémy n'eut pas le temps de riposter, Jacques le tirait par la manche : le métropolitain n'attendait pas.

C'est ainsi que la famille Aghulon, tickets de première classe en main, s'engouffra dans une rame Sprague-Thomson aux banquettes de cuir. À peine assis, Jacques sortit son carnet et griffonna des schémas plus incompréhensibles les uns que les autres, tout en se pâmant, *C'est fabuleux !* Assourdie par le tonnerre des motrices, Églantine regretta presque l'Amédée Bollée, et pria Jésus Marie Joseph de les garder sains et saufs, ses ongles plantés dans le bras de son mari. De nouveau au grand jour, elle voua ces boyaux infernaux aux gémonies. Prise de pitié, Marguerite abandonna l'idée d'une vadrouille au Bon Marché et demanda à son père s'il n'y avait pas un parc dans les environs.

— Vous avez raison, ma fille, allons donc au Jardin des Plantes ! entonna gaillardement Barthélémy.

Sur le chemin, Jacques ne cessa de ronchonner : il fallait être foutrement idiot pour préférer trois buissons au berceau du progrès !

— Vous n'êtes qu'une bande de lapins qui courent après l'herbe ! jura le grincheux.

— Et vous, un âne ! lui renvoya Socrate qui commençait à en avoir assez des lamentos de l'adolescent.

Piqué au vif, Jacques la boucla jusqu'à la place Valhubert.

CHAPITRE 22

Où un coup de foudre frappe le zoo

Le portail franchi, chacun s'égailla dans la nature. Excepté Jacques, planté sur un banc du carré Brongniart, bien décidé à rester de marbre parmi les roches magmatiques du susdit minéralogiste.

— Vous faites un spécimen tout à fait inédit, le railla son père tout en entraînant Églantine vers la roseraie, je vous classerais dans l'espèce sédimentaire !

Socrate les suivit pendant que Marguerite disparaissait dans les massifs de bégonias, résolue à explorer le labyrinthe. Le jardin était si grand qu'elle ne trouva jamais le belvédère et atterrit devant l'entrée de la Ménagerie. Quelle ne fut pas sa surprise de découvrir, au beau milieu de Paris, une fosse aux ours, une faisanderie, et surtout une fauverie où rôdaient des tigres et des lions ! Un long moment, elle resta bouche bée devant un curieux animal : des taches brunes remontaient le long d'un interminable cou, qui lui permettait de brouter nonchalamment des feuilles au sommet d'un acacia.

— Je vous présente Makeda la girafe ! entonna un monsieur qui, à en croire sa casquette, devait être le gardien du zoo. Cinq mètres soixante, sept vertèbres, et pas plus de deux heures de sommeil par nuit ! professa doctement le bonhomme.

— Bonjour monsieur...

— Célestin Piclet, pour vous servir ! Gardien de la Ménagerie de père en fils depuis 1794, oui madame. Ami des bêtes, mais pas idiot pour autant ! claironna-t-il.

À n'en pas douter, l'individu servait la plaisanterie à chaque visiteur. Barbant personnage, présuma Marguerite, qui échafaudait déjà un plan pour lui échapper. C'était compter sans l'entêtement du bonhomme, qui lui saisit le bras :

— Et voici venir mon fils, Audrain Piclet. Il prendra ma relève quand j'aurai... Quand j'aurai rejoint le cimetière des éléphants !

Et le gardien de partir d'un rire convulsif, suivi d'un silence gênant. Marguerite esquissa un rictus poli, avec l'intention de se retirer rapidement, mais n'en eut pas le loisir. Embarrassé par les débordements de son père, le fils du gardien eut cette phrase étrange, jetée comme une bouée à la mer :

— Vous savez, Makeda a deux cœurs.

— Deux cœurs ? l'encouragea Marguerite, à la fois intriguée et touchée par la gaucherie du jouvenceau.

Malheureusement, l'encombrant Célestin Piclet s'interposa :

— Voyons, un peu de sérieux ! Makeda, deux cœurs ! N'en croyez pas un mot, mademoiselle. Les livres poussiéreux du Muséum embrument le cerveau de mon garçon. Je pourrais en revanche...

— Pardonnez-moi, Père, l'interrompit Audrain. À bavarder ainsi, vous risquez d'oublier le repas des tigres…

— Diable, le quatre-heures des minous ! Je file ! Au plaisir ! cria le gardien en levant sa casquette, déjà loin.

Une fois seuls, un silence pesant s'installa entre les deux jeunes gens. Audrain était pivoine.

CHAPITRE 23

Où, à peine vient-on de se rencontrer, doit-on se quitter

Pour conjurer le malaise, Marguerite lança une boutade :

— Vous dites que la girafe a deux cœurs. L'obligent-ils à souffrir doublement quand elle a du chagrin ?

— Ou à aimer deux fois plus ? enchaîna Audrain, au bord de l'implosion.

Afin de rallier un terrain connu, il se lança à corps perdu dans un exposé sur le relais du myocarde dans le cou du ruminant – la science le rassurait là où elle rasait Marguerite. La belle posa son regard sur le visage du garçon. Il avait ce je-ne-sais-quoi, auquel manquait ce presque rien. Quand il parlait, ses mots ne retombaient pas, ils effleuraient : un charme de papillon. Ça papillonnait d'ailleurs drôlement au fond de son ventre, mais elle ne sut qu'en penser, n'ayant jamais été éprise de quiconque. Alors elle eut l'audace de demander une visite au damoiseau.

— Considérez cela comme un entraînement, Monsieur la Relève !

— Je vous en prie, n'en voulez pas à mon père, la supplia Audrain. C'est un phraseur, mais le bonhomme est brave. Tenez, je vais vous livrer un secret. En 71, pendant la Commune, la ville de Paris a été assiégée. Les habitants mouraient de faim, au point que certains se sont glissés dans la Ménagerie et ont tué des bêtes pour nourrir leur famille. Mon père a pleuré une semaine sur la dépouille de Castor et Pollux, un couple d'éléphants abattus par les habitants.

— C'est absolument sinistre ! s'horrifia Marguerite.

Audrain s'en voulut immédiatement de s'être montré si macabre et afficha une mine penaude. Heureusement, les deux jeunes gens venaient d'atteindre la grande volière où s'ébrouaient des perroquets jaune, bleu et vert, des toucans au bec orange, des flamants roses et des ibis de Nouvelle-Calédonie… Une dispute avait éclaté autour d'un quignon de pain, occasion d'une mêlée joliment bariolée. Des plumes flottèrent un moment dans les airs, neige multicolore, et un duvet se déposa sur le nez de Marguerite, qui éternua trois fois.

— À vos amours, ne put s'empêcher de lui souhaiter Audrain.

Il s'en mordit aussitôt les lèvres. Qu'est-ce qu'il

pouvait être godichon ! À l'inverse, Marguerite le trouva charmant, et le sourire de la belle était si franc qu'il ne laissa planer aucun doute sur ses sentiments. L'instant eût été parfait si Jacques n'avait déboulé :

— Marguerite ! Marguerite ! braillait-il.

Au placard, poésie, plumes et papillons ; l'irruption du balourd torpilla la magie.

— Ah, tu es là ! Tout le monde te cherche, dépêche-toi, Papa m'a promis d'aller voir la tour Eiffel !

Jacques ne remarqua même pas la présence du petit gardien, trop impatient de grimper les mille six cent soixante-cinq marches de la Dame de Fer. Il entraîna sa sœur sans autre forme de procès, abandonnant Audrain à cette nette impression que la femme de sa vie venait de lui échapper. Pire, qu'un malotru l'avait kidnappée. Le jeune homme demeura les bras ballants, à se répéter bêtement, *Elle s'appelle donc Marguerite...*

La belle était déjà loin.

CHAPITRE 24

Où la trisaïeule
grimpe au septième ciel

Jacques poussa la troupe au pas de course jusqu'au Champ-de-Mars, où chacun trouva une bonne excuse pour échapper à l'éloge de la longueur exponentiellement réduite séparant les piliers de la tour.

— Presque aussi insupportable que les discours de feu son grand-père, se désola Barthélémy.

La mine de Marguerite, assommée par le laïus fraternel, confirmait les dires de son père. Personne ne soupçonnait que la jeune fille aurait tout donné pour retourner là d'où ils venaient.

Après avoir levé les yeux au ciel, elle eut, sembla-t-il, une idée et claironna, *On se rejoint en haut !* On la vit retrousser ses jupons puis s'élancer à corps perdu dans l'ascension de la Dame de Fer, grimpant les marches quatre à quatre comme s'il en fût allé de sa vie. Jacques en eut la chique coupée. Parvenue au troisième étage, Marguerite songea à la girafe. Comme ce serait commode d'avoir deux cœurs : le second prendrait le relais du premier lorsque celui-ci manquerait lâcher ! Mais l'adolescente n'était pas décidée à ménager l'unique dont elle disposait.

— Place, place, c'est une question de vie ou de mort ! ordonna-t-elle à un biffard qui montrait la Chambre de Commerce à sa bourgeoise.

Et Marguerite leur arracha la longue-vue des mains.

— Enfin, Albert, faites quelque chose ! protesta la rombière.

Craignant davantage les griffes de la petite furie que les foudres de sa femme, ce dernier jugea plus sage de battre en retraite.

— Venez, Gilberte, nous visiterons la Chambre

demain, Jacques-Jean se fera un plaisir de nous guider.

La mégère fusilla Marguerite du regard avant de tourner les talons. Notre héroïne s'en moquait éperdument, occupée qu'elle était à balayer la marée des toits parisiens en pestant, *Mais où donc est-elle, où donc* ? Le reste de la famille l'avait rejointe sans que personne n'osât lui demander ce que diable elle fabriquait. On ne saisit pas mieux lorsqu'elle cria victoire :

— Ça y est, je la vois ! Makeda ! La girafe du Jardin des Plantes !

Tous ignoraient qu'au pied de l'animal, il y avait, les bras toujours ballants, l'homme qu'elle appelait déjà celui de sa vie.

CHAPITRE 25

Où l'on se demande si Socrate grimpera lui aussi au septième ciel

Une fois la troupe de retour chez Lué, chacun s'enferma dans sa chambre afin de s'apprêter. Marguerite choisit sa tenue le cœur battant, bien décidée à provoquer sa chance. Elle préféra la robe en taffetas taupe plutôt que la jupe de soie, ce qui ne manqua pas d'étonner sa mère. Quelle mouche avait donc piqué sa fille ? Qui se comportait de manière si étrange ! Églantine pria pour qu'elle n'eût pas attrapé un virus tropical transmis par les bêtes sauvages – loin d'imaginer le plan abracadabrantesque que l'adolescente avait échafaudé pour retrouver son bien-aimé.

Jacques n'avait pas pris la peine de se changer. Il continuait à griffonner son carnet, geignant à l'idée d'avoir à passer une soirée dans un estaminet, lui qui rêvait du très sélect Automobile Club de France. Pendant ce temps, Églantine avait piqué dans son chignon deux anémones cueillies au Jardin des Plantes et en avait glissé une troisième dans la pochette du complet de Barthélémy.

— Pourquoi pas de romantiques roses rouges ? s'étonna-t-il.

Églantine sourit.

— Mon bien-aimé, la rose intrépide est aussi passagère que la passion. Voyez ce pourpre : n'a-t-il pas la ténacité des amours faites pour durer toujours ?

Dans sa voix résonnait la promesse d'un attachement par-delà la mort. Barthélémy pressa sa femme contre lui. Après toutes ces années, lorsqu'il l'étreignait ainsi, il se sentait redevenir le jeune homme d'antan.

Dans un coin de la pièce, tourmenté par des préoccupations hautement philosophiques, Socrate observait son reflet dans le miroir : garder son épi dressé au sommet de sa tête ou lisser son crâne ? Cruel dilemme, que ni Sénèque ni Platon n'eurent pu résoudre. C'est que le chat en mordait toujours autant pour Gisquette, et la perspective de la revoir lui faisait friser la moustache. Barthélémy lui remémora malicieusement cet antique conseil :

— Souvenez-vous, Socrate, il n'est rien de tel que le mariage : au mieux, la féline se révélera bonne épouse et vous serez heureux, au pire, elle ne le sera pas et vous n'en deviendrez que plus philosophe, ce qui est excellent pour l'homme...

— Mais je suis un chat ! gémit Socrate.

— Philosophe néanmoins !

Sur ce, Lué toqua aux portes et la troupe rallia le hall. La soirée s'annonçait inoubliable.

CHAPITRE 26

Où vertu et vodka commencent par la même lettre

Le brave patron du Casino de Paris conduisit prudemment, par égard pour Églantine. Ni sa coiffe fleurie ni l'irréprochable lustrage de Socrate ne souffrirent du trajet. On remarqua bien la nervosité pour le moins inhabituelle du chat, mais personne ne se moqua. Excepté Jacques : le garnement lançait des *Gisquette, ô, Gisquette* chevrotants, en se tenant la poitrine. Sentant le félin vulnérable, Barthélémy sermonna son fils, qui entra aux Trois Frères plus ronchon que jamais.

Sergeï Diaghilev les y attendait devant une bouteille de vodka déjà à marée basse. On eut à peine le temps de saluer Eugène, Zacharie et Alphonse que les chefs remplirent une ribambelle de petits verres. Les ayant comptés, Églantine s'indigna : on avait servi ses enfants ! Le chorégraphe s'en amusa : que craindre d'une boisson répondant au doux nom russe de *petite eau* ? Impuissante, la mère regarda sa progéniture lever le coude, Jacques trouvant au fond des godets meilleure humeur, et Marguerite courage.

Le repas fut homérique. Les pintades rôties au jus s'acoquinaient à de délicats choux farcis aux truffes, et les pains fourrés au fromage épongèrent l'ébriété collective sans altérer la gaieté générale. On écouta les anecdotes du Russe s'épanchant au sujet d'un certain Nijinski, danseur extraordinaire doublé d'un amant torride. La liberté avec laquelle le maestro affichait sa passion estomaqua Jacques. À ses débuts en Russie, Diaghilev avait dû défendre son tourtereau contre les Romanov, qui imposaient qu'on dansât en hauts-de-chausses – ce que l'artiste refusait, et qu'importât que les ordres vinssent de la famille impériale. Diaghilev frappa du poing sur la table, *Sur scène, l'étoile n'a qu'un seul maître : la danse !* Marguerite l'écoutait religieusement. Elle admirait qu'on bravât le qu'en-dira-t-on, qu'on transgressât les convenances sociales pour trois entrechats. Et sentait au fond d'elle – là où l'alcool de pomme de terre chauffait son ventre – qu'elle nourrissait le même feu. Tout, dans ce que racontait le chorégraphe, lui murmurait, *Rien n'est impossible !* Lué, qui avait remarqué le rose aux pommettes de la jeune fille, assaisonna le dessert d'un champagne Montebello. La demoiselle en pétilla de rêves épiques.

Personne ne se souciait plus de Socrate. Qui n'avait pas demandé son reste : dès les hors-d'œuvre, il s'était glissé dans les cuisines où il espérait retrouver Gisquette. À la fin du repas, alors que les hommes aidaient les femmes à revêtir leur capeline, le félin réapparut, hirsute et blanchâtre. Son poil n'était plus que d'un lustre lointain, comme s'il se fût roulé dans un sac de farine. Barthélémy lui adressa un clin d'œil qui ne reçut comme réponse qu'un vague regard hébété. Le cerveau de Socrate ne pouvait concevoir qu'il eût pu éprouver, en une seule soirée entre les pattes de Gisquette, plus de félicité qu'il n'en avait jamais connu auprès des philosophes.

CHAPITRE 27

Où Jacques vole
au secours de la trisaïeule

Galvanisée par la vitesse, l'amour et la vodka, Marguerite respira la nuit parisienne à pleins poumons tout le trajet du retour. Elle voulait vivre mille vies en une, boire la joie à toutes les sources. Mais d'abord, elle devait mettre son plan à exécution. Qui lui semblait imparable – à un détail près : il lui fallait dégoter un moyen de locomotion pour traverser Paris. Et elle avait beau retourner le problème en tous sens, Cendrillon sans carrosse eût loupé son prince. Qui pourrait devenir son complice ? Qui saurait conduire une automobile ? Et qui en avait une ? Certes Monsieur Lué n'était pas le dernier pour les frasques, mais il cafterait à coup sûr. Pourtant... Son Amédée Bollée ! Et à supposer qu'elle disposât du bolide, une voiture sans pilote n'en était pas moins inutile qu'une trompette sans piston. Affalé sur la banquette arrière, Jacques ronflait si dru qu'il l'empêchait de réfléchir. Aussi Marguerite lui administra-t-elle un coup de coude. Le bougre en vrombit de plus belle. La jeune fille se gratta le menton. Fût-il ivre et idiot, son frère était peut-être son seul va-tout.

Elle attendit que chacun se fût dit bonsoir pour se faufiler dans la chambre de Jacques. Qui gisait sur le lit, bave aux lèvres, encore tout habillé. Il fallut le secouer pour qu'il ouvrît un œil : une première victoire.

— Jacques ! Jacques ! Saurais-tu retourner au Jardin des Plantes ?

— Tu me réveilles en pleine nuit pour me parler de ce foutu parc ! Mais tu es complètement maboule, ma pauvre !

— Un peu je crois…

Et le frangin de pivoter, bien décidé à se rendormir. Il allait falloir amadouer la bête… Marguerite se fit doucereuse.

— Que dirais-tu si je te demandais de m'y conduire en voiture ?

Jacques rouvrit le même œil.

— Tu as une voiture ?

Hochement de tête. Maintenant, il avait les deux yeux bien dessillés.

— Et tu ne feras pas ta mijaurée parce que je vais trop vite ?

— Juré, craché.

Le frère et la sœur topèrent.

CHAPITRE 28

Où l'on fait le mur, pas la guerre

Jacques et Marguerite avancèrent à pas de velours sur la moquette rouge des couloirs, coulèrent dans l'escalier et parvinrent sans encombre dans le grand hall. C'était presque trop facile. À la manière d'un kaléidoscope, les verrières reflétaient les bustes des statues aux ailes d'oiseaux ; dans la clarté de la lune, leur ombre se déployait au sol comme un drôle de présage. Au moment de pousser la porte qui donnait sur la rue de Clichy, les jumeaux se figèrent. Une silhouette avait surgi de derrière une plante exotique et serpentait entre les colonnades. Marguerite eut à peine le temps de plaquer son frère contre une sculpture qu'ils reconnurent le majordome de Lué. Le type effectuait son dernier tour de garde, verrouillant méticuleusement toutes les serrures sous les yeux médusés des fugueurs en herbe. Chaque clic-clac érigeait un peu plus le Casino de Paris en forteresse.

Pas de nature à s'avouer vaincue, Marguerite attendit que le domestique fût remonté se coucher pour houspiller Jacques, qui bâillait dangereusement. Il fallait fouiller les lieux de fond en comble, un huis avait peut-être été oublié. Les adolescents ratissèrent l'établissement depuis les coulisses jusqu'à la buanderie ; las, le majordome ne leur avait laissé aucune chance. Dépités, ils échouèrent au beau milieu du chantier de l'ancienne patinoire, que Lué voulait aménager en salle de théâtre. Marguerite regardait avec attendrissement son frère pester : lui aussi y avait cru, à son rallye dans Paris… Alors qu'elle tendait une main pour lui frotter le dessus du crâne, elle avisa une mèche qui voletait. Une ouverture, il y avait une ouverture ! Elle chercha de tous côtés par où l'air pouvait bien s'infiltrer, et découvrit sept pieds plus haut, en levant la tête, une petite fenêtre qu'on avait entrebâillée afin de ventiler la pièce fraîchement repeinte.

C'est par-là qu'ils prirent la poudre d'escampette.

Une fois dans la rue, le frère et la sœur rasèrent les murs jusqu'à l'Amédée Bollée, garée devant le Casino. Quand Marguerite sortit un couteau d'une de ses poches, Jacques recula vivement.

— Holà, d'où tu sors ça ?

— Je l'ai volé au restaurant, ce soir…

— Ne me dis pas que tu as des intentions malhonnêtes ?

— Quel bêta tu fais ! Comment veux-tu entrer dans l'Amédée Bollée ?

Et elle se fendit d'un sourire qui pulvérisa le moindre remords chez son frère. Nos deux Arsène Lupin réussirent à glisser la lame d'argent le long de la portière et, une ou deux rayures plus tard, l'Amédée Bollée cédait. Jacques s'installa au volant pendant que Marguerite, soulevant ses jupons d'une main, actionnait la manivelle de l'autre. Elle courut après le bolide qui prenait enfin de la vitesse et grimpa côté passager. Seulement, si Jacques avait étudié le fonctionnement d'un moteur à explosion sous tous ses angles, il y avait un monde de la théorie à la pratique, et son premier virage, pour s'enfourner rue Auber, manqua faire chavirer l'attelage.

Malgré tout, de zigzags en accidents évités de justesse, il tint cap vers le sud. Marguerite hurlait de joie, les joues fouettées par l'air frais, rugissant ses conseils jusqu'à couvrir le barouf du moteur et, une fois le Pont-Neuf franchi, applaudit en reconnaissant l'île de la Cité.

Il suffisait désormais de longer les quais pour retrouver la Ménagerie. Et l'amour de sa vie.

CHAPITRE 29

Où la trisaïeule
se jette dans la gueule du loup

Quai Saint-Bernard, Marguerite avertit Jacques qu'il était temps de ralentir : le sommet des platanes du jardin à la française pointait au-dessus de la palissade. L'apprenti pilote, estimant qu'il n'était pas utile de rétrograder, freina brusquement. L'Amédée Bollée dérapa sur plusieurs mètres, disques hennissant, pneus bouillants, pour atterrir dans un nimbus de fumée au centre de la place Valhubert.

— Quel pied ! hurla Jacques en se rejetant contre le siège.

— T'as de l'huile de vidange dans le sang, frérot ! Attends-moi, je vais…

Mais déjà la belle s'était évaporée.

N'ayant rien de mieux à faire, Jacques cala sa tête sur le volant pour piquer un roupillon ; il serait toujours temps d'interroger sa sœur à son retour.

Marguerite descendit la rue Cuvier à la recherche d'un quelconque promontoire qui eût pu l'aider à gravir le muret. Par chance, un arbre se hissait par-dessus l'enceinte. La jeune fille glissa dans son corsage l'enveloppe qu'elle avait emportée, et escalada le tronc. Juchée au sommet du mur, elle tendit l'oreille. La Ménagerie était plongée dans une nuit africaine : zèbres, perroquets et lions avaient troqué leur vacarme diurne contre d'augustes ronflements. Marguerite sauta et échoua, horreur, dans l'enclos des loups. Les bêtes hurlèrent à la lune, réveillant les hirondelles de Brazza, qui trissèrent à qui mieux mieux, provoquant une série de réactions en chaîne, si bien que ce ne fut bientôt plus qu'un tohu-bohu de beuglements et de gloussements, sans parler du ramdam des pourceaux de Fidji qui, affolés, se jetèrent contre les portes en fer. L'adolescente eut tout juste le temps de franchir le grillage qu'une silhouette apparut derrière le halo d'une lampe à pétrole. Célestin Piclet, à coup sûr. Qui, en digne gardien de père en fils, venait en découdre. Plus que les loups, Marguerite le tenait pour son pire ennemi. La belle se faufila dans l'allée qui menait à l'enclos de Makeda et piqua un sprint. Là, elle accrocha comme elle put l'enveloppe aux barreaux et courut reprendre son souffle derrière un tilleul. Déjà l'ombre de l'affreux gardien surgissait. La lampe balaya la zone et s'arrêta sur la lettre. Notre amoureuse était faite.

CHAPITRE 30

Où les risques de l'amour
mènent à l'amour du risque

Marguerite ne quittait pas des yeux la main qui s'approchait de son billet. *Je dois m'échapper*, se répétait-elle sans qu'aucune issue ne se profilât. Célestin Piclet ouvrit le pli et commença à le lire. Au désespoir, la jeune fille s'apprêtait à lancer un caillou pour détourner l'attention du fâcheux quand elle le vit lâcher le papier, vaciller et s'effondrer de tout son long. Avant de s'éteindre, la lampe jeta un dernier éclat sur son visage. Miracle : ce n'était pas l'horrible Célestin Piclet mais Audrain ! Les premières lignes avaient provoqué en lui une telle émotion que le jouvenceau s'en était évanoui de bonheur. Marguerite n'eut pas le temps de se réjouir que des appels résonnèrent dans l'allée.

— Audrain ! Audrain !

Aucun doute possible, cette fois-ci, il s'agissait bien de l'importun paternel. Marguerite se précipita vers son bien-aimé et lui administra une monumentale claque. Hébété, il ouvrit un œil tandis que la belle le tirait à bout de bras dans un coin. À peine était-il remis qu'elle le pressa de les sauver. Il l'entraîna alors à travers les fourrés. Une fois le labyrinthe de buis atteint, ils détalèrent si vite qu'il leur sembla voler, se serrant tellement la main qu'ils en auraient le lendemain des courbatures. Au sortir du dédale, Audrain aventura un regard à droite, un à gauche. La voie était libre. Ils coururent encore, contournèrent le cèdre du Liban, enfin gagnèrent l'hôtel de Magny, au 57 de la rue Cuvier. Là, le jeune homme indiqua à Marguerite une porte dérobée qui plongeait dans les carrières souterraines du jardin. Il assomma sa bien-aimée de recommandations.

— D'abord à gauche, puis encore à gauche, ensuite tout droit jusqu'au croisement, et là, l'échelle à droite. Tu t'en souviendras ?

Déjà s'annonçait le pas lourd de Célestin Piclet. Nos deux soupirants durent se dire adieu, et Audrain lâcha sa dulcinée qui s'engouffra dans les entrailles de la terre. Lorsqu'il se retourna, son père lui faisait face, le pressant de raconter ce qu'il avait vu. Trop ingénu pour mentir avec naturel, le béjaune s'emmêla les pinceaux.

— C'était une… Enfin… Un maraudeur. Je l'ai pris en chasse ! Il en voulait à la girafe… Oui, à Makeda ! Mais je l'en ai empêché ! Alors il a volé une poule… Sous mes yeux ! Une naine, c'était moins encombrant… J'ai essayé de le rattraper, je le jure ! Mais cette canaille a filé. À l'heure qu'il est, il doit se perdre dans les galeries souterraines…

— Qu'il moisisse dans ces entrailles pourries, éructa le gardien en assortissant son propos d'un crachat.

Un réflexe nerveux agita la paupière de son fils – que le père ne remarqua pas, trop occupé à se triturer les méninges.

— Que diable le scélérat voulait-il faire avec une girafe ?

Audrain ne se fit pas prier pour retourner se coucher. À la lumière d'une bougie, il relut fiévreusement la seule déclaration d'amour qu'on lui eût jamais adressée.

Depuis que je vous ai vu, je suis une armée de girafes à moi seule : mille cœurs battent dans ma poitrine. Je vous promets que je reviendrai. Ne me demandez ni quand ni comment. Je tiendrai parole car je vous aime.

Vingt pieds sous terre, notre femme-girafe n'en menait pas large, progressant à tâtons dans le ventre de Paris.

CHAPITRE 31

Où la nuit noire finit blanche

Tournant à gauche, Marguerite avança jusqu'à une bifurcation, puis hésita. Plus très sûre, elle choisit de prendre sur sa droite, et atterrit dans un cul-de-sac. Zut, il fallait revenir sur ses pas. Pour reprendre ses esprits, elle s'appuya contre la paroi, quand sa main frôla une drôle de chose : c'était vivant et poilu !

— Un rat ! hurla notre apprentie cataphile, qui, prise de panique, s'enfuit à l'aveuglette et dérapa dans un virage, basculant cul par-dessus tête.

Tandis qu'elle se relevait, couverte de fange, sa tête heurta une barre de fer. Sonnée, notre héroïne ne comprit pas immédiatement qu'il s'agissait de l'échelle tant convoitée. Au moment où elle poussa enfin la bouche d'égout, l'aurore pointait le bout de son nez derrière la gare d'Austerlitz. Marguerite claudiqua jusqu'à la voiture. Son frère ronflait comme un bienheureux sous le regard sévère de la statue de Lamarck et hurla de frayeur lorsqu'elle le réveilla. Cochonnée au possible, sa sœur était méconnaissable. Mais les explications seraient pour plus tard : le plus urgent était que Marguerite se lave. Elle promit de tout lui avouer s'ils ne se faisaient pas pincer. Ni une ni deux, Jacques actionna la manivelle. Ceux qui croisèrent leur route ce matin-là regrettèrent de s'être levé si tôt, et il fut plus d'un magasinier qui manqua se faire écraser par cette comète mécanique.

Quand ils se garèrent dans la rue de Clichy, les cloches sonnaient sept coups. À cette heure, pas question d'emprunter la fenêtre qui leur avait permis de s'évader : les boutiquiers ouvraient leur devanture et haranguaient déjà les premiers badauds, le nez fraîchi par l'air matinal. Ne leur restait qu'un repli : l'entrée principale. Jacques et Marguerite prièrent tous les saints pour que le majordome l'eût déverrouillée. Dieu soit loué, le factotum avait fait sa ronde dès potron-minet. Ils entrèrent sans encombre et traversèrent le hall à pas de souris. On touchait au but.

C'était compter sans la répétition matutinale de Diaghilev.

— Eh bien, mes chers petits, vous voilà sacrément lève-tôt pour un lendemain de bamboche !

— Au diable les danseurs et leur discipline de fer, pesta Marguerite entre ses dents.

Le chorégraphe plissa les yeux devant la mine confondue des jumeaux.

— Ne seriez-vous pas plutôt de très vilains couche-tard ? les tourmenta-t-il en faisant crisser sa moustache entre ses doigts.

Marguerite allait tricoter une histoire à dormir debout quand Jacques la devança :

— Ne vous méprenez pas, maître, tout est de ma faute. C'est moi qui ai entraîné ma sœur.

— Tiens donc…

— Comment rater le spectacle des travaux de la ligne qui va relier Montmartre à la porte de Versailles ? Il fallait se lever dès l'aube pour admirer l'ouvrage. Nos parents n'auraient jamais accepté…

— Bien, bien. Je suis néanmoins curieux de connaître l'étonnant phénomène météorologique qui a crotté mademoiselle alors que le temps est plus sec qu'un décret de Nicolas II.

Marguerite prit le relais.

— J'ai trébuché… La crue de janvier a laissé

94

des traces : le chantier est une vraie soue à cochons…

— Vous avez raison mes chéris, mentez, mentez à tonton Sergeï. Feindre de vous croire m'est exquis ! Allez, vous m'avez une fois de plus bien amusé, filez vous coucher.

Piteux, nos deux hâbleurs baissèrent la tête. À la dernière minute, Diaghilev les retint :

— Une dernière faveur. Dites-moi seulement : lequel de vous deux a rencontré l'amour ?

Jacques, songeant à l'Amédée Bollée, et Marguerite à Audrain, répondirent en chœur :

— Moi !

CHAPITRE 32

Où l'on fête les fleurs

Jacques n'eut pas la force de rejoindre sa chambre et s'écroula sur le lit de Marguerite. Après s'être changée, elle poussa son frère étalé de toute sa longueur, puis se coula voluptueusement entre les draps, goûtant au bonheur d'avoir réchappé à cette nuit rocambolesque – sentiment presque aussi exquis que la perspective de s'endormir bientôt. Cet espoir allait malheureusement rester en l'état : leur mère déboula dans la chambre :

— Allez les marmottes, c'est le grand jour !

Et ouvrit grand les volets. Églantine n'obtint pour toute réponse qu'un vague grognement.

— Ces enfants ont trop bu, j'en étais sûre ! Jacques n'a même pas réussi à atteindre son lit ! se lamenta-t-elle auprès de son mari.

— Ma chère, vous vous méprenez, les hormones de la croissance fatiguent, répondit doctement Barthélémy.

Au prix d'efforts pour ainsi dire surhumains, les jumeaux parvinrent à se lever, conscients que la journée serait longue. Monsieur Lué avait proposé d'emmener la petite famille au bois de Boulogne, toujours heureux de conduire sa voiture – un enfant avec son jouet préféré. Au bout de quelques mètres, il cala : le boîtier de vitesses ne répondait pas aussi bien que d'habitude. Jacques pria pour n'avoir rien cassé. Par chance, quoique crachotante, l'automobile finit par conduire la troupe à bon port.

Des élégantes avaient envahi les chemins de leurs toilettes endimanchées ; le bon goût côtoyait les tenues emperlousées façon faubourg, quand, ici ou là, surgissait quelque extravagance – un bibi-gondole, un chapeau-ananas, fruits folâtres de modistes farfelus. Des guirlandes fleuries avaient été tirées de part et d'autre des allées, surplombant de mignonnes voiturettes recouvertes de bouquets, tantôt halées par un poney, tantôt par un âne. Le tout était si joyeux que, le temps d'une journée, le bois de Boulogne revêtit, nonobstant un soleil capricieux, des airs de fête indienne.

Églantine ne touchait plus terre et volait d'étal en étal, le nez poudré de pollen, remplissant son panier de pivoines, de renoncules et autres pompons colorés… Barthélémy la regardait d'un air attendri : une abeille, une enfant. La joie de sa femme était le plus bel aboutissement de ce séjour – et lui permettait d'oublier la mine pâteuse de ses rejetons qui, à la différence de leur mère, ne manifestaient aucun entrain. Au point que le père s'en inquiéta. N'étaient-ils pas malades ? Pour en avoir le cœur net, il les aligna sur un banc :

— Inspection générale ! ordonna-t-il, ressuscitant les examens dominicaux de son paternel.

Tour à tour il ausculta leurs oreilles, leurs yeux, leur gorge, prit leur pouls. Sans trouver d'autre symptôme qu'une haleine épouvantable.

— À la réflexion, votre mère a raison. Vous tenez une belle gueule de bois…

— Appelons donc un ébéniste, ironisa Socrate, lui aussi trop éreinté de la veille pour être vraiment spirituel.

Sa plaisanterie ne trouva aucun écho chez les jumeaux proprement épuisés. Vu leur état, on n'attendit même pas la fin du corso, pas plus que l'élection du plus bel équipage, pour rentrer préparer les bagages.

CHAPITRE 33

Où chacun va son train

Sur le quai, on s'embrassa et s'embrassa encore. Lué et Diaghilev agitèrent leur mouchoir tandis que la famille Aghulon s'installait dans son compartiment. Marguerite et Jacques s'effondrèrent sur leur banquette pour ne se réveiller qu'au terminus, en gare de Nîmes. Tout au long du trajet, Socrate garda le museau collé à la vitre, abîmé dans ses pensées. Nul n'aurait su dire s'il planchait sur un syllogisme ou s'il regrettait la douceur des coussinets de Gisquette. Peut-être les deux…

La philosophie cherche l'absolu.
Entre les pattes de Gisquette j'ai trouvé l'absolu.
Gisquette est la réponse à la philosophie.

Pendant que Socrate divaguait, Barthélémy couvait sa femme du regard. Elle piochait dans son panier les fleurs achetées au bois de Boulogne, prélevait ici une pivoine, là un hortensia, et composait des bouquets aux panaches osés. Généreuse, attentionnée, elle se demandait déjà à qui offrir celui-ci, celui-là. Mais, Avignon dépassé, les pétales se flétrirent. Églantine les observa longuement, songeant à leur éphémère beauté, pareille à celle du papillon. N'existait-il pas un moyen de reproduire durablement cette grâce ? Toute à sa réflexion, elle fronça machinalement son jupon de soie. Et soudain, releva la tête.

— Chéri, si nous remettions la magnanerie en état ?

— Enfin, très chère, vous connaissez le contexte économique ! Avec Suez, les Chinois nous ratatineraient ! Et vous savez bien que ce foutu comte de Chardonnet a poussé le bouchon jusqu'à imiter la soie ! Son atroce mélange de cellulose et de collodion coûte deux fois moins cher !

Églantine fit la grimace.

— Mais ce n'est que du plagiat !

— Certes, seulement, personne n'a envie de voir la différence !

Églantine entendit les arguments de son mari sans pour autant en démordre : créer des fleurs de soie était l'idée du siècle. Les roses en hiver apporteraient le printemps au cœur des femmes. Elles n'hésiteraient pas à débourser trois sous contre un rayon de soleil.

Si le succès espéré allait se révéler pour le moins relatif, Églantine ignorait encore à quel point son projet pèserait sur le sort de ses enfants – pour l'heure knock-out.

CHAPITRE 34

Où les carottes sont cuites

Quand ils poussèrent la porte des Mûriers, un silence funeste et une odeur de brûlé planaient dans la maison. Églantine courut à la cuisine. Une marmite avait été oubliée sur le poêle, des carottes carbonisées au fond. De leur cuisinière, nulle trace. Jacques se précipita à la cave, Barthélémy à la magnanerie. Bien que chenu, Socrate trottina jusqu'aux vignes. Là, il trouva l'aïeule gisant au pied d'un escabeau, à moitié estourbie, sa jambe droite formant un angle insolite. Le chat miaula à la lune pour rameuter la famille. Deux heures plus tard, le docteur rendit son verdict : Violette était hors de danger, mais plus jamais elle ne pourrait marcher. Ce fut le coup de grâce. Impuissante, Marguerite caressa la main parcheminée de l'ancienne, qui refusait pourtant de céder au désespoir : une bonne convalescence, et elle serait sur pied, à temps pour les vendanges. Barthélémy la coupa net : hors de question, elle ne réchapperait pas à une nouvelle chute.

— Même avec une béquille ? hasarda-t-elle.

Son fils demeura inflexible : l'aïeule passait le flambeau ou l'arme à gauche, au choix. Elle s'assombrit. Qu'allait-elle devenir, clouée à la maison, moins utile qu'un coucou suisse ? Qu'on l'achevât tout de suite, puisqu'on achevait bien les bêtes à l'agonie !

— Cessez de déraisonner, mère ! Dire de pareilles horreurs ! Devant les enfants !

— Nous ne sommes plus des enfants, bougonna Jacques.

— Si vous voulez les épargner, préservez-les du spectacle d'un débris !

— Mais grand-mère, nous avons besoin de vous ! De vos histoires, de votre vin ! protesta Marguerite.

— Mon pauvre petitou, qui va bien pouvoir l'assembler, ce vin, maintenant ?

Prête à tout pour remettre du baume au cœur de son aïeule, Marguerite promit qu'elle apprendrait. Jacques, quant à lui, s'éclipsa dans son atelier. On jugea peu correct qu'il quittât ainsi le navire, ignorant qu'il venait d'avoir une idée de génie et que son obsession pour la mécanique allait enfin servir à quelque chose.

CHAPITRE 35

Où la quintaïeule carbure sec

Violette mit du temps à accepter son infirmité. Elle passa l'été à râler, parlant d'elle à la troisième personne et s'affublant de l'atroce surnom de Fossile. *Auriez-vous l'obligeance de mener le Fossile à la fontaine de jouvence ? Pourriez-vous apporter un coussin au Fossile pour arrondir ses angles ?* Toute occasion devint prétexte à rappeler son impotence, son grand âge s'accompagnant – comme souvent – d'une cohorte non négligeable de grognasseries. L'on comprit mieux alors de qui Jacques tenait son fieffé caractère. Personne n'eut cependant le loisir de lui en faire la remarque : le jeune homme avait disparu de la circulation. Passant le plus clair de son temps dans l'atelier, il avait même interdit à quiconque d'y entrer. Seuls quelques vrombissements et explosions témoignaient de son activité. À qui l'interrogeait, il ordonnait qu'on lui fichât la paix : tôt ou tard, on découvrirait le fruit de tout ce labeur. Socrate acquiesçait.

— La surprise est l'épreuve du courage, se plaisait-il à professer, toujours partant pour dégainer une citation d'Aristote.

Du courage, il en fallut à Marguerite, qui brûlait de retourner à Paris et s'inventait, nuit après nuit, des fugues échevelées pour alléger sa promesse de s'occuper de la vigne. Peu à peu, tout en rêvant à ses retrouvailles avec Audrain, elle apprit à distinguer les cépages. Elle confondait encore le cabernet et le sauvignon, mais avait la dégustation imaginative, habile à reconnaître les arômes canailles qui désaltéraient, le moelleux d'un blanc quand il beurrait la langue, et se révélait imparable quand il s'agissait d'un gouleyant lui rappelant le satiné des feuilles de mûrier. Aux mots justes, elle préférait souvent les images. Ce qui réjouissait Violette, heureuse de recouvrer une once de gaieté dans cet apprentissage peu académique. La vieille dame souriait comme une gamine lorsque sa petite-fille comparait un vin madérisé à une coquette dont on découvre le mauvais caractère après le mariage.

La vie allait ainsi son train. De fil en aiguille, Églantine remit un bout de la magnanerie en route. Pendant la veillée, elle pliait des carrés de tissus et les transformait en roses ou en tulipes, interprétant à sa manière l'art pointu des origamis.

Un jour, Jacques réapparut, incroyablement excité. Il demanda à tous les membres de la famille de se regrouper dans la cour. On accourut toutes affaires cessantes, trop heureux qu'il dévoilât enfin l'objet de tant de mystères. L'on perçut d'abord un ronflement venu du fond de l'atelier, puis Jacques déboula sur une espèce de tricycle bricolé avec une vieille chaise et trois roues en bois, au train duquel il avait flanqué un moteur. *Le premier fauteuil roulant à explosion !* tonitrua-t-il perché sur l'engin. Violette voulut l'essayer sur-le-champ et, aussitôt, on la vit foncer vers les vignes, suivie d'un joyeux nuage de fumée bleue. Personne ne sut qu'elle dut se ménager une pause au milieu des travées, bouleversée par ce cadeau providentiel, et plus encore par la bienveillance de son petit-fils.

CHAPITRE 36

Où l'on ne se tire pas
que dans les pattes

Quand Lué prit sa retraite et Raphaël Beretta le flambeau du Casino de Paris, Églantine continua à envoyer ses fleurs de soie pour les costumes du music-hall. Souvent, le soir, ses enfants l'aidaient à plisser les carrés de tissu. Contre toute attente, Jacques se révéla formidablement doué : les fleurs naissaient entre ses gros doigts comme autant de petits miracles. Non loin, Barthélémy s'adonnait à la lecture des journaux, activité qu'il pratiquait dans le large fauteuil en cuir près de la cheminée, et toujours avec Socrate sur ses genoux. Ces deux-là n'aimaient rien tant que commenter les nouvelles. Ils s'intéressaient particulièrement aux avancées du socialisme en la personne de Jean Jaurès – même s'ils gardaient un faible pour le Parti radical, n'était-ce qu'en souvenir de l'incident d'Agadir, en 1911, lorsque lesdits radicaux avaient sauvé ric-rac la France d'un conflit qui aurait pu devenir planétaire : en catimini, Joseph Caillaux, alors président du Conseil, avait traité avec les huiles allemandes afin de trouver un accord. Quoique maladroits, les messages codés échangés avec le ministre des Affaires étrangères von Kinderlen avaient permis de trouver une issue pacifique. Sans cela, l'incident eût engagé les deux pays dans une pétaudière.

Le chat et son maître goûtèrent donc peu les attaques acharnées que Gaston Calmette, l'odieux directeur du *Figaro*, commettait à l'encontre de Caillaux. Le premier voulait à tout prix discréditer le second, devenu ministre des Finances. Le grossier personnage n'hésitait pas à calomnier son adversaire, jetant l'opprobre non seulement sur le Parti radical, mais sur la famille

même du ministre. Barthélémy et Socrate fulmi-
naient, stupéfaits des bassesses de ce misérable
journaliste. Ce jour-là, Calmette avait publié
la correspondance privée de Caillaux avec
Henriette Raynouard, son ancienne maîtresse,
désormais épousée. Barthélémy frappa le journal
du dos de la main.

— Après les latrines, la fosse septique !

Socrate frémit.

— Cela va mal finir…

Et en effet, cela finit mal. Le 16 mars 1914,
excédée par les coups bas incessants que devait
essuyer son mari, Henriette Caillaux se rendit au
siège du *Figaro* et vida le chargeur d'un Browning
32 sur Calmette. En même temps que le directeur du journal s'effondrait, c'est toute la car-
rière politique de son mari qui partait en fumée.
L'apprenant, Socrate tressaillit : si d'aventure un
nouvel incident les opposait aux Français, qui
d'autre prônerait la discussion avec les Prussiens ?

CHAPITRE 37

Où l'on apprend qu'un chat
ne retombe pas toujours sur ses pattes

La nuit suivante, Socrate fit d'affreux cauchemars. Cela commençait par un jeu de dominos
qui, en s'écroulant, enflammait tout sur son

passage. Une étincelle avait suffi à déclencher le chaos : le monde s'embrasait dans la poudre à canon et le sang. Au réveil, gagné par un vilain pressentiment, le chat tremblait encore. Chacun dans la maisonnée remarqua sa triste mine : peut-être un effet du grand âge ? Pour reprendre du poil de la bête, le félin décida d'aller se promener dans les vignes.

Au même moment, Barthélémy ouvrit *La Dépêche*. On y discutait politique étrangère, notamment de l'attitude insolente d'un petit pays, la Serbie, qui chauffait sérieusement les oreilles de son impérial voisin austro-hongrois. Le journaliste filait la métaphore d'une marmite laissée depuis trop longtemps sur le poêle.

— Après la fosse septique, le merdier balkan ! bisqua Barthélémy.

À cet instant, Socrate fut assailli par d'abominables visions : une stèle se dressait dans le champ, sur laquelle il pouvait distinguer le nom de son maître et, plus loin, ne subsistaient du vignoble que des ceps carbonisés. Une pauvre femme errait au milieu de cette désolation, la tête couronnée de fleurs, le regard dément, caressant le visage défiguré d'un jeune homme en uniforme. Sous les traits de l'aliénée, Socrate reconnut avec effroi Églantine et, derrière le masque de la difformité, son cher Jacques. Le choc le plia en deux. Il ne pouvait s'agir d'une simple crise d'angoisse. Un malheur allait arriver.

Le pauvre resta une heure entière dans les vapes. Quelques mots surgissaient parfois au milieu d'un fatras de miaulements déchirants, *François-Ferdinand, Main noire, tranchées,* que nul ne fut capable de décoder.

CHAPITRE 38

Où la philosophie
ne console pas de tout

Tout alla très vite. Socrate continua à délirer quelques jours, puis tomba dans une profonde atonie. Barthélémy l'auscultait en permanence pour s'assurer que son cœur battait encore ; la maisonnée entière s'était figée, guettant une rémission qui ne venait pas. Un nuage sinistre étendait son linceul sur les Mûriers. Barthélémy se mura dans le silence, passa des heures à humecter le museau du félin. Malgré les douces paroles d'Églantine, il restait sourd à toute consolation. La maladie de Socrate lézardait le plus solide des couples, chacun échouant à réconforter l'autre, la peine des uns s'ajoutant à celle de tous.

Églantine entreprit de fleurir la maison, courant les vallons pour moissonner des brassées d'iris et de boutons d'or, tant et si bien qu'on manqua bientôt de vases. Les gerbes rutilaient de couleurs, mais surtout, elles emplissaient la bâtisse d'une odeur aussi discrète qu'entêtante, que l'on finit par identifier comme l'odeur douceâtre des chambres funéraires. Violette actionnait son fauteuil tel un automate – aller, retour, aller, retour. Inflexible, la pendule scandait les secondes dans un cliquetis aux airs de compte à rebours.

Un matin, l'on vit une larme perler à la paupière de Socrate. Cela faisait des jours qu'il ne donnait plus signe de vie. On reprit espoir.

— La tristesse, c'est encore la vie, hasarda Marguerite.

La même larme perla aux yeux de son père, le maître et son chat ne faisant plus qu'un.

Le soir du 31 mars 1914, une voix ténue appela Barthélémy. Socrate avait rassemblé ses dernières forces pour murmurer ces quelques mots :

— Adieu, cher compagnon. Ne soyez pas triste, seul mon corps sera enseveli. Et souvenez-vous : le temps malgré tout trouvera la solution malgré vous.

Puis ses poils frémirent, et son corps se raidit.

Barthélémy sombra dans un gouffre plus profond que les ténèbres dans lesquelles le monde allait s'abîmer.

CHAPITRE 39

Où la mort joue aux dominos

Dès lors, ce fut un crève-cœur de voir Barthélémy errer dans les Mûriers, absent à lui-même, parlant dans le vide comme s'il guettait un signe de Socrate. Il faisait penser à ces hommes qui, après avoir perdu un bras, le sentent toujours bouger. Barthélémy avait été amputé d'une part de lui-même : un bout de sa chair, la moitié de son âme. On câlina le mari, enlaça le père et cajola le fils. Rien n'y fit. Le chagrin aspirait Barthélémy. Chaque soir, Marguerite s'accroupissait à ses côtés et lui rapportait les découvertes scientifiques glanées dans le journal.

— Il paraît qu'un nouveau médicament fait des miracles. *L'aspirine !* Si tu avais été médecin, tu en aurais eu l'idée le premier !

— On raconte qu'un rein artificiel vient d'être mis au point, n'est-ce pas formidable ? Peut-être qu'un jour on pourra remplacer ton cœur contre un autre, empli de joie ?

— Oh, trois frères viennent de repérer une grotte en Ariège ! Incroyable, elle daterait du paléolithique supérieur !

Les efforts de sa fille n'y changeaient rien. En guise de réponse, le paternel recensait les savants qui, peu à peu, quittaient le monde. Le 5 avril, Ernest André : l'entomologiste ne déflorerait plus les mystères des frelons. Le 11, Carl Chun, le spécialiste du plancton. Début mai, Paul Héroult, l'inventeur de l'électrolyse de l'aluminium.

— Je suis l'oracle du Styx, déplorait Barthélémy.

Un événement décisif mit fin à cette lente

agonie. Le 28 juin 1914, l'héritier de l'Empire austro-hongrois et son épouse, la duchesse de Hohenberg, furent assassinés par un certain Gavrilo Princip, un jeune Serbe, membre de Mlada Bosna – la Main noire –, un groupe révolutionnaire. Les journaux publièrent la nouvelle comme s'il s'agissait d'un fait divers, simple incident exotique venu des Balkans. Mais Barthélémy chaussa ses lunettes abandonnées depuis des mois sur le buffet. Un détail avait retenu son attention : il venait de reconnaître ces noms, *François-Ferdinand de Habsbourg*, *Main noire* de Serbie, ceux que Socrate avait laissés échapper dans ses derniers soupirs. Cela ne pouvait être une coïncidence. Pour la première fois de sa vie, Barthélémy sentit que le temps malgré tout ne lui apporterait aucune solution malgré lui. Il en fut terrorisé. Jaurès seul pouvait les sortir de ce guêpier.

Aussi, quand le 31 juillet le bien nommé Raoul Villain déboula à la terrasse du café du Croissant et tira deux coups de feu sur le leader pacifiste, Barthélémy sut que ni la science ni la philosophie n'empêcheraient ce qui se préparait. Il écrivit une lettre dans laquelle il expliquait aux siens pourquoi il préférait dire adieu au monde qu'il aimait, plutôt que d'assister, impuissant, à sa disparition. Ses toutes dernières forces, il les dépensa à trouver les mots les plus doux. Puis il se pendit.

CHAPITRE 40

Où le tocsin couvre le glas

Ce fut Jacques qui trouva son père au bout de la corde. Sans une parole, il alla s'enfermer dans son atelier où il démolit tout à la masse, frappant à grands coups sur les tuyaux, faisant voltiger les pistons, jusqu'à recouvrir le sanglot déchirant des trois femmes, mère, épouse et fille. Découvrant le corps de son fils se balançant sous les branches, Violette eut une attaque. Elle s'affaissa, muette, dans son fauteuil roulant. Églantine sembla perdre sitôt la raison, s'appliquant à recouvrir le corps du défunt d'une cascade de cosmos, d'asters et de zinnias, tout en psalmodiant le nom des fleurs en guise de prière. Cela excéda Jacques au point qu'il finit par hurler à sa mère de se taire. Mais elle était trop loin pour l'entendre, perdue dans des prairies insondables. Le jeune homme descendit alors s'enfermer dans la cave, où il éclusa les bouteilles d'Aïthops Oinos, qu'il brisa ensuite méthodiquement contre le mur. Laissée sans boussole après le suicide de son père, et craignant de devenir folle à son tour, Marguerite se boucha les oreilles et se répéta la sentence de feu Socrate, *Le temps malgré tout trouvera la solution malgré toi*. Et c'est ainsi que, à l'orée de ses vingt ans, elle devint le capitaine des Mûriers, vaste souvenir d'une fière flibuste qu'un siècle furibond avait rendue épave.

Le surlendemain, les cloches du tocsin carillonnèrent la mobilisation générale, éclipsant le glas qui annonçait la mort de Barthélémy. La guerre lui volait les honneurs. Son enterrement passa totalement inaperçu.

CHAPITRE 41

Où l'on sort l'artillerie lourde

Jacques annonça le soir même qu'il s'engageait. Il étouffait aux Mûriers. Eu égard à son âge, il aurait pu éviter de quelques jours la conscription, mais il insista tellement auprès du maire que celui-ci accepta : soit, le gamin partirait comme enrôlé volontaire. Violette et Marguerite eurent beau supplier le garçon, il s'enferra dans sa décision et choisit d'incorporer l'artillerie lourde : à ses yeux, les moteurs des chars d'assaut étaient moins nébuleux que le cerveau humain. Hélas, le désespoir est mauvais conseiller, et Jacques avait omis un détail : c'est par des hommes que les machines sont conduites, et ceux-là allaient faire preuve d'une ingéniosité vertigineuse pour creuser plus profond l'abîme de l'horreur humaine.

Églantine seule échappa à ce cauchemar : pire qu'un liseron, la folie avait colonisé son esprit. Elle sautillait dans le mas, fredonnant des airs sans queue ni tête, au point d'accueillir le départ de Jacques avec légèreté. Longtemps, elle caressa les cheveux de son fils en chantonnant :

> *Gentil coquelicot, mesdames,*
> *Gentil coquelicot nouveau.*

— Les coquelicots eux aussi ont le cœur noir, maugréa Jacques, à part lui.

La nuit qui précéda le départ de son frère, Marguerite ne trouva pas le sommeil. Il fallait à tout prix agir, sans quoi la tristesse finirait par l'anéantir, ainsi qu'elle avait démoli son père. La belle se leva donc et descendit repasser les chemises de Jacques, puisant, dans ce geste pourtant dérisoire, le réconfort d'une ultime attention pour lui.

— Qu'est-ce que tu fabriques ? demanda le jeune homme qui, lui non plus, ne parvenait pas à s'endormir.

— Je fais la guerre au chagrin.

Et elle brandit le fer à repasser, une artillerie comme une autre face à la peine. Le frère et la sœur se serrèrent fort.

— Promets-moi de ne pas mourir, lui demanda-t-elle.

Il la regarda droit dans les yeux

— Juré, craché, croix de bois, croix de fer, si je…

— S'il te plaît, n'en dis pas plus, nous sommes déjà en enfer.

Jacques cracha tout de même au sol, comme quand ils étaient petits, renouant in extremis avec les enfants qu'ils avaient été.

PARTIE II

Je sais calculer le mouvement des corps pesants, mais pas la folie des foules.

Isaac Newton

CHAPITRE 1

Où il est question de lettres
et du néant

(1918)

Les années avaient passé depuis le départ de Jacques. La France avait perdu plus d'un million d'hommes et de femmes, sans compter les enfants tués sous les tirs de mortier. On craignait l'arrivée du facteur, oiseau de mauvais augure. Marguerite guettait pourtant chacune de ses venues, espérant des nouvelles de son frère. Trois ans qu'il n'avait plus écrit ; sa dernière lettre remontait à juillet 1915.

Mes chères, mes adorées,
Aujourd'hui c'est le 14 juillet. C'est aussi la première fois que nous ne sommes pas ensemble pour l'occasion. J'ai regardé le ciel en pensant à vous. J'espère qu'à Alès on a tiré un feu d'artifice, et que Marguerite a applaudi.
Ici, les moteurs des chars ont crépité en pétards. Le ciel aussi était à la fête. Bouquets de pissenlits et gerbes de boutons d'or. Tu aurais adoré, Maman.
Je me demande parfois ce que je fais ici, mais n'allez pas vous inquiéter. Vous n'imaginez pas

comme cela fait chaud au cœur d'être entouré de camarades plus fidèles que des frères. Antoine, qui est un gringalet, me donne toujours un bout de son quignon, alléguant que je mesure presque deux fois sa taille et que je mériterais bien une double ration. Vous pouvez vous réjouir : je ne saurais être en meilleure compagnie.

N'étaient les lignes ennemies, je pourrais dire que je n'ai rencontré ici que des amis.

Avec le printemps, les bombes ont tant et si bien labouré la terre qu'il pousse tout un tas de bleuets et de coquelicots dans les champs. « Gentil coquelicot, mesdames, gentil coquelicot nouveau », te souviens-tu, Maman ?

Je vous embrasse comme je vous aime.

D'aucuns murmuraient qu'il était mort. Marguerite savait que c'étaient des sornettes : son frère avait promis – croix de bois, croix de fer –, il avait même craché ; on ignorait seulement où il se trouvait. Pourquoi ses missives avaient brutalement cessé à l'été 1915, voilà ce qu'elle devait découvrir. Car jusqu'à cette date, le jeune homme avait tenu informés les siens chaque fois qu'il le pouvait, veillant à soigneusement escamoter la terreur qui régnait sur les champs de bataille. Marguerite conservait ses lettres dans une boîte en fer rouge et les relisait régulièrement. Qui sait, peut-être avait-elle laissé échapper un indice ?

CHAPITRE 2

Où la défaite des uns
fait la joie des autres

Le 11 novembre 1918, Marguerite se rendit à la ville acheter un peu de farine et de lait. Paquets en main, elle allait prendre le chemin du retour quand le tocsin se mit à sonner. La peur la plaqua contre un mur : les Allemands pouvaient-ils bombarder le sud de la France ? La rumeur courait pourtant que leur armée était en déroute. Notre héroïne chercha un porche où s'abriter. C'est là qu'elle vit les villageois se tomber dans les bras, s'embrasser, *La guerre est finie ! La guerre est finie !* Même le charcutier pressait le petit rémouleur contre son tablier, alors qu'une querelle à propos d'un hachoir mal aiguisé divisait les familles depuis des générations ! Marguerite en oublia farine et pot au lait, et s'élança à corps perdu vers les Mûriers. Elle hurlait au rythme des volées de cloches, *La guerre est finie ! La guerre est finie !* Depuis sa chambre, qu'elle ne quittait plus, Violette entendit sa petite-fille avant qu'elle eût dépassé le portail.

Ces quatre années, les trois femmes avaient souvent eu faim, mais s'étaient toujours débrouillées pour trouver de quoi manger. On avait préparé les orties et les pissenlits à toutes les sauces – en purée, en salade, en soupe, en gratin. Au printemps, les morilles donnaient du goût, à l'automne, c'étaient les chanterelles. On avait découvert les vertus comestibles du cerfeuil musqué et des bulbes de ciboules, si bien qu'on avait survécu avec presque rien. Au début, Marguerite avait lancé l'idée de travailler à l'usine d'armement, comme certaines de ses camarades. Violette avait refusé tout de go.

— Tu portes un nom de fleur, hors de question que tu fabriques des armes.

Alors, elles avaient continué leur vie de débrouille, vendant de-ci de-là quelques bouteilles d'Aïthops Oinos, s'offrant parfois le luxe d'une belle ration de pain noir. Autant dire qu'elles n'étaient pas grasses.

Quand Marguerite déboula dans la cour, sa mère déambulait, le regard au loin.

— La guerre est finie, Maman ! Jacques va revenir !

— La guerre ? Mais quelle guerre ?

Abandonnée à sa folie, Églantine ne reconnaissait même plus les siens. Les villageois avaient oublié la reine de beauté qu'elle avait été, et ne l'appelaient plus que *la folle des Mûriers*. Au moindre quolibet, Fernand prenait sa défense bec et ongles :

— L'est encore plus fou celui qui pense pouvoir survivre à la mort de l'être aimé.

— T'as bien survécu à la Jeannine, toi, lui rétorquaient d'aucuns.

— Sûrement parce que je l'aimais pas.

En général, ça coupait le sifflet aux imbéciles. Toutes ces années de guerre, le père Allizart avait apporté des œufs aux Mûriers. C'était le seul homme que les femmes avaient côtoyé – si l'on exceptait Audrain, à qui Marguerite pensait en s'endormant, et Jacques, pour qui elle se tordait d'inquiétude au réveil.

CHAPITRE 3

Ou « Vous, ronds-de-cuir ! »

Les hommes revinrent peu à peu du front, et la liesse de l'armistice céda la place aux réalités de la guerre, que la propagande avait masquées. Les blessures s'exposaient aux yeux de tous : le boulanger pouvait bien regarder sa pâte lever, il n'avait plus de bras pour la pétrir ; de son œil valide, le photographe pleurait l'autre. Elles étaient terribles, ces retrouvailles où la joie s'embourbait dans le souvenir des tranchées. Aux Mûriers, on attendit une semaine, puis deux. Jacques ne rentrait toujours pas. Marguerite avait beau scruter le chemin, seule la silhouette de Fernand foulait le sol calcaire.

— Alors petiote, des nouvelles ?

— Toujours rien, grand-père…

Une fin d'après-midi, le patriarche osa.

— Faudrait voir à écrire à l'armée qu'ils aient pas oublié de nous prévenir que…

Elle ne le laissa pas terminer.

— Il n'est pas mort, grand-père ! C'est là, dans mon ventre…

— Le ventre, c'est plein de merde. Je serais toi, j'écrirais au commandement de l'armée.

Marguerite finit par s'exécuter. Elle s'adressa à l'état-major pour savoir où donc Jacques pouvait avoir disparu : on lui répondit qu'il valait mieux chercher une aiguille dans une botte de foin. Elle déchira la lettre, enfila son manteau et, malgré la pluie qui tombait à seaux, partit pour Nîmes. Là, le préfet refusa de lui donner audience sous prétexte qu'elle n'avait pas rendez-vous ; il ne prit même pas la peine de sortir de son bureau pour le lui annoncer. Le sang de Marguerite ne fit qu'un tour. Elle bouscula la secrétaire qui s'égosillait, *Mais enfin, mademoiselle !* et força l'entrée du cabinet. Le fonctionnaire, cigare à la main, contemplait les ronds de fumée formés par ses lèvres en cul-de-poule.

— Espèce de petit planqué ! Vous allez me recevoir sur-le-champ ou je vous promets que je vous attendrai ce soir et tous les autres soirs de votre misérable existence pour vous pourrir la vie comme un chancre vérole le cul d'un curé !

Le préfet blêmit.

— Je… Je vous en prie, asseyez-vous… Que puis-je pour votre service ?

— Retrouvez mon frère.

Sous la menace du parapluie de Marguerite, le préfet se révéla miraculeusement coopérant, et se résolut à lui donner le numéro de matricule de Jacques, sa date d'incorporation et le nom de son régiment. Il griffonna même une lettre à l'attention de Lyautey, le ministre de la Guerre, dans laquelle il intercédait pour obtenir tout renseignement sur la recrue Aghulon. Puis il conclut l'entrevue avec empressement.

— Si madame veut bien que je la raccompagne.

— Madame connaît le chemin.

Son graal en poche, Marguerite claqua la porte.

CHAPITRE 4

Où l'on ouvre la boîte de Pandore

Deux semaines plus tard, Marguerite recevait une réponse personnelle du ministre. Jacques avait été évacué à l'arrière en août 1915, pour cause de blessures graves, et admis à l'hôpital militaire des Invalides. Là, on l'avait décoré de l'insigne de la Croix-Rouge à la gloire des blessés de guerre. La lettre ne précisait ni quand il était sorti ni s'il était retourné au front. Marguerite lut le courrier à sa grand-mère.

— Va le retrouver, lui murmura doucement Violette.

— Qui donc ? demanda Marguerite en se trahissant.

La vieille femme fronça les sourcils. Notre héroïne ne pouvait y couper, elle déballa tout :

Paris, la Ménagerie, la girafe, le coup de foudre, la folle nuit pour revoir Audrain. Plus elle parlait, plus ses joues rosissaient. Jacques au volant de l'Amédée Bollée, les frissons de peur et les trilles de bonheur. Elle renouait avec l'insouciance de ses seize ans, jours heureux où sa famille était encore réunie.

Quand elle releva la tête, Violette souriait affectueusement. Marguerite s'écroula en pleurs. Elle aurait dû tout avouer depuis longtemps.

— Va *les* retrouver, rectifia sa grand-mère. Et ne te soucie pas de nous, Fernand n'est jamais loin.

La jeune fille attendait ce moment depuis tant d'années qu'elle sauta dans les bras de l'aïeule.

— Socrate avait raison, mon enfant. Le temps malgré tout a trouvé la solution malgré toi…

— Mais… Vous saviez qu'il parlait ?

Violette eut un rictus malicieux en coin.

— Mon enfant… C'est moi qui lui ai appris à lire.

Marguerite n'était pas au bout de ses surprises.

CHAPITRE 5

Où l'on fredonne *Le Départ du conscrit*

Comme huit ans auparavant, Marguerite attendait, fébrile et vêtue de sa robe de taffetas taupe, le train en gare de Nîmes. Elle avait dit au revoir à sa grand-mère comme on se dit adieu, et juré qu'elle ne rentrerait pas sans son frère. Violette n'avait plus l'âge des serments improbables, et avait seulement promis de tenir du mieux qu'elle le pourrait. Fernand s'occuperait d'elle.

— Comme si c'était ma propre femme. En tout bien tout honneur ! avait-il jugé bon de préciser.

Marguerite l'avait supplié. Il fallait veiller à ce que la vigne et la magnanerie restassent en jachère : sa grand-mère était trop faible pour s'atteler à la première, et sa mère pas assez raisonnable pour gouverner la seconde. L'aïeul avait vigoureusement approuvé mais, dans son dos, Violette avait eu un mouvement du menton. Elle ferait bien ce qu'elle voudrait. Au pied de l'escalier, Églantine avait serré sa fille en lui glissant des giroflées séchées dans les mains.

— Je les ai trouvées dans le tiroir de ma table de chevet. Elles sont jolies, n'est-ce pas, en revanche, je me demande bien pourquoi je les ai conservées.

Puis elle avait épousseté la console de l'entrée en fredonnant :

> *Adieu donc mon pauvre cœur*
> *Vous consolerez ma sœur*
> *Vous y direz que Fanfan, que Fanfan*
> *Oui que Fanfan*
> *Il est mort en combattant.*

Le sang de Marguerite s'était glacé. Elle eût aimé que Socrate fût encore là pour la rassurer avec l'une de ses maximes. Respirant un grand coup, elle avait attrapé sa valise et s'était retournée une dernière fois, sans se douter qu'elle quittait les Mûriers pour de longues années.

Le train entra en gare.

CHAPITRE 6

Où Paris pleure

Frigorifiée dans sa robe de taffetas, Marguerite débarqua dans le Paris humide et hivernal de l'après-guerre, traînant sa petite valise sur les trottoirs. Rien à voir avec la ville pétulante du temps de la Belle Époque. Déroutée par le ballet des automobiles, dépourvue de tout plan, la jeune femme comprit que les choses seraient plus compliquées qu'elle ne l'avait présumé. D'abord, s'occuper du gîte : c'était la priorité. Ses maigres économies lui permirent d'emprunter une calèche qui la conduisit au Casino de Paris, où elle espérait qu'une bonne âme pourrait l'aider. Mais elle trouva porte close.

— Les bombardements ont contraint l'taulier à fermer, ma pauv' dame, expliqua un passant sur le trottoir.

Marguerite hésita à se rendre directement à la Ménagerie du Jardin des Plantes. Elle désirait plus que tout revoir Audrain, mais un je-ne-sais-quoi – une crainte inavouée, sûrement – l'en empêchait. *Et s'il t'avait oubliée ? S'il n'était pas celui que tu crois ?* Pire, s'il était mort sur un champ de bataille ? lui susurrait une vilaine petite voix. Mieux valait qu'elle assurât ses arrières avant d'en avoir le cœur net. Elle mit donc le cap sur le Quartier latin, direction les Trois Frères.

Des trois, il n'en restait qu'un : en 1914, trop âgé pour être mobilisé, Eugène avait tenu la baraque pendant que ses cadets, Zacharie et Alphonse, étaient appelés au mess des officiers du 236ᵉ régiment. À Paris, les menus d'Eugène avaient souffert des restrictions. Les rutabagas avaient remplacé les poulardes, et les effluves de topinambours l'exquis fumé des truffes. Les gourmets s'étaient volatilisés, et avec eux la bonne humeur d'Eugène. À l'automne 1916, les deux enveloppes qu'il avait reçues, marquées d'une croix noire, l'avaient achevé : un obus avait atterri dans les popotes du 236ᵉ régiment, transformant le ragoût et ses cuisiniers en charpie. Eugène avait sombré dans la dépression, l'établissement dans la faillite.

Quand elle entra, Marguerite fut douloureusement saisie par la tristesse des lieux. Personne derrière le comptoir, tables vides ; lui parvenait seulement le raclement d'une cuillère contre le cuivre d'une casserole, rythme morne d'un cuisinier au bout du rouleau.

— Ohé, du bateau ! Y a-t-il un capitaine ?
claironna-t-elle pour se donner du courage.

Eugène crut à un miracle.

— Vous ! Ici !

Elle n'était pas déjà assise que le maître-queux
avait remisé son bourdon et débouchait une
bouteille.

CHAPITRE 7

Où l'on épie la trisaïeule

Devant son verre de liqueur, Marguerite résuma
la situation à Eugène – tout en passant sous silence
son problème d'hébergement. Mais, de tempérament pragmatique, le cuistot visa dans le mille :
où donc logeait-elle ? Comme elle bredouillait, il
l'arrêta net et lui tendit un jeu de clefs au bout
duquel pendait un cochon joufflu miniature. Elle
s'installerait dans la chambre d'Alphonse.

— Parce que c'est la plus ensoleillée.

Marguerite fit mine de refuser, mais Eugène
pointa sa cuillère sous son nez.

— Un point c'est tout.

Et il s'empressa d'aller chercher la valise de la
jeune femme dans l'entrée.

Marguerite poussa la porte : coquette tapisse-
rie vert bouteille, rideaux de damas, coussins à
glands, balcon. Elle se sentit aussitôt chez elle.

Déballa ses affaires et se laissa mollement tomber sur le lit, perplexe. Devait-elle d'abord se rendre aux Invalides, ou courir au Jardin des Plantes ? Soudain, une présence, comme si quelqu'un l'épiait. Rapide inspection de la pièce : non, elle était bel et bien seule. La fatigue, sans doute. Pourtant, perchée tout en haut de l'armoire, une créature l'observait, qui d'ailleurs semblait la trouver fort à son goût. Et plus encore lorsqu'elle ôta sa robe, dévoilant ses courbes sémillantes. Marguerite s'apprêtait à enfiler son ensemble parme quand elle sursauta. Cette fois, elle avait clairement entendu, *Zut, elle se rhabille !* Notre héroïne rassembla ses vêtements contre sa poitrine et, s'armant de courage, ouvrit d'un coup sec les rideaux. Au même moment, un chat noir bondit sur le parquet ; Marguerite eut à peine le temps de se retourner qu'il dévalait l'escalier.

Dans la tête de la belle, tout se bouscula. Elle était sûre d'avoir déjà croisé cette silhouette. Hormis le bout blanc de ses pattes avant, on aurait dit... Socrate ! Sous le choc, elle se rassit au bord du lit. Lui revint alors en mémoire ce fameux repas, où Diaghilev les avait dévergondés, son frère et elle. Ce soir-là, Socrate avait disparu dès l'apéritif pour ne réapparaître qu'à la fin du dîner, avec un drôle d'air, et son pelage enfariné, tandis que Gisquette ne cessait d'éternuer. Socrate et Gisquette... Pas possible !

CHAPITRE 8

Où il est plus sage d'être fou

Marguerite descendit à la cuisine où Eugène, que l'arrivée de la jeune femme avait ragaillardi, pétrissait une pâte feuilletée en vue d'un rôti en croûte dorée. L'inspiration lui revenait, mieux que jamais. Marguerite lui demanda qui était ce vilain matou qui reluquait les demoiselles dans leurs appartements…

— Ah, vous avez donc fait la connaissance d'Érasme ?

— Érasme ?

— C'est ainsi que nous avons appelé cet extravagant. Il ne mérite pas d'autre sobriquet, ce drôle de rejeton de son père !

Le vieux cuisinier soupira : le matou avait beau lui en faire voir de toutes les couleurs, fraterniser avec les pires chats de gouttière, chaparder dans les réserves, ou jouer les Roméo sous la fenêtre de Juliette – la fille du tripier –, il ne l'en aimait pas moins. C'était par-dessus le marché son dernier lien avec Gisquette.

— Qu'est-elle devenue ? s'enquit Marguerite.

— Hélas morte, quelques semaines avant la guerre… Foudroyée par un mal soudain.

— Oh, comme Socrate, s'étonna Marguerite.

— Le petit profite de son statut d'orphelin pour abuser de ma gentillesse.

À ces mots, Érasme pointa le bout de son

museau et s'enroula autour des chevilles de Marguerite.

— C'est donc vous, le petit galopin ?

Ledit galopin poussa une série de miaulements.

— Un signe d'adoption, interpréta Eugène.

Marguerite, elle, se figea. Érasme lui faisait la leçon !

— Apprenez, chère demoiselle, que je ne suis pas un galopin. J'ai fondé ma propre école de philosophie. Sa devise ? *Nullo concedo*, ce qui signifie : « Je n'en fais qu'à ma tête. » Disons que je prône une sage folie. Et sachez que j'ai reniflé dans votre décolleté plus de sagesse que chez Plutarque et Cicéron.

Marguerite explosa de rire. En un sens, Socrate était toujours vivant !

CHAPITRE 9

Où l'on jette les dés

Ravigotée, notre héroïne sortit du restaurant, ne sachant toujours pas si elle devait d'abord aller chercher Jacques ou courir au Jardin des Plantes. Tout aussi requinqué, Eugène retourna à ses fourneaux ; la place Monge embauma bientôt de parfums poivrés et persillés que Marguerite huma jusqu'au croisement des rues

Gracieuse et Pestalozzi. Alors qu'elle hésitait à bifurquer vers les Invalides, dans l'espoir de glaner quelque information sur son frère, elle sentit à nouveau une présence. À ses pieds, Érasme la regardait avec un sourire béat.

— C'est du harcèlement ! lui lança-t-elle.

— N'est-il point sage, celui qui aime à la folie ?

— Enfin, vous ne pouvez m'aimer, nous nous connaissons à peine !

— J'ai l'impression de vous avoir toujours connue…

C'était au tour d'Érasme d'ouvrir de grands yeux interloqués.

— Je n'en crois pas mes oreilles ! Vous me comprenez ?

La belle sourit. Même si les propos du chat demeuraient un poil hermétiques, tous deux parlaient le même langage. Le matou sauta de joie :

— Nous avons tant de choses à nous raconter !

Il ne pensait pas si bien dire. Marguerite l'invita à discuter sur un banc du square Robert-Montagne et lui révéla qui elle était. Érasme resta un long moment songeur.

— Vous avez donc connu mon père…

— Oh que oui… C'était le chat du mien.

— Ma mère m'en a tellement parlé… Mais alors, si Socrate était le chat de votre père…

— Eh bien ?

— Vous êtes donc la fille de Barthélémy ?

— Parfaitement…

— Mais c'est affreux !

Marguerite ne le suivait plus.

— Vous voilà en quelque sorte la sœur de Socrate, ce qui fait de vous ma tante ! Impossible de nous marier !

Elle éclata de rire. Neveu ou pas, tout espoir était vain : son cœur était pris. Songeant à Audrain, elle rougit instantanément. Érasme fronça les sourcils. Les yeux embués, elle lui confia son histoire : la rencontre avec son bien-aimé, les années de séparation, la crainte des retrouvailles… Le matou planta ses pupilles dans celles de la jeune femme.

— La fortune aime les gens peu sensés, les audacieux qui ne craignent pas de sauter dans l'inconnu en clamant, *Le sort en est jeté*. Debout, feignasse !

Et de lui donner un coup de patte, *Zou !* Galvanisée, la donzelle se redressa. En s'engageant dans la rue de Quatrefages, sous les applaudissements d'Érasme, son cœur battait la chamade.

— Le sort en est jeté ! lança-t-elle.

CHAPITRE 10

Où tu me fais tourner la tête

Lorsque Marguerite poussa la grille de la Ménagerie, son palpitant faisait tic tac, tic tac.

Une bombe prête à exploser. Elle n'eut aucun mal à se remémorer le chemin jusqu'à l'enclos de Makeda, contourna la rotonde des grands herbivores, le bassin des otaries pour enfin atteindre le gîte de la girafe. La bête broutait paisiblement un peu de foin. Marguerite se posta devant les grilles et, tremblante, guetta la silhouette du gardien. Mais, minutes et visiteurs eurent beau défiler, pas l'ombre d'une casquette à l'horizon. Elle s'alarma. Quand bien même Audrain aurait échappé à la conscription, le zoo regorgeait de pièges redoutables : morsures de serpent, appétit des fauves, maladresse d'un pachyderme… Un faux pas et c'en était fini ! Toute à ses fabulations, Marguerite tournait comme un lion en cage, et ne remarqua pas les œillades réprobatrices que lui jetaient les promeneurs. Cette demoiselle qui s'agitait en marmonnant, ne devait-on la signaler ? Lorsqu'elle surprit ces regards, Marguerite tira la langue aux fâcheux. Outré, un gommeux courut s'en plaindre à la loge ; le gardien haussa un sourcil, contrarié de devoir interrompre sa lecture de Buffon. Jouer au policier le faisait suer, mais il consentit à se lever. C'est ainsi qu'Audrain se dirigea vers l'enclos de Makeda.

Le temps que le gandin eût désigné l'importune, le jeune homme s'était déjà mis à courir. Le type l'en félicita, *Quelle réactivité !* Sa déconvenue fut grande. Et grande aussi sa surprise lorsque le gardien souleva l'insolente dans les airs en pépiant, *Vous avez tenu parole, vous avez tenu parole !* Comment le bonhomme eût-il pu deviner qu'Audrain venait de retrouver, là même où il l'avait rencontrée huit ans plus tôt, celle qu'il attendait depuis toujours ? Le bourgeois jugea fort de café qu'on le traitât ainsi.

— Je vous préviens, j'ai de l'entregent !

Les amoureux s'en fichaient comme de l'an quarante. Ils passaient et repassaient leurs mains sur le visage de l'autre, persuadés qu'ils rêvaient.

CHAPITRE 11

Où, ne craignant nullement l'anachronisme, on cite Charles Aznavour

Sifflet en bouche, Audrain pressa les visiteurs. Hop hop hop, on fermait boutique.

— Il n'est pas encore dix-neuf heures ! protesta une dame.

— Oui, mais c'est l'heure de sortir, rétorqua Marguerite.

Les deux amoureux déguerpirent en s'esclaffant devant les mines offusquées des badauds. Le cœur en bandoulière, ils nourrirent les animaux tout en se dévorant des yeux et en riant de leur air nouille, puis fermèrent la Ménagerie avant de gagner les quais en courant. Là, serrés l'un contre l'autre, ils se racontèrent tout à trac ces années à s'attendre, la patience

qu'il leur avait fallu, le bonheur de se revoir
– malgré la mort de Barthélémy et la disparition de Jacques –, leurs projets et leurs rêves.
Maintenant qu'elle était aux côtés de son bien-
aimé, Marguerite y croyait dur comme fer :
c'était sûr, elle allait retrouver son frère ! Si
Nadar avait été sur les bords de Seine ce jour-là,
nul doute qu'il eût photographié la beauté tur-
bulente des amants.

Le soir, on dîna aux Trois Frères. Eugène
accueillit Audrain comme le fils qu'il n'avait
jamais eu. Avisant ses mollets de coq, il se mit
en tête de renflouer la bête ; on se délecta de
fonds d'artichauts sauce mousseline, d'escargots
beurre maître d'hôtel et d'une selle d'agneau
confite. Érasme bondit sur la table pour lécher
les coquilles, et tenta au passage de fourrer son
museau dans le corsage de Marguerite – qui
le houspilla gentiment. Le chat se lova sur ses
genoux :

— Ne choisissez pas entre lui et moi, choisissez-
nous tous les deux !

— Dites-moi, est-ce Érasme ou Éros ? demanda
Marguerite au cuisinier, en tapotant le crâne de
l'animal.

Piqué au vif, le félin snoba Audrain qui lui
tendait une coquille. Tout le monde s'en amusa.

— Quel jaloux ! s'esclaffa Eugène.

— Vous ne croyez pas si bien dire, enchaîna
le jeune homme. À force d'observer les animaux, j'ai acquis l'intime conviction qu'ils
éprouvent des sentiments. Dans le milieu, cela

reste tabou, mes aînés crient même à l'anthropo-morphisme. Mais ce ne sont que des théoriciens, ils ne côtoient pas assez les bêtes !

Eugène écoutait d'une oreille distraite, plus disposé à farcir ses pintades qu'à sonder leurs états d'âme. Marguerite, elle, buvait les paroles de son bien-aimé. Il lui rappelait tant son père !

— Ah, l'éthologie... Quelle percée ! Je suis le plus grand admirateur des travaux d'Isidore Geoffroy Saint-Hilaire ! Ses *Principes de philosophie zoologique* ont littéralement changé ma vie ! Je pourrais me battre en duel pour défendre cette vérité : les bêtes ont leur psychologie !

Comme Eugène affichait une moue plus que dubitative, Audrain s'enflamma :

— Ne vous en déplaise, les animaux ressentent de la peur, de la colère, de la gratitude, et même du chagrin ! Prenez les aras : ils demeurent fidèles toute leur vie. Quand l'un meurt, l'autre cesse instantanément de s'alimenter. Il arrive même que certains, trop faibles, ne parviennent plus à s'accrocher aux falaises où ils nichent. Et s'écrasent sur les rochers en contrebas...

— Mourir d'aimer ! s'émut Marguerite, les mains jointes devant son visage !

— Trop sentimental pour moi, feula Érasme, qui préférait les coups d'un soir au romantisme des volailles.

Marguerite se promit de confier un jour la

vérité à Audrain : il était le seul à pouvoir comprendre ses conversations avec les chats.

CHAPITRE 12

Où l'horreur a un visage

Le lendemain, attirés par l'odeur du pré-salé, quelques clients débarquèrent dans le restaurant. Eugène s'activa derrière les fourneaux, secondé en salle par Marguerite. Audrain l'admirait chalouper entre les tables, les assiettes disposées en équilibre au bout des doigts ; on eût dit qu'elle avait fait cela toute sa vie. Mais l'heure avançait, et les bêtes du zoo aussi devaient être affamées. Il prit congé et serra Marguerite contre lui.

— Qu'allez-vous faire cet après-midi ?

— Cet après-midi, c'est décidé, je me lance : j'irai aux Invalides ! L'avenir nous dira la suite…

— Vous trouverez Jacques. Sinon, nous le chercherons ensemble.

Le futur rayonnait avec la clarté de l'air après la pluie.

Mais, des lendemains, il en est qui déchantent. En sortant de l'hôpital, Marguerite n'avait plus le cœur à la fête. Plus froid qu'une truffe de chien, le préposé aux dossiers l'avait sommée de fournir des pièces d'identité : on ne donnait pas de renseignements sur Pierre à la sœur de Paul, ni sur Paul à…

— Mon frère s'appelle Jacques ! l'avait coupé Marguerite.

— Le règlement, c'est le règlement, l'avait tancée l'urticant petit bonhomme.

Elle avait eu une furieuse envie de se mettre au garde-à-vous, mais s'était retenue – mieux valait faire profil bas. Après avoir examiné ses papiers, l'employé s'était, de mauvaise grâce, rendu dans une pièce attenante. Il en était ressorti avec un misérable certificat en main. Où elle avait pu lire :

Le président de la Commission régionale reconnaît que le soldat Aghulon Jacques, du 4ᵉ régiment d'artillerie lourde, a été blessé par des éclats d'obus, qui ont occasionné une perte osseuse au niveau facial, et nécessité l'amputation de sa jambe gauche. Ces atteintes lui donnent droit au port du ruban avec étoile émaillée rouge, constituant l'insigne spécial pour les blessés de guerre.

C'était daté du 3 septembre 1915. Marguerite avait posé le document en tremblant. Flegmatique, le préposé l'avait récupéré avant de se replonger dans ses dossiers. La jeune femme avait quitté la pièce sans prendre la peine de le saluer.

Elle avait erré dans les couloirs, à la recherche de quiconque eût connu son frère, s'enfonçant dans un antre peuplé de créatures difformes, trous en guise de nez, de joue, de maxillaires, parfois des trois, silhouettes claudicantes, tordues – culs-de-jatte montés sur roulettes, unijambistes, manchots. Partout on avait scié, amputé, amenuisé les corps, attifé les difformités de vêtements trop amples. Ce que ces hommes avaient été ? Disparu sous les gouttières, les ouvre-bouches et autres prothèses grossières. Marguerite avait vacillé, mais, réprimant son envie de fuir, elle avait décrit Jacques à chacun d'entre eux. Las, l'eussent-ils connu, les hommes échoués ici n'avaient plus rien à voir avec ceux que leurs familles avaient quittés. Un pensionnaire moins amoché que les autres – il ne lui manquait qu'un œil – s'était collé à la belle :

— Oublie ton frère et embrasse-moi, au royaume des gueules cassés les borgnes sont rois…

Elle l'avait repoussé, partagée entre le dégoût et la pitié. Interroger ces pauvres malheureux ne la mènerait nulle part. Elle s'était enfuie, le cœur plombé.

CHAPITRE 13

Où les oiseaux se cachent pour guérir

Audrain eut toutes les peines du monde à réconforter Marguerite. Tandis qu'ils cheminaient à travers les allées de la Ménagerie, le jeune homme comprit que les recherches s'avéreraient plus délicates que prévu.

L'histoire de Jacques lui évoquait celle d'un cacatoès de Papouasie qu'il avait recueilli quelques années plus tôt. À force de se coltiner les explications que feu Célestin Piclet dispensait à son fils – le bonhomme était mort peu après l'anecdote, des suites d'une morsure de mouffette enragée, refusant de se faire vacciner –, l'oiseau, surnommé Papapou, s'était habitué à répéter *Mon cher petit !* à tout-va. Il imitait le gardien à la perfection : la voix aiguë, le ton irritant, tout y était. Un matin, alors qu'Audrain versait du grain dans sa mangeoire, il avait marqué un temps d'arrêt : aucun *Mon cher petit !* n'avait retenti. Et nulle trace de Papapou. En revanche, sacrément mal en point, un butor étoilé se terrait dans une encoignure. À quelques pas de lui, une plume de Papapou, indice d'une probable bagarre. Les jours défilèrent sans que le cacatoès ne réapparût.

Un soir qu'il distribuait les rations de blé, Audrain crut entendre une voix familière, *Mon cher petit ! Mon cher petit !* Tout près de la clôture, rencogné dans un terrier qu'il avait creusé de son propre bec, l'inénarrable Papapou émergea de sous un tapis de feuilles, où il s'était réfugié pour soigner son aile.

— Les oiseaux ne se cachent pas pour mourir, Marguerite : ils s'abritent pour survivre. Je suis sûr que Jacques est là, quelque part, et qu'il reprend des forces avant de quitter sa tanière.

Leurs pas les avaient menés jusqu'à la grande volière. Un volatile multicolore trottina jusqu'à eux. *Mon cher petit ! Mon cher petit !* claironna-t-il.

Pour la première fois de l'après-midi, Marguerite sourit.

CHAPITRE 14

Où l'on est fleur bleue

Les semaines qui suivirent, Marguerite chercha des traces de Jacques dans tout Paris. Elle écuma les hôpitaux de la capitale, sans succès.

Le soir, avec Audrain, ils se rejoignaient aux Trois Frères. Là, le jeune homme s'employait à distraire sa bien-aimée. Ce en quoi il excellait, prodigue en anecdotes sur les bêtes. Savait-elle que la grenouille ne buvait jamais d'eau ? Que les poulets étaient plus nombreux sur Terre que les humains ? Que l'autruche était le seul animal à posséder quatre genoux ? Bon gré, mal gré, Marguerite recouvrait un peu de gaieté dans la poésie involontaire de ces exposés. À travers les yeux d'Audrain, tout devenait fantaisie.

Le zoologue en herbe accueillit d'ailleurs avec une bonhomie déconcertante que sa belle pût discuter avec Érasme. Selon les bons préceptes de feu Socrate – le chat, comme le philosophe –, la sagesse commençait dans l'émerveillement.

Un après-midi, alors que le couple flânait aux abords de l'église Saint-Eustache, leurs regards furent attirés par un groupe d'enfants qui faisaient cercle autour d'une blatte. L'un d'eux avait arraché la tête du dictyoptère, dont le corps continuait à tournicoter sur le trottoir. Captivé, Audrain se mêla aux chenapans, qui pariaient sur le moment où la bête crèverait définitivement. Peu versée dans l'art de la torture, fût-ce du cancrelat, Marguerite détourna les yeux et s'éclipsa – la vitrine de la célèbre crémerie des Halles rutilait de l'autre côté de la rue. Audrain, qui n'avait pas quitté le cafard des yeux, émettait des hypothèses auxquelles les gamins ne comprenaient goutte. Selon lui, le système nerveux devait se situer dans l'abdomen, précisément au niveau de l'épigastre – il ne voyait pas d'autre phénomène à ce curieux mécanisme. Plongé dans ses élucubrations, il ne sentit pas l'individu arriver.

— Des bleuets, m'sieur ? Pour la mémoire des blessés de guerre.

Audrain sursauta. Un type lui proposait des fleurs en papier journal et en tissu. La chose avait vu le jour en 1916, à l'initiative de deux infirmières, soucieuses de trouver une occupation aux gaillards rentrés amochés du combat. Depuis lors, les hommes confectionnaient des bleuets dans de petits ateliers, puis vendaient les fleurs à la cantonade.

— Celle-là, fit Audrain en examinant le plateau et en donnant une pièce au pauvre bougre.

Le choix n'avait pas été difficile, la fleur sortait du lot. Quelques instants plus tard, Marguerite traversa la rue, les bras débordant de pots de chantilly, morceaux de fromage en meule, motte de beurre doré et chabichous.

— Ce n'est pas raisonnable, je sais, mais le gras, c'est la vie !

Audrain sourit. La mauvaise foi de sa bien-aimée le faisait fondre, et il lui tendit le bleuet. La belle pâlit, puis s'écroula au milieu de ses paquets. Derrière le feutre grossier, elle venait de reconnaître le raffinement des fleurs de Jacques.

CHAPITRE 15

Où la trisaïeule
et ses acolytes mènent l'enquête

Le soir même, les cuisines des Trois Frères furent transformées en quartier général, et Marguerite déposa soigneusement le bleuet comme pièce à conviction dans sa boîte rouge – dont elle ne se séparait plus, pour relire à l'envi les lettres de son frère. Eugène, en chef de brigade, étala le plan de Paris sur la table, et répartit les arrondissements : mission fut donnée à chacun de quadriller son secteur.

Le lendemain matin, tout le monde était sur

le pied de guerre. Audrain avait nourri les bêtes plus tôt que de coutume et chargé le jardinier de le remplacer pour la journée. Quant à Eugène, il avait baissé le rideau du restaurant. Le vieil homme, plus satrape que Napoléon, fit ses dernières recommandations à ses recrues :

— Ne jamais agir seul. Observer, certes. Prendre en filature, éventuellement. Mais par-dessus tout, donner le signal et attendre les renforts !

Comme les deux amoureux pouffaient, Eugène les rappela à l'ordre :

— Silence dans les rangs !

Il fixa l'heure de ralliement à midi tapant, aux Trois Frères.

Mais à midi, plus personne n'avait envie de rire. On avait passé la matinée à arpenter les rues, à guetter, interroger, conjecturer : pas l'ombre d'un pétale à l'horizon. Heureusement, le casse-croûte du capitaine et son non moins revigorant discours ragaillardirent le moral des troupes, d'aplomb pour reprendre leurs recherches.

Après avoir sillonné le quartier de la Bastille tout l'après-midi durant, Marguerite n'en pouvait plus.

Elle allait rebrousser chemin quand elle repéra, au bout de la rue de la Roquette, un homme appuyé sur une béquille, qui monnayait des bleuets. Las, point de fleur délicatement pliée. Elle lui en acheta tout de même une, et glana auprès de lui quelques informations. De bon cœur, le bonhomme lui révéla ce qu'il savait. Situé deux rues plus loin, son atelier était dirigé par un certain Monsieur Chaput. Les types y fabriquaient les bleuets le matin, et les vendaient l'après-midi. Marguerite lui montra celui que Jacques avait confectionné. Le pauvre diable haussa les épaules :

— Pour sûr, le gars est fortiche, mais ça vient pas de chez nous.

Marguerite piqua la fleur dans ses cheveux et regagna le quartier général. Eugène et Audrain l'y attendaient comme deux gamins devant le sapin de Noël : ils tenaient quelque chose !

— Une bonne et une mauvaise nouvelle, précisa le cuistot.

La bonne, c'était qu'Audrain avait retrouvé le vendeur de la veille. Le type ne connaissait pas ceux qui confectionnaient les fleurs, mais au moins lui avait-il donné un nom et une adresse. Une certaine Madame Michon, qui chapeautait le commerce et habitait au 7 de la rue de la Grande-Truanderie. Audrain ajouta qu'il s'y était rendu, puis sembla soudain sur la retenue.

— Et la mauvaise nouvelle ? le pressa Marguerite.

— La mauvaise, c'est que la bonne femme est moyennement coopérante… Cent kilos d'humeur de chien, pesta-t-il.

Et en effet, dès qu'il avait prononcé le nom de Jacques, la carogne s'était fermée comme une huître. Elle l'avait même foutu à la porte d'un théâtral coup de pied au derrière – mais cela, il le tut.

Toujours était-il que leur principal témoin devenait leur suspect numéro un.

CHAPITRE 16

Où l'on joue au chat et à la souris

Le 15 mai 1919, à six heures pétantes, Marguerite et Eugène se postèrent aux abords du numéro 7 de ladite rue de la Grande-Truanderie. Audrain avait été écarté, la mère Michon connaissait désormais son visage. Les apprentis détectives firent de leur mieux pour se montrer discrets, ce en quoi Eugène se révéla calamiteux : le cuistot se mit à siffloter, bedaine en avant, faisant mine de humer l'air matinal. Marguerite s'apprêtait à le sermonner quand une bonne femme au tour de taille impressionnant sortit de l'immeuble suspect ; ils lui emboîtèrent le pas. Tout se passait à merveille : on suivit la dondon, qui dissimulé derrière une meule de gruyère dans la fromagerie, qui entre deux potirons chez le primeur et, le cœur battant, on entra chez le tripier. Une fois son panier rempli, la virago regagna ses pénates. Marguerite enragea : une matinée perdue à filer une carne en train de faire ses commissions.

— Les joies du métier, soupira Eugène avec l'assurance d'un vieux limier.

Deux heures plus tard, rebelote. La mère

Michon ferma sa porte, un rouleau de feutre bleu sous le bras. Caché derrière un journal, Eugène s'engagea à sa poursuite tandis que Marguerite les observait dans le reflet d'une vitrine. On contourna les pavillons Baltard, longea la rue Rambuteau, sans que la Michon ne se doutât de quoi que ce fût. Du velours. Quand, non loin de la rue du Temple, la matrone s'enfourna dans une mercerie, on sentit qu'on touchait au but.

C'est là que tout bascula : Eugène crut bon de devancer la ventripotente pour lui tenir la porte. Peu accoutumée à tant d'égards, la Michon jaugea le galant. Lequel, désarçonné, en fit des tonnes, *Si madame veut bien se donner la peine*, et autres mignonneries. Elle plissa les yeux. Ce type, elle l'avait déjà vu quelque part... Mais oui, ce matin même, chez le fromager ! Et c'était-y pas lui aussi chez le primeur ? Une coulée de sueur lui glaça la nuque. Des fois qu'il s'agît d'un de ces vicelards qui trucidaient les vieilles au coin d'une rue ! Elle hurla, *Un satyre !*, puis se carapata, laissant choir son rouleau de tissu.

Malgré les signes ostensibles que Marguerite lui fit, Eugène se lança aux trousses de la vieille. Il la pourchassa rue des Blancs-Manteaux, ahana jusqu'à l'embranchement de la rue Pecqua où, à bout de souffle, il se fit devancer par la maritorne, qui disparut derrière un monceau de cageots.

Quand Marguerite le rejoignit, au lieu de se recroqueviller dans ses petits chaussons, Eugène roula de gros yeux.

— Enfin Marguerite... Qu'est-ce qu'il t'a pris ? De si grossiers signaux !

N'était son affection pour le cuisinier, elle lui aurait volontiers bourré le pif.

CHAPITRE 17

Où la jalousie n'est pas toujours un vilain défaut

Marguerite bouillait : Eugène avait passé la soirée à lui faire la leçon.

— Tout de même, Marguerite, si peu de discrétion !

Une fois seule avec Audrain, elle vida son sac. Le jeune homme la félicita pour son sang-froid, tout en relativisant la boulette du cuisinier.

— Voyez-vous, ma mie, le même phénomène s'observe dans tout le règne animal : si, pour défendre ses petits, la femelle est dotée de facultés de camouflage, il n'en va pas de même pour les mâles. Ces messieurs ont besoin de parader pour séduire, et que je te montre mes plumes, et que je t'exhibe mes couleurs. Voyez les canards...

Marguerite lui fit coin coin de la main.

Négligé de tous, Érasme boudait sur un coussin. À cause de ce satané Jacques, plus personne ne s'intéressait à lui. Finies les séances de ronrons contre le sein de la belle...

Il fallait agir. Aussi, quand il entendit pour la énième fois le prénom du maudit jumeau, ce fut la goutte de trop et il bondit de sa chaise :

— Tout le monde est aliéné dans cette maison !

— Je croyais qu'il était salutaire d'être fou ? s'étonna la jeune femme.

— Je n'ai pas dit *fou*. Le fou est libre. Vous, vous êtes des forcenés, bonsoir !

Et il sauta par la fenêtre.

Le lendemain matin, lorsque Marguerite l'appela pour son bol de lait, il ne se montra pas. Pas plus qu'à midi. Et le soir, quand le fond de blanquette – son péché mignon – resta intact dans la coupelle, on commença à s'inquiéter. Érasme avait certes coutume de découcher pour conter fleurette, mais il ne dédaignait jamais une sauce à la crème.

— Ne me dites pas que nous avons un nouveau disparu sur les bras ! se lamenta Eugène.

Minuit passé, Érasme demeurait toujours introuvable.

CHAPITRE 18

Où chacun cherche son chat

Pendant qu'on s'émouvait de son absence, Érasme avait convoqué le Conseil supérieur des Chats de Gouttière. Ils avaient tous répondu à l'appel : Balafre, la terreur de Mouffetard, Mégot, le fameux pilier de comptoir de la Rive Gauche, et même Joséphine Mirepoix, plus connue sous le sobriquet de Fine, que lui avaient valu ses bons et loyaux services sur le trottoir. L'équipe de choc allait prendre les choses en main. S'il fallait retrouver ce foutu Jacques pour regagner les faveurs de Marguerite, Érasme était capable d'aller jusqu'en Cochinchine histoire de le ramener par la peau des fesses.

Les félins avaient un atout imparable : la mère Michon se méfiait désormais d'Eugène, mais jamais elle ne se soucierait de vulgaires bâtards, qui pullulaient dans le quartier des Halles. Les chats n'avaient pas tort : dès potron-minet, Fine put suivre la vieille sans encombre et la talonna tout le temps de ses commissions. Mégot la relaya en milieu d'après-midi : la mégère sortit vers quatre heures, son rouleau de tissu sous le bras, et emprunta le même itinéraire que la veille – vérifiant à droite et à gauche que l'affreux pervers ne la suivît pas. Elle continua ainsi jusqu'à une rue humide. Là, embusqué derrière une poubelle, Balafre nota le numéro de l'immeuble dans lequel elle s'engouffra. Vint le tour d'Érasme. Qui n'eut aucun mal à soudoyer le noiraud, dont c'était le territoire. Le vieux matou lui indiqua comment entrer par la cave voisine. Aussitôt dit, aussitôt fait : notre félin grimpa au cinquième étage où, essoufflée, la mère Michon toquait à la porte d'une chambre de bonne.

— Entre, la vieille, ça fait deux jours que je t'attends.

La voix était éraillée et la conversation – que le chat épia derrière la cloison – s'avéra édifiante. La matrone n'en démordait pas : elle avait failli mourir étranglée, trucidée, tronçonnée en rondelles, pour finir dans une valise au fond de la Seine. C'était plié : un dangereux criminel en voulait à sa peau.

— Un gros, et moche avec ça, précisa-t-elle.

— Vous ferez la paire, ricana Jacques.

La Michon le menaça. S'il jouait les marioles, elle foutrait le camp.

— C'est bon, la vieille, c'est bon…

Elle se plaignit de l'odeur, ça empestait la vinasse. Jacques jura qu'il n'avait pas bu.

— Alors ça pue le mensonge, lui balança-t-elle.

Jacques répondit que ce n'était pas ses oignons. Qu'elle se contentât de leur accord : lui apporter de quoi becqueter en échange des fleurs. La vieille sauta sur l'occasion.

— Tu veux parler contrat ? Parlons-en. Avec ce pervers qui court les rues, je prends des risques. Le danger a un prix.

Jacques ne la laissa pas aller plus loin.

— Tu veux plus d'argent ? Tu en auras. Je suis prêt à mettre la main à la poche pour ne pas sortir d'ici. Tu dois être la seule à voir mon visage.

Il marqua une pause, puis ajouta :

— Enfin, ce qu'il en reste.

Érasme n'avait pas besoin d'en entendre davantage.

CHAPITRE 19

Où le chat logogriphe

L'équipe féline lambina tant et plus pour rejoindre le Quartier latin : Mégot testa tous les zincs encore ouverts, pendant que Fine s'attardait auprès des Casanova de pacotille.

— Eh beauté, on s'est pas déjà vus quelque part ?

— Je ne crois pas, minaudait-elle.

— C'est que tu ressembles étrangement à ma future régulière.

Elle badinait, un ronron par-ci, une roucoulade par-là, tolérant que les pires larrons lui fissent du gringue. Balafre veillait au grain, et sautait au cou de qui s'approchait un peu trop près. Naturellement, Érasme céda à toutes les tentations, si bien qu'il arriva parfaitement beurré aux Trois Frères. L'aube pointait. Se faufilant par la fenêtre du balcon, il pénétra dans la chambre de Marguerite et se lova dans son cou ; la jeune fille grommela. Elle s'apprêtait à sombrer de nouveau quand il lui susurra :

— Jacques a dit, *On ouvre un œil !*

La belle enfouit sa tête sous l'oreiller, mais le chat ne renonça pas.

— Jacques a dit, *On se secoue le pruneau !*

Elle grogna de plus belle. Là encore, le matou ne se laissa pas démonter.

— Jacques a dit, *Fais une gâterie à Érasme, il te dira où me trouver !*

C'en était trop :

— Vous exagérez ! Me réveiller en pleine nuit pour vous jouer de mon chagrin ! Je vous croyais moins cruel ! Et où étiez-vous donc passé ? s'offusqua Marguerite.

Érasme se renfrogna et la toisa d'un air mystérieux :

— Si vous voulez le savoir, vous n'avez qu'à résoudre cette énigme :

Sur mes onze pieds, je suis une rue.
Ôtez-moi la queue et je deviens un roi.
Ne gardez que mon âme pour questionner le temps.
Amputez-moi de la tête et du cœur, je deviens rond
*   et vert.*
Au numéro sept de cette rue, j'ai disparu, et Jacques
*   continue.*

La belle se dressa sur ses coudes pour retenir le chat, qui lui fila entre les doigts. Elle chercha à tâtons de quoi écrire, nota en vitesse la devinette avant de l'oublier. Puis se tritura les méninges. En vain.

CHAPITRE 20

Où rien ne résiste à la logique

Après s'être aspergée le visage d'eau, Marguerite enfila son ensemble taupe et sortit retrouver Audrain dans la fraîcheur du matin. Seul l'esprit méthodique de son ami pourrait venir à bout de cette énigme.

Bien lui en prit : entre deux coups de fourche, le jeune homme détricota la colle.

— *Sur mes onze pieds je suis une rue...*

Audrain se frotta le menton.

— Je ne vois qu'une hypothèse : le nom de cette voie doit comporter onze lettres. Quant à la suite – *Ôtez-moi la queue et je deviens un roi –*, peut-être nous faut-il imaginer le sobriquet d'un suzerain comme début du mot ?

— Vous êtes formidable ! applaudit Marguerite. Louis... Charles... Henri ? Et ce *Ne gardez que mon âme pour questionner le temps...*

— Certainement le cœur du mot, son milieu si vous préférez.

— Qui pourrait être... *Quand ?*

— Pourquoi pas... Mais poursuivons. *Amputez-moi de la tête et du cœur, je deviens rond et vert.* Là, il s'agit de la fin du mot...

— Du raisin, un petit pois ? suggéra Marguerite. Puis elle grimaça.

— Le mieux, c'est d'essayer, proposa Audrain, pragmatique.

La belle se lança dans des combinaisons aléatoires :

— Louis-quand-raisin… Henri-quand-pois… Charles-quand-pois…

Le jeune homme l'interrompit, le visage soudain éclairé.

— Quint-quand-pois ! Rue Quincampoix !

Elle lui sauta au cou.

— Vous êtes un génie !

Les traits de Marguerite s'assombrirent. Si les chats s'étaient trompés ? S'il ne s'agissait pas de son frère ? Et en admettant que ce fût lui, accepterait-il seulement de la revoir ? Audrain la secoua par les épaules. Nom d'un chien, qu'elle se reprenne, bien sûr qu'il s'agissait de Jacques ! Le flair des bêtes ne mentait jamais. Et bien sûr qu'elle aurait les bons mots pour qu'il lui ouvrît sa porte ! Soit. Toutefois, comment expliquerait-elle à Eugène ces rocambolesques retrouvailles sans évoquer le rôle joué par Érasme ?

— Me voyez-vous lui annoncer, *Voilà, Gégène, je parle chat. C'est Érasme qui m'a conduite jusqu'à mon frère.* On finit à Sainte-Anne pour moins que ça !

Audrain se contint de rire, sa bien-aimée se noyait dans un verre d'eau. Il lui suffirait de maquiller la vérité : un bleuet reniflé par le matou, l'odeur pistée, et l'affaire serait réglée. Marguerite en convint : ça se tenait.

Effectivement, ça se tint. Bon bougre, Eugène goba l'entourloupe.

CHAPITRE 21

Où la trisaïeule est au pied du mur

La matinée du lendemain était bien entamée quand Érasme se pointa aux Trois Frères, sûr d'y cueillir Marguerite éplorée, le suppliant de lui révéler la solution de l'énigme. Il s'y voyait déjà, jouant les sphinx. Et ne manquerait pas de réclamer moult caresses pour lâcher le morceau. Las, il trouva porte close. La belle avait épinglé un mot à son attention :

Pour savoir où Eugène, Audrain et moi sommes, rendez-vous au repaire de la bête dont la tête mesure un cinquième du reste, qui habite au beau milieu de la ville aux cent clochers, et dont la queue se mange en macédoine.

Érasme se creusa le ciboulot un bon moment et finit par triompher :

— Quint-Caen-pois !

Décidément, cette donzelle en avait sous le pied.

Marguerite, pour sa part, était passée par toute la palette des émotions, de l'excitation la plus vive à l'angoisse la plus pesante. À mesure qu'ils approchaient, la tentation de renoncer la tenaillait. Le moment venu, serait-elle capable de faire face ? Audrain vola à son secours :

— J'ai toujours pensé que votre gaieté était

une forme de courage. Restez qui vous êtes, cela suffira.

Au 7 de la rue Quincampoix, la belle leva la tête vers l'immeuble. Son frère était là, quelque part derrière l'une de ces fenêtres… Elle frissonna et, inspirant un grand coup, fit signe à Eugène. Le cuistot donna un énergique coup d'épaule dans la porte.

Dans le hall, on s'interrogea. Quel étage ? Quel palier ? Érasme n'avait rien précisé. Une broutille pour l'esprit cartésien d'Audrain : une seule boîte aux lettres – celle du dernier étage – ne mentionnait aucun nom, Jacques occupait vraisemblablement l'appartement correspondant. Marguerite se rua dans les escaliers.

CHAPITRE 22

Où l'on chanterait bien
Le Tourbillon de la vie

Marguerite colla sa bouche contre le bois et aspira le parfum de sève. Jacques était derrière, elle le sentait, et se mit à fredonner, *Frère Jacques, Frères Jacques, dormez-vous, dormez-vous ?* Sa voix était douce, pareille à une caresse qui n'oserait toucher la peau. De l'autre côté, Jacques s'immobilisa. La voix de sa sœur flottait, tendre, emplie de grâce. De pardon, aussi.

Elle se posait sur la crasse et disait, *Je suis là*, se posait sur les blessures et disait, *Ne t'inquiète pas*. Sur les plaies, les offenses et la honte. Soudain, tout en Jacques se relâcha – muscles, mâchoires, hargne, peur. Loin de la guerre et des torgnoles de la nuit. Une larme roula jusqu'à ses lèvres à moitié arrachées. Ni vraiment salée ni vraiment bonne, elle avait le goût des chagrins d'enfance. Un sourire en zigzag zébra son visage. C'était la seule grimace qu'il pouvait offrir à sa sœur, mais il ouvrit tout de même la porte.

Ils pleurèrent longtemps, sans se parler. Corps jumeaux, vivants et chauds, doigts agrippés pour se dire, *Croix de bois, croix de fer, qu'est-ce que tu m'as manqué.* Marguerite observa son frère. Posa un index sur le coin de sa bouche, suivit le dessin qu'y avait creusé l'éclat d'obus. Les bourrelets grossiers formaient les contours d'un coquelicot. Elle l'embrassa comme on embrasse une fleur, en frôlant ses pétales. La joie eût pu le briser, mais il se laissa aller, heureux, abasourdi. Enfin il rompit le silence, d'une voix que la solitude, les cauchemars et le mauvais vin avaient écorchée :

— Comment m'as-tu retrouvé ?

— Les bleuets, Jacques. Qui d'autre pourrait en fabriquer de si beaux ?

— C'est bien la seule chose de belle qu'il me reste.

Elle ne put répondre. Et sut d'instinct que son frère n'était plus le jeune homme qu'elle avait connu, sans mesurer encore tout ce que la guerre avait fait de lui.

CHAPITRE 23

Où les monstres abritent des démons

À force de tact et de négociations, Jacques finit par accepter de quitter sa tanière. La seule perspective d'exposer son visage le terrorisait. Des jours et des jours, Marguerite le rassura autant qu'elle put et, un petit matin d'automne, lui donna le bras pour descendre les escaliers. Jacques traversa Paris une capeline rabattue sur le front, claudiquant sur sa jambe de bois et cherchant son souffle ravagé par des années de mauvais alcool et de tabac.

Au restaurant, quand Eugène voulut le serrer contre lui, le jeune homme se détourna et courut s'enfermer à l'étage. Pendant des semaines, il refusa de voir quiconque, hormis Marguerite.

Puis, un midi, il apparut sur le seuil de la cuisine ; la moitié d'une bouteille de cognac y passa pour qu'il trouvât la force de s'attabler. Un autre jour, il s'assit au fond de la salle ; cette fois, un litron de vin fut nécessaire. Le regard des autres le ramenait sans cesse à ce qu'il pensait être : un monstre. Et pour affronter cette abjection, il but de plus en plus – des digestifs à l'apéritif, des singles en double ; devint grossier, turbulent, insupportable, s'endormant le soir à coups de grandes rasades et remettant ça au matin pour se punir des outrances de la veille. Ces scandales à répétition n'amusaient même plus Érasme.

Poussée par Eugène, qui craignait pour son commerce, Marguerite s'y résolut : Jacques devait quitter le restaurant. Elle obtempéra d'autant plus volontiers que l'endroit brassait trop de monde : jamais son frère ne parviendrait à s'y reconstruire. Un matin, une lettre en provenance des Mûriers lui donna le moyen d'annoncer la chose à Jacques : Violette, qui s'obstinait à travailler la vigne malgré les blâmes de Fernand, y confessait à demi-mot qu'elle n'y arrivait plus. Bille en tête, Marguerite grimpa dans la chambre de son frère – qui éclusait au pied du lit. Après lui avoir rapporté les mots de leur grand-mère, elle se pencha vers lui, *Et si tu retournais dans les Cévennes ?* On avait besoin de lui, là-bas. Des êtres chers. Qui ne le jugeraient jamais. Et il y avait la vigne : certes les ceps étaient biscornus, mais ils donnaient le meilleur des vins. Jacques se vomit dessus.

À l'automne 1919, il s'engouffra dans le PLM. Marguerite écrasa une larme, comptant sur la terre natale pour consoler l'inconsolable. Un jour, elle aussi rentrerait. Pour l'heure, Audrain n'était pas encore prêt à quitter la Ménagerie.

CHAPITRE 24

Où Picasso croque la trisaïeule

Au début, Jacques n'écrivit pas. Seule Violette donnait des nouvelles. Guère fameuses. Le jeune homme partageait sa vie entre l'alcool et le cambouis. Il passait ses nuits totalement ivre, jetant contre les murs de son atelier les bouteilles tout juste sifflées quand ses doigts ne répondaient pas à ses désirs. La journée, surnageant comme il le pouvait dans les vapeurs éthyliques, il s'échinait à moderniser l'exploitation, testant ses machines pour la taille, le labour et les vendanges.

Contre toute attente, au terme d'une année qui frisa la démence, la cuvée d'Aïthops Oinos se révéla extraordinaire. Un cru âpre et terrible, à la profondeur tragique. D'aucuns chuchotèrent qu'il avait la couleur du sang. Le millésime arracha même un sanglot à Curnonsky, l'illustre journaliste gastronomique, qui surnomma le breuvage *les larmes de Satan*. Les caisses arrivèrent aux Trois Frères le jour où Diaghilev réapparut. Sa *Pulcinella*, dont les décors avaient été confiés à un certain Picasso, connaissait un succès retentissant. Le chorégraphe déboula ce soir-là emmitouflé dans un col en fourrure, accroché au bras de sa dernière conquête – un librettiste du nom de Boris Kochno, dont il avait fait son secrétaire –, et accompagné dudit Picasso, un petit chauve moulé dans une marinière. Quand

Diaghilev reconnut Marguerite, il n'en crut pas ses yeux : elle ici, c'était d'une fantaisie ! Et la présenta à la tablée comme une demoiselle fort culottée. Ladite demoiselle joua les effarouchées, prit les commandes et revint, un plateau chargé à bout de bras.

— Voilà de quoi rendre votre eau potable, proclama-t-elle, en versant le pastis commandé par Picasso.

Le maestro explosa de rire. S'il n'eût été fraîchement marié à Olga Khokhlova, il eût aisément succombé aux appâts de la jeune fille, laquelle, fessier haut dans son pantalon garçonne, se faufila entre les tables. On but à l'entrée, on but au plat, et l'on continua à boire au dessert. Mais cela ne suffisait manifestement pas à Picasso qui, l'heure du café venue, tonna :

— Qu'on débouche le meilleur vin !

Marguerite remonta de la cave une bouteille de la cuvée de Jacques. Picasso insista pour qu'elle prenne place à leurs côtés.

On trempa les lèvres. Et le silence se fit. Les premiers arômes de cuir et d'humus enracinaient le vin dans des temps immémoriaux. Pointaient ensuite quelques touches de musc et de venaison, qui donnaient à l'ensemble un tour nerveux, presque brutal. Cela persistait longtemps en bouche avant que des fragrances florales arrondissent la goulée finale. Le breuvage vous retournait alors comme une crêpe : tout devenait tendre – un je-ne-sais-quoi de pain d'épice, de cerise, parfums d'enfance.

La vie entière de Jacques défilait dans ce vin. Marguerite comprit subitement ce que son frère lui avait caché, et que les notes d'attaque disaient mieux que des mots : les copains fauchés par les tirs de mortier, les éclaboussures sur le barda, les cagnas dégueulasses et la peur plus puante encore. Mais le nectar disait aussi combien la douceur de la famille l'avait aidé à tenir. Elle eut soudain chaud, très chaud, et s'effondra dans les bras du petit Espagnol. Trop occupé en cuisine – et Audrain toujours à la Ménagerie –, Eugène demanda au peintre s'il pouvait hisser Marguerite dans sa chambre. L'hidalgo ne se fit pas prier. Comme la belle gisait, alanguie sur l'édredon, il crayonna sa silhouette. Le croquis terminé, il le déposa au pied du lit, convoquant l'image de sa ballerine de femme enceinte jusqu'au cou pour résister à la tentation. C'est ainsi que, le temps d'une pâmoison, Marguerite servit de modèle au maître du cubisme.

CHAPITRE 25

Où un éléphant ça trompe énormément

Chaque soir, avant de rejoindre Marguerite aux Trois Frères, Audrain se consacrait à ses recherches. Les mœurs animales le passionnaient plus que jamais ; il épluchait tous les ouvrages sur le sujet, des études de Réaumur sur les mollusques aux articles de Jakob von Uexküll sur les tiques. L'Allemand venait d'inventer un concept révolutionnaire : l'*Umwelt*. Les animaux n'étaient pas des choses mais des sujets, et tout ce qu'ils percevaient, tout ce qu'ils faisaient, délimitait un périmètre : leur monde à eux, leur monde vécu, bien différent de leur environnement objectif. Audrain applaudissait des deux mains. Combien de fois s'était-il demandé comment les bêtes appréhendaient leur entourage !

Cependant, depuis peu, un nouveau sujet accaparait son attention : un merle albinos, récemment débarqué à la Ménagerie. Le comportement des autres volatiles envers leur congénère, entre méfiance et respect, n'en finissait pas de fasciner notre zoologue. Phénomène étonnant parmi tous, le piaf accédait invariablement à la mangeoire en premier. Audrain le sentait, il tenait là une notion fondamentale : la force de l'accident génétique ! Et entreprit de compiler tout ce qui touchait de près ou de loin à l'albinisme. C'est ainsi qu'il tomba sur l'histoire d'Abul-Abbas, un éléphant blanc qu'Harun al-Rachid, grand calife de Bagdad, avait offert à Charlemagne. Huit ans après son arrivée à Aix-la-Chapelle, les eaux glaciales du Rhin avaient eu raison du pachyderme, qui avait succombé à une angine aiguë. Audrain aurait voulu tout connaître de l'affaire, mais il ne trouva rien de plus à se mettre sous la dent.

— Allons enquêter sur place ! proposa ingénument Marguerite.

Ni une ni deux, elle organisa un périple en Rhénanie du Nord.

Là-bas, en dehors de l'art de métamorphoser un cochon en saucisses, nos deux amoureux n'apprirent rien d'intéressant sur le règne animal – et moins encore sur le mastodonte. Le dernier jour, alors qu'ils visitaient la cathédrale, Audrain aperçut un olifant taillé dans de l'ivoire. Tout excité à l'idée qu'il pût s'agir des défenses d'Abul-Abbas, il s'approcha, armé de sa loupe. L'évêque fondit sur lui en baragouinant des propos offusqués. Que ce porc de Français osât profaner la sainte relique, et il le transformerait en *französische Wurst*. On ne comprit pas grand-chose à l'anathème, mais le ton laissait peu de doute sur les intentions de l'ecclésiastique. Marguerite lui balança une grimace bien sentie.

Rentré bredouille à Paris, notre scientifique déprimait. Contrairement à Marguerite, qui batifolait, toute guillerette : les charmes du voyage l'avaient enivrée. Diplomatiquement, elle accorda une semaine de répit à son homme pour qu'il digérât l'échec de son expédition, puis lui glissa, l'air de rien :

— Il paraît que le pape Léon X avait lui aussi un éléphant blanc…

— Oui, j'en ai entendu parler.

L'anecdote ne soulevait visiblement pas l'enthousiasme de son cher et tendre.

— Rome nous sourirait peut-être plus que la Rhénanie ?

Audrain fit une moue dubitative. Les jours suivants, Marguerite s'obstina tant et tant qu'il finit par céder. Soit, ils iraient à Rome. Las, en tirant sa valise de sous le lit, Audrain découvrit un papier. Il se baissa pour le ramasser et lut les quelques mots griffonnés au dos – À *Marguerite, la muse qui m'amusa* –, signés d'un certain Picasso. Retournant la feuille, il fut pris à la gorge : le dessin représentait sa bien-aimée, alanguie dans une attitude des plus équivoques.

Une dispute éclata – la seule et unique de toute leur vie.

CHAPITRE 26

Où les pingouins sont polygames

Marguerite ne comprit pas immédiatement de quoi il retournait, encore moins pour quelle raison son cher et tendre se mit à répéter en boucle en boucle, *Les dauphins sont polygames et les pingouins pratiquent l'amour libre, pourquoi pas mon adorée ?* Elle ne s'expliquait ni l'origine de la querelle ni ses enjeux. Audrain monta dans les tours, écrasa ici une larme, fulmina là, pour finir par s'écrouler au bord du plumard :

— Voilà ce que nous allons faire. Si vous

l'aimez, rejoignez cet Espagnol. Je vous chéris au point de renoncer à mon bonheur pour le vôtre.

Quelle mouche l'avait piqué ? Marguerite lui arracha le bout de papier. Tout lui revint : ce fameux soir, la réapparition de Diaghilev, le peintre au maillot rayé, la bouteille d'Aïthops Oinos ; et le trou noir… Elle éclata de rire tandis qu'Audrain marmonnait, *Le salaud, il a du talent, mais ça reste un salaud.* La jeune femme saisit les mains de son fiancé et le pria d'arrêter son cinéma. Posément, elle lui raconta ce qu'il s'était passé. Audrain ne savait plus où se mettre : comment avait-il pu douter d'elle ?

— J'ai cru que je vous avais perdue, bredouilla-t-il.

— Vous m'avez trouvée, n'est-ce pas cela le plus important ?

— Mais je pourrais vous perdre…

— Fermez donc les portes à clef ! plaisanta-t-elle.

Il réfléchit un instant.

— Tout de même…

Elle rit.

— Alors marions-nous ! proposa-t-elle à brûle-pourpoint.

De blanc, il passa à cramoisi. Non seulement sa fiancée portait le pantalon, mais sa future femme le demandait en mariage ! Le monde à l'envers.

CHAPITRE 27

Où l'on grimpe dans la Martinette

La date des réjouissances fut fixée au printemps suivant. La cérémonie aurait lieu aux Mûriers, cela allait de soi. Ensuite, on filerait enfin à Rome pour le voyage de noces. La famille d'Audrain tenait dans un mouchoir de poche : les pensionnaires de la Ménagerie et quelques cousins éloignés dans la Nièvre. Bien qu'il se sentît plus proche de Makeda que des Bourguignons, seuls ces derniers furent conviés aux épousailles.

Marguerite piaffait. Cela faisait plus de deux ans qu'elle n'était pas retournée dans les Cévennes. Érasme, au contraire, freinait tant des quatre fers qu'Eugène dut l'embarquer de force. Dans le wagon, le matou profita de se retrouver en tête-à-tête avec Marguerite pour la mettre en garde :

— Vous commettez une folie, Marguerite, le mariage est un billet pour l'enfer !

— Vous dramatisez tout. Je le vois plutôt comme une conversation ininterrompue, qui durerait de longues années, un duo qui...

— Un duel, voulez-vous dire ! fulmina le félin.

— Alors Audrain sera le meilleur ennemi dont je puisse rêver.

— Sachez que je serai votre allié si jamais...

Elle lui caressa la tête, et appuya son front

contre la vitre. À l'approche du Sud, les iris dentelèrent les berges des ruisseaux. Comme elle était heureuse d'être là, heureuse de se marier !

Jacques vint les chercher en automobile – le pécule rapporté grâce à la cuvée d'Aïthops Oinos lui avait permis de s'acheter une Martinette.

— Le tout dernier modèle des ateliers Volta, moteur à deux temps, deux cylindres ! trompetta-t-il.

Il l'avait bricolée pour pouvoir la conduire avec sa jambe de bois. Plus sportive qu'une Amédée Bollée, la voiture les propulsa à travers les routes bordées de platanes. Jacques était à moitié saoul – ou à moitié sobre –, et l'équipage dut serrer plus d'une fois les fesses dans les virages. Les paysans qui travaillaient aux champs houspillèrent le pilote :

— Eh, Jacquou-le-Croulant ! Ta descente est meilleure au bistrot !

Il cracha par la fenêtre et, au terme d'un dérapage à demi négocié, finit la course au pied du perron. Audrain faillit vomir dans les pivoines, tandis que Marguerite fronçait les sourcils en apercevant son frère se précipiter sur une bouteille de vin. Mais déjà Violette l'appelait. La belle attrapa la manche de son futur et l'entraîna dans son fief enfin retrouvé.

— Tu vas voir, tu vas l'adorer, ma mamie ! s'écria-t-elle, toute à l'impatience de la rencontre.

170

Blanc comme un linge, le jeune homme eût préféré vider ses tripes avant les présentations.

CHAPITRE 28

Où l'ange Azraël rôde
dans les parages

Quand elle entra dans la chambre, Marguerite eut du mal à reconnaître sa grand-mère. Violette avait tant vieilli qu'elle paraissait aussi froissée que ses draps de serge ; le temps avait sur sa peau plissé l'histoire de ses quatre-vingt-quinze ans.

— Approchez, mes enfants, que je vous voie mieux.

L'aïeule serra longuement Marguerite. Elle avait bien cru ne jamais revoir sa petite-fille. Le grand âge était une telle déconfiture, confia-t-elle dans un soupir. Pour aussitôt se ressaisir : ce n'était pas jour à se morfondre, quelle chance elle avait d'enfin rencontrer celui qui allait partager la vie de sa fleur des champs ! Elle comptait bien en profiter jusqu'à la lie, et pressa la main de Marguerite. Ses doigts étaient si frêles que la jeune femme s'inquiéta.

— Mangez-vous assez, grand-mère, vous êtes légère comme un moineau…

— C'est pour mieux m'envoler, mon enfant…

Marguerite allait protester, mais Violette lui fit comprendre que toute réprobation serait inutile. Elle les pria de s'asseoir au bord du lit et de l'écouter sans l'interrompre. Elle se souvenait d'un conte, déniché il y a fort longtemps dans un recueil de Rûmi, le père des derviches tourneurs. Que le poète l'excusât si elle écorchait son histoire, la mémoire lui jouait des tours, et des mots du mystique oriental, elle avait fait son miel :

Un matin que le soleil se levait sur Jérusalem, un homme se présenta au palais en suppliant les gardes de courir réveiller le roi Salomon. C'était une question de vie ou de mort. Le bonhomme avait l'air si affolé qu'on alla quérir le souverain.

— Par pitié, Grand Salomon, fais-moi quitter la ville !

Le roi interrogea son sujet. Que lui arrivait-il ? Pourquoi était-il si effrayé ?

— Ce matin, alors que je déballais mes marchandises au souk, j'ai croisé Azraël, l'ange de la Mort. Il m'a lancé un regard sans équivoque. J'en suis sûr, il est ici pour m'emporter ! Je t'en supplie, Grand Salomon, aide-moi ! Ordonne au simoun de m'emmener jusqu'en Inde pour me sauver !

Empli de bonté, Salomon s'exécuta. Il demanda au vent de porter le marchand jusqu'à Bombay, loin de la main néfaste d'Azraël. Puis le monarque demanda qu'on le conduisît au marché. Où il reconnut Azraël.

— Pourquoi donc as-tu effrayé ce pauvre hère ? Tu l'as tant et si bien traumatisé qu'il a quitté mon royaume !

L'ange de la Mort sourit. L'homme s'était fourvoyé :

— En aucun cas je n'ai voulu effrayer ce pauvre homme. Au contraire. Ce matin, j'étais fort surpris de le rencontrer ici, car j'avais reçu l'ordre d'aller le chercher ce soir en Inde. Je me demandais par quel prodige il allait pouvoir s'y rendre à temps.

— Mes enfants, poursuivit Violette d'une voix douce, Azraël n'est pas invité à la noce, mais il ne tardera pas. Ne pleurez pas, il est vain de chercher à lui échapper. Que votre mariage soit une journée radieuse et couronne une existence qui, si elle ne m'a pas épargnée, m'a comblée.

CHAPITRE 29

Où la trisaïeule est un oiseau rare

Le jour venu, Marguerite écrasa une larme d'émotion. La jeune femme se secoua : être à la hauteur et ne pas pleurnicher.

Pour sa tenue, elle avait pioché des idées au gré des silhouettes croisées dans les rues de Paris – frange à la Louise Brooks, cheveux retenus en chignon lâche, foulard bohème… Pour elle, la mode était une manière de dire, *Je veux que ça bouge, le monde change.* Quelques ballerines du cercle de Diaghilev, habituées des Trois Frères, ne se gênaient pas pour dispenser leurs discours émancipateurs. Marguerite les écoutait avec ferveur. Un soir qu'Anna Pavlova vilipendait ce qui contraignait le corps des femmes, notre héroïne avait jeté son corset à la poubelle. S'il était un vêtement qu'elle chérissait parmi tous, c'était la jupe-culotte. Quel bonheur de ne pas se soucier des convenances en pédalant à toute berzingue sur la bicyclette qu'elle s'était offerte ! Lors d'un dîner copieusement arrosé, Raymonde Sauvage, une chanteuse de pacotille qui fréquentait le restaurant, l'avait mise en garde : à jouer la garçonne, Marguerite allait passer pour…

— Pour une brouteuse ! avait lancé Eugène d'une voix goguenarde, en embrassant deux clientes lesbiennes qui venaient d'entrer.

Marguerite avait ri.

— Quand bien même !

Notre rebelle avait néanmoins accepté le tube de mascara et le bâton de khôl que Raymonde lui avait tendus.

— De quoi charbonner tes lampions, ma mignonne. Une dame qui se respecte doit pommader sa devanture !

Puis la diva l'avait entraînée aux toilettes et, devant la glace, lui avait appris comment souligner ses paupières. Audrain ne s'en était pas offusqué. La nature se montrait tellement plus fantasque : bleu et orangés du poisson-mandarin, rayures du zèbre, sans parler des plumes du paon ! Non, vraiment, les coquetteries de sa fiancée n'étaient rien face aux audaces du règne animal. Aussi, quand sa promise lui avait demandé de lui rapporter quelques plumes d'autruche de la Ménagerie, Audrain s'était exécuté sans poser de question.

— Je prépare ma mue de printemps, lui avait-elle simplement dit.

En ce fameux jour de juin, il eut le fin mot de l'histoire : accrochée au bras de Fernand, Marguerite s'avançait dans l'allée de l'église, spectaculairement vêtue d'une robe-tube. La collerette et le bas de son fourreau étaient frangés d'un duvet d'autruche blanchi au peroxyde d'hydrogène. Une aigrette opaline ornait le bandeau qui lui ceignait le front, venant gaiement rehausser la noirceur de son maquillage. Dans le plus grand secret, la belle avait confectionné sa tenue avec la complicité de Léon Bakst, le costumier des Ballets russes. Il avait eu pour consigne d'imaginer une robe albinos. Et c'était une réussite : une femme-oiseau foulait les pavés. Un souffle ébahi parcourut l'assistance, et l'épouse du cousin de la Nièvre faillit s'étrangler :

— Avec une poule pareille, on n'aura que du grain à picorer au déjeuner, vitupéra-t-elle.

Son mari, trop occupé à contempler le fessier galactique de la jeune mariée, ne prêta pas attention au persiflage de sa vipère d'épouse. Une fois à table, la revêche dut bien le reconnaître : on ne s'était pas moqué d'eux. Les nappes croulaient sous les victuailles et l'on festoya jusqu'à l'aube, les couples jamais lassés de tournoyer. Au petit matin, Violette s'éclipsa sur son fauteuil roulant.

— Vous m'excuserez, j'ai un dernier rendez-vous, prétexta-t-elle à un aïeul bourguignon qui lui avait tenu la jambe.

CHAPITRE 30

Où la quintaïeule est toujours à l'heure

Le lendemain, on retrouva Violette allongée sur son lit, dans sa plus belle toilette, comme si elle avait en effet honoré un ultime rendez-vous. C'est Fernand qui la découvrit. Le vieillard n'en finit plus de pleurer. Et l'on comprit que ces deux-là avaient nourri, dans la plus grande discrétion, une relation amicale qui eût pu ressembler, s'ils avaient été moins âgés, à une complicité de jeunes amants. Marguerite dut se faire violence pour ne pas hurler de chagrin. Surtout quand elle aperçut le mot sur la table de nuit. Violette avait posé un bouchon en liège dessus :
Pour ta boîte rouge, le bouchon de la première bouteille d'Aïthops Oinos.

Audrain fut d'un soutien indéfectible pour notre héroïne. Il lui proposa même de s'installer aux Mûriers afin de s'occuper du domaine. Mais elle déclina l'offre ; cahin-caha, Jacques parviendrait à tenir le choc. Pour l'instant, leur vie était à Paris : merle blanc, gnous, gazelles, girafe, sans parler des non moins exotiques habitués du restaurant, avaient besoin d'eux. Et ils devaient rester fidèles à ce que Violette avait été : prêts à accueillir n'importe quelle péripétie de la vie, car c'était là sa substantifique moelle.

— Grand-mère était atteinte d'un syndrome de vitalité aigu. Prions pour qu'il fût gravement contagieux. *Nullo concedo*, avait-elle claironné pour réveiller Érasme plongé dans ses pensées.

Le chat voyait d'un mauvais œil la tournure que prenaient les événements. Ses folies étaient apparues, auprès des minettes alentour, pour des façons du monde et, de Clochette à Grisette en passant par la Titine, il collectionnait les conquêtes. C'est avec Ficelle, la jolie noiraude du fils Malbec, le voisin, qu'il aurait surtout aimé peaufiner ses cinq à sept.

Hélas, Marguerite en avait décidé autrement. Après les funérailles, on rentrerait à Paris.

L'enterrement, poignant, s'illustra surtout par la bonne humeur qui y régna. Ce que l'on retint de ce jour, c'est qu'il existe des êtres capables de rayonner par-delà la mort, auxquels il est facile de faire ses adieux, car leur esprit est encore si vivant qu'on a l'impression de simplement leur dire, *À bientôt*. Marguerite versa une poignée de terre de la vigne sur le

cercueil, Jacques une rasade d'Aïthops Oinos.
Fernand s'excusa de ne savoir ni lire ni écrire,
mais il avait imaginé un poème pour accompagner celle qu'il aimait tendrement vers sa dernière demeure :

Le bonheur n'est jamais ailleurs
Il est ici dans votre mémoire
Là dans vos histoires
Ici, même si vous n'êtes plus là
Car maintenant vous êtes partout
Et j'aurai encore avec votre âme mille rendez-vous

Personne ne railla les rimes bancales ; l'amour,
si maladroit fût-il, ne fait jamais rire : il a la
beauté naïve des nigauds.

CHAPITRE 31

Où l'on n'a pas attendu Sartre
pour avoir la nausée

À Paris, la vie reprit son cours. Dans la perspective de leur voyage de noces, Audrain multiplia ses recherches sur Hanno, l'éléphant blanc de Léon X. Marguerite, elle, avait renoué son tablier aux Trois Frères. Où son charme et son humour rameutaient une clientèle fidèle ; on affichait complet tous les jours. Parfois, les habitués du Bœuf sur le Toit rappliquaient, et la soirée prenait subitement un tour peu commun. Ça se drapait dans une nappe, une serviette en guise de mitre papale, et ça improvisait des saynètes sans queue ni tête ; les cadavres exquis duraient parfois jusqu'à l'aube. Il était même arrivé qu'une vague connaissance de Maurice Chevalier montât sur une table pour y jouer de la trompette avec... son cul ! Ce qui avait fait sortir le brave Eugène de ses gonds, qui n'acceptait pas que la vermine surréaliste vérolât son établissement. Marguerite avait temporisé : le turlupin avait seulement bu un canon de trop.

— Une trompette, et tout de suite le jugement dernier !

Le cuistot avait bougonné : sa protégée ne pourrait pas toujours s'en tirer à si bon compte. Marguerite l'avait alors tendrement enserré et lui avait collé un bécot sur le nez : elle savait que son ronchon favori ne saurait lui résister. Pour preuve, dans la foulée, Eugène avait lancé une tournée générale.

Si Marguerite aimait côtoyer cette plaisante bohème, elle n'en préférait pas moins l'atmosphère doucement insolite de son foyer. Aussi, ce qui devait arriver arriva. Un midi, tandis qu'elle peinait à se frayer un chemin pour servir un pigeonneau à la mode de Nyons à Marius Plateau, l'infâme secrétaire de la Ligue d'Action française, elle eut un haut-le-cœur. Devant l'assiette, l'abject politique crut malin de dégoiser : les olives étaient bien la seule chose à la peau noire qu'il tolérât. À peine eut-il ricané de son ignominie que Marguerite vomit dans son plat. Le politicard poussa des cris d'orfraie, mais la belle n'en avait cure, qui courait déjà vers la Ménagerie pour annoncer la nouvelle à Audrain.

— Mon chéri, c'est merveilleux, j'ai vomi !

Comme il restait interdit, elle poursuivit, confuse. Pardon, c'était l'excitation, mais – elle l'embrassait – c'était fou – encore un baiser –, magnifique – elle tournait sur elle-même –, ils allaient être parents ! Le scientifique marqua un temps d'arrêt, puis il eut ce drôle d'air qui, si Marguerite l'eût connu, eût pu lui faire penser à Lazare, son grand-père :

— Crois-tu que nous pourrions avoir un enfant albinos ?

Force fut de constater que la petite Rose, née le 11 mai 1922, portait un prénom en parfaite harmonie avec son teint. Elle se révéla dotée d'un tempérament à gazouiller aux quatre vents. Sa bonne composition permit aux parents d'accomplir enfin leur périple à Rome. Dès le berceau, elle fut trimballée du Capitole au palais Farnèse, baignant dans une langue roucoulante qui, se plairait-elle à raconter plus tard dans ses interviews, lui avait donné le goût de la musique.

CHAPITRE 32

Où proctologie
et bonne chère ne font pas bon ménage

Audrain comptait bien mettre la main sur une série d'études que le peintre Raphaël avait exécutées sur Hanno, l'éléphant blanc. Le génie avait été l'ami du chambellan du pape – qui était aussi le gardien du pachyderme. Notre scientifique nourrissait également l'espoir de dénicher le rapport rédigé par les médecins après la mort de l'animal. Voilà pourquoi, en cette belle fin de matinée, il se rendit au Vatican d'un pas résolu. Sur place, les ecclésiastiques ne lui laissèrent guère d'illusions : les esquisses raphaéliques avaient été perdues, peut-être volées, on ne savait pas. Soumettant aux religieux l'hypothèse qu'une bibliothèque occulte eût pu abriter la pépite, les hommes d'Église se renfrognèrent. On avait des encycliques à pondre en pagaille : qu'*il piccolo francese* allât plutôt se faire cuire un œuf. Audrain leur aurait volontiers botté le saint siège, mais il se contenta de leur claquer la porte au nez avant de s'engouffrer dans le premier estaminet.

La suite ne fut pas plus glorieuse. Dans un sabir tenant davantage du bas latin que de l'italien, il tenta de commander un ragoût aux truffes. On lui apporta une assiette au fond de laquelle de gros morceaux filandreux baignaient dans leur jus.

Trippa alla romana, annonça le serveur en posant le plat devant lui. Réprimant une envie de vomir, Audrain observa les bouts de viande qu'un proctologue eût sans aucun doute qualifiés de splanchniques. La journée virait au fiasco, mais c'était compter sans l'inconnu qui observait la scène depuis l'arrière de la salle, visiblement réjoui par le spectacle de ce gringalet lorgnant une tranche de duodénum au bout de sa fourchette.

— Haut les cœurs mon bon ami, la faim est la meilleure des sauces !

Et le bonhomme partit d'un tonitruant éclat de rire. Puis il baragouina un ordre au chef, qui enleva les tripes de sous le nez d'Audrain et revint, tout en se répandant en *Volete scusarmi*, avec une assiette fleurant bon *il tartufo*. L'inconnu avait profité du chambard : en un clin d'œil, il prit place face à Audrain, qui assistait à la scène, ébahi. Le type le rassura sur ses intentions dans un français impeccable :

— N'ayez crainte, personne ne s'est jamais plaint de notre compagnie !

Audrain leva un sourcil. Que signifiait cet usage du pluriel ? Le bonhomme sourit avec malice.

— Je vous prie de m'excuser, je n'ai pas fait les présentations. Giacomo Battisti, pour vous servir, et son fidèle ami toscan, *il chianti !*

Et de brandir une bouteille dont il remplit illico leurs verres.

CHAPITRE 33

Où la Providence transalpine
fait des miracles

Giacomo Battisti se révéla un comparse aussi turbulent que joyeux, posant mille questions à la minute sans jamais réellement attendre de réponse. Mais lorsqu'Audrain mentionna Hanno, le sacré numéro en eut la chique coupée.

— C'est inouï ! Vous vous intéressez donc à ce curieux pachyderme ? Moi qui viens de jeter mon froc aux orties, j'ai presque envie de croire en la Providence !

— Vous connaissez l'existence d'Hanno ? Et vous étiez… prêtre ? s'étonna Audrain.

Giacomo Battisti s'éclaircit la gorge.

— L'homme assis en face de vous fut un temps Monsignore Battisti, préfet de la Bibliothèque vaticane, pour vous servir. Hélas, je ne me réveille plus en caressant les vélins de la Bible de Gutenberg, pas plus que je ne m'endors en feuilletant les enluminures du splendide manuel de fauconnerie datant du XIIe siècle, *De arte venandi cum avibus.* Heureuses années où j'ai béni les incunables et cajolé les précieux parchemins ! Insouciant jeune homme que j'étais, moi qui croyais m'approcher chaque jour un peu plus de Dieu !

— Et qu'est-il arrivé ? s'alarma Audrain.

— C'est bien simple : en croyant monter si

haut que j'eusse pu tirer la barbe du Créateur, je suis tombé.

— Tombé ?

— À la renverse, oui.

— Qu'est-ce à dire ?

— Sur le cul, si vous préférez ! Mais laissez-moi vous expliquer.

Et Battisti commanda une autre bouteille avant de reprendre son récit :

— Il y a fort longtemps, Benoît XV me somma d'identifier l'auteur d'une série de quatre études sur un éléphant blanc ayant appartenu à l'un de ses prédécesseurs, Léon X. Mes confrères étaient persuadés que Raphaël en était l'auteur, seulement, le trait hâtif m'incita à la prudence. Je songeai plutôt au style maniériste de son élève, Giulio Romano. À raison.

— Pardonnez-moi de vous couper, mais quel miracle de croiser un spécialiste tel que vous ! Moi qui guette la moindre information au sujet d'Hanno !

— Spécialiste, spécialiste, n'exagérons rien, protesta Battisti. Disons que je me suis penché sur la question. À tel point qu'un matin où j'examinais à la loupe la signature d'une de ces études, je m'inclinai tellement que j'en perdis l'équilibre, et glissai…

— Ainsi tombâtes-vous ?

— Le mot est on ne peut plus approprié. Et en même temps que l'équilibre, je perdis la foi.

— En chutant ?

184

— Plutôt en cherchant à me retenir ! Figurez-vous qu'en m'agrippant au pagne d'un christ en plâtre qui trônait à côté de mon bureau, je déclenchai au contact de ses parties intimes un savant mécanisme qui entrouvrit un huis secret…

— Incroyable ! s'enthousiasma Audrain. Qu'y avait-il derrière ?

— La même chose que du côté où je me trouvais : des manuscrits, et encore des manuscrits, entassés sur des étagères poussiéreuses, soigneusement mis sous clef depuis des siècles.

CHAPITRE 34

Où l'on pénètre
dans la bibliothèque clandestine

Après avoir noyé son café dans l'eau-de-vie, le curieux bonhomme repartit de plus belle. Il avait passé des mois à éplucher les écrits que, du Moyen Âge au XVIIIe siècle, le Saint-Office avait jugés hérétiques. Ainsi s'était-il familiarisé avec les théories coperniciennes en compagnie de Giordano Bruno, interrogé sur la Trinité avec Michel Servet, chaque page l'éloignant toujours un peu plus de Dieu. Le coup de grâce lui avait été donné par une certaine Justine, dont les mains pourtant vertueuses, sous la plume de Sade, lui avaient fait entrevoir les délices de la chair. La morale comme le dogmatisme de Battisti avaient fini par fondre comme suif au soleil. Nonobstant, son attachement aux valeurs chrétiennes était demeuré intact, et il en éprouvait un douloureux écartèlement de l'âme. Quelle était donc cette Église qui condamnait ceux qui déchiffraient le monde ? Qui brûlait ses frères tout en enjoignant d'aimer son prochain ? Au fil du temps, Battisti s'était détourné de Torquemada pour se rapprocher de Galilée. Taraudé par cette fracture intime, il s'était décidé à solliciter un entretien privé auprès du pape Benoît XV, lequel avait fait mine de n'y rien comprendre : cette histoire d'antre secret était parfaitement insensée, et il avait répété, *Parfaitement insensée.* Mais sa lèvre supérieure avait tressauté. Battisti, pas dupe pour un sou, avait alors tenté le tout pour le tout : pourquoi ne pas intégrer ce fonds iconoclaste aux archives pontificales ? Le souverain était parti d'un rire hystérique avant de s'arrêter net : que le préfet s'empressât de tout brûler et de purifier son âme. Et il avait tourné les talons.

Giacomo n'en avait pas cru ses oreilles. Le pape exigeait un autodafé ! De manuscrits originaux ! Pour l'érudit, ce sacrilège était impossible à admettre. Ce soir-là, il avait rêvé qu'il échappait à la main dudit pontife, lequel tentait de lui administrer une fessée papale. Au petit matin, sa décision était prise : il désobéirait. Feignant de se plier aux ordres, il brûlerait de vieilles gazettes et emporterait les livres menacés en lieu sûr. Puis il demanderait à être démis de ses fonctions et attendrait de voir où la fortune le mènerait.

Elle l'avait expédié à Massaoua, en Érythrée. Le pape avait jugé la colonie suffisamment reculée pour éviter le scandale d'une mise à l'index, et tout indiquée pour régler son sort à l'importun : d'horribles maladies tropicales y sévissaient. Une petite lèpre ou un bon vieux choléra, et hop, emballé pesé.

Après un interminable périple, Battisti avait découvert sa paroisse : une modeste parcelle de terre battue, des bâtiments balayés par des vents brûlants, le tout cerné par une horde d'indigènes maudissant les alléluias. Mais il en eût fallu davantage pour décourager notre vaillant ecclésiastique. Ignorant superbement le soi-disant danger cannibale, il était allé saluer ses voisins sur-le-champ ; son naturel liant lui avait ouvert la porte et le cœur de toutes les familles à la ronde. À l'ombre des cases, il avait goûté sans regimber le *gored gored,* mâché du kat, si bien qu'au bout d'un mois, les villageois le considéraient comme un familier, rougi par le soleil et baragouinant quelques mots du cru. Enfin, le sorcier l'avait invité à la grande cérémonie annuelle, où un impressionnant guerrier lui avait tendu une drôle de pipe en guise de bienvenue. Aussi, un brin hagard, s'était-il laissé faire lorsqu'une femme avait fondu sur lui. Si la lecture de Sade lui avait chatouillé les braies, autant dire que dans les bras de Saba, le vieux puceau avait connu un plaisir proprement tsunamique.

— Une négresse à te faire exploser la glotte, tonna Giacomo en gratifiant Audrain d'une vigoureuse tape dans le dos.

C'était pour elle qu'il était revenu à Rome : elle était atteinte de la malaria, et le médecin-chef d'Asmara s'était avéré impuissant à la guérir. Giacomo comptait donc sur l'apothicaire du Vatican – qui lui était resté fidèle. À l'heure où ils parlaient, le potard synthétisait cette herbe appelée quinine, cultivée par les jésuites d'Amérique du Sud, qui permettait de supporter les accès de fièvre. Quand Battisti aurait récupéré suffisamment de cette préparation, il retournerait auprès de Saba et l'épouserait. Le matin même, il était allé jeter son froc à la barbe du pape.

CHAPITRE 35

Où l'on se demande si Rose
ne serait pas plutôt une campanule

Le parfum des seins de Saba, leur arôme de mangue manquaient atrocement à Battisti. Il devait à tout prix s'occuper, sans quoi l'inactivité le siphonnerait. Audrain tombait donc à pic : Battisti donnerait un coup de main à ce petit Français.

Parmi les relations que l'ecclésiastique défroqué avait conservées au Vatican, il y avait ce garde suisse, qui aurait vendu père et mère pour une bouteille de chianti. Ledit Helvète se laissa en effet soudoyer sans le moindre scrupule, fermant pieusement les yeux pendant que, un soir, Audrain et Battisti pénétraient dans la bibliothèque. À la lumière de sa torche, notre zoologue découvrit une authentique caverne d'Ali Baba : copies des études de Giulio Romano effectuées par Cornelis Cort, brouillons de la fresque représentant Hanno par Giovanni da Udine... Battisti débusqua même, ô joie, les rapports des médecins qui avaient soigné l'éléphant blanc.

— Quelle bande de bras cassés ! se lamenta le bonhomme en les parcourant.

Après avoir diagnostiqué une angine, les médicastres avaient prescrit au pachyderme des lavements enrichis d'or.

— Autant vous couler du plomb dans le cul, maugréa l'ancien préfet des lieux.

Après quoi, le pauvre éléphant était mort – sans surprise – des suites d'une occlusion intestinale.

— Un boulet coincé dans le canon, déplora Battisti.

Audrain ne l'écoutait plus, il grattait frénétiquement dans son carnet. De minuit aux matines, il s'acharna à recopier tel passage, à esquisser tel croquis, pendant que Battisti se tire-bouchonnait en feuilletant *Le Testament de l'éléphant,* satire copieusement salée attribuée à Pierre l'Arétin.

L'aube finit par pointer et nos deux amis sortirent fissa. Audrain frétillait : il allait enfin pouvoir boucler son historiographie des animaux albinos ! Bon compère, Battisti se réjouissait pour lui. Au palazzina Cesare, ils furent accueillis par les trilles de Rose, qui refusait catégoriquement de dormir. Marguerite était épuisée. Elle tendit le bébé au prêtre apostat qui, faute de pouvoir lui chanter des berceuses, entonna des cantiques. La petite se calma immédiatement.

— Une mélomane, votre enfant ! Vous auriez dû l'appeler Campanella : chez nous, le terme désigne aussi bien la fleur que les cloches des églises !

Le lendemain, on se dit au revoir, et chacun reprit sa route, qui pour Massaoua, qui pour Paris. De concert, on promit de s'écrire.

CHAPITRE 36

Où Noé peut aller se rhabiller

De retour, Audrain boucla effectivement ses recherches. On eût cru qu'il s'en trouverait bienheureux. Las, l'absence de défi ne lui réussit guère : le zoologue se mit à tournoyer comme un fauve en cage. Une nuit, une folle idée lui apparut en songe. Il se voyait tel Noé, longeant la rue Cuvier, suivi d'une ribambelle d'animaux albinos. Notre héros s'en redressa aussi sec et secoua tout pareillement Marguerite.

— Ce n'est pas un livre que je dois écrire ! C'est une arche immaculée que je dois édifier !

La belle entrouvrit un œil, tâta le front de son mari pour s'assurer que la fièvre ne le faisait pas délirer.

— Il y aura des paons ivoire ! Des castors laiteux ! On fera venir d'Afrique une girafe argentée, tu t'imagines ! Mais pourquoi n'y ai-je pas pensé plus tôt, pourquoi ?

Marguerite l'écouta discourir sur les crocodiles lactescents des mangroves indiennes, sur un lion blanc qui vivrait au nord de l'Oubangi-Chari, sur les orques du Kamchatka. Quand il s'interrogea sur le paradoxe des rayures albinos chez le zèbre, elle enfouit sa tête sous l'édredon. Dieu qu'il était épuisant !

Au matin, l'exaltation du zoologue n'avait en rien diminué. Il énumérait les confrères à contacter. Jean Delacour aurait bien quelque chose pour lui parmi les cinq cents espèces qu'il abritait dans son château de Clères, transformé en réserve animalière. Quant à Oskar Heinroth, il lui débusquerait sans peine une sardine blanche au milieu de l'immense aquarium qu'il avait conçu pour le zoo de Berlin ! Et il n'oublierait pas de solliciter Charles Pérez qui, depuis sa station zoologique de Roscoff, lui dénicherait à coup sûr une foulque ou un grèbe achromique. Rien n'aurait su ébranler la confiance d'Audrain : il était à deux doigts de remplir son arche.

Les mois passèrent sans que le moindre spécimen ne pointât le bout de son museau. À l'exception d'une limace ivoire, surgie dans le potager de la Ménagerie – que le jardinier trucida allègrement, la surprenant en train de grignoter ses rosiers. Un matin pourtant, on y crut : un confrère de Mayenne informa Audrain qu'il avait aperçu un cerf albinos dans un bois. Branle-bas de combat. Quand Audrain arriva sur place, le pauvre animal avait fini dans les cuisines d'un paysan – qui trouva le pâté un tantinet fade.

Au fil du temps, Audrain s'enlisa dans ses prospections, se discréditant chaque jour un peu plus aux yeux de la communauté scientifique. Il devint chatouilleux. La moindre controverse le hérissait. Marguerite se rappela ce que Violette lui avait raconté à propos de Lazare, son grand-père, tout en espérant que son mari, moins coriace, renoncerait à cette entreprise absurde. Il n'y avait guère que la petite Rose pour dérider son père. À ses côtés, il oubliait l'envasement de ses recherches et pouvait passer des heures à l'écouter gazouiller au son des casseroles d'Eugène, quand elle ne zinzinulait pas au milieu des fauvettes de la grande volière. Dans ses lettres à Battisti, Audrain lui consacrait de longs paragraphes. Et c'est sans avoir vu les années filer que, un beau matin, il écrivit à son ami que sa fille allait entrer au cours préparatoire.

CHAPITRE 37

Où l'on apprend qu'un âne peut avoir l'oreille absolue

Rose voyait approcher son premier jour d'école avec anxiété. Contrairement à certains de ses camarades, elle ne savait ni lire ni écrire. Aussi, le soir, prise d'angoisse, n'était-il pas rare qu'elle versât une larme. Marguerite la rassurait comme elle pouvait : ses futurs condisciples ne parvenaient sûrement pas à distinguer les syncopettes d'un rossignol des trilles d'un grillon. Au creux de son oreille se cachait un trésor. Mais le lendemain, l'enfant se remettait à trembler.

La dernière fois que Diaghilev avait dîné aux Trois Frères, il avait été catégorique : la petite Rose était une artiste qui s'ignorait.

— Comme sa mère ! avait-il aussitôt ajouté, lui qui admirait chez Marguerite une *virtuose de la vie.*

À l'école, l'enfant intégra la classe de Madame Ripolin qui, dès l'appel, repéra son air d'étourneau. La mégère s'obstina à lui inculquer les bases de la conjugaison, celles des déclinaisons latines, lui bourra le crâne de calculs, de noms de rois, de pays. Malgré tous les efforts qu'elle déployait, Rose n'y comprenait goutte et passait son temps à battre la mesure. Pendant les leçons, elle battait la mesure. Au moment de la récitation, elle battait la mesure. Et même quand Madame Ripolin l'envoyait au coin, elle battait la mesure. L'odieux bonnet d'âne devint son meilleur ami, et la fillette laissa au piquet toute sa gaieté. Marguerite alerta Audrain. Le zoologue haussa les épaules.

— Rose n'aime pas l'école ? Qu'on ne l'y envoie plus. L'étude forme des mules, j'en suis le plus bel exemple !

Marguerite leva les yeux au ciel. Non content d'accumuler les déconvenues scientifiques, son mari était devenu champion en déréliction. Son obsession pour les albinos avait contaminé leur couple, fantôme blanchi d'une vie jadis heureuse. Pour autant, la belle ne céda jamais aux avances des clients du restaurant – et Dieu sait s'ils étaient nombreux à se bousculer au portillon et à lui promettre monts et merveilles. Les sénateurs lui faisaient miroiter le pouvoir, les avocats la richesse, les rimailleurs l'immortalité. Mais ç'était plus fort qu'elle : elle préférait que son mari la rendît malheureuse. Érasme s'en offusquait : pourquoi ne pas profiter d'un tel succès ? À quoi Marguerite répondait que ces messieurs la courtisaient uniquement parce qu'elle appartenait à un autre.

— Ils courraient après une guenon si elle était mariée.

Le plus mordu desdits prétendants se nommait Henri Rabaud. Déjeunant tous les midis au restaurant, il connaissait les mésaventures scolaires de la petite Rose. Un jour, la gamine arriva en pleurant.

— Madame Ripolin a demandé qui était l'adversaire de François Ier dans la bataille pour le royaume de Navarre. J'ai répondu Charles Quinte. Comme tout le monde a ri, elle m'a punie.

Henri Rabaud saisit l'occasion :

— Dis-moi, Rose, Charles Quinte... N'est-ce pas le prédécesseur de Louis Fine ?

Marguerite, se demandant si le client de la neuf se moquait de sa fille, prit son air décidé :

— Rose est peut-être un vilain petit canard, mais elle se transforme en cygne dès qu'il s'agit de musique.

Le bonhomme tenait enfin son quart d'heure de gloire :

— Voilà qui me plaît ! Vous n'êtes pas sans savoir que je dirige le Conservatoire de musique : ce serait un honneur d'auditionner votre prodige !

Rose se jeta aux genoux de sa mère. Et Rabaud jubila.

Le lendemain, quand la fillette, escortée par sa mère, gravit les marches de l'établissement, sis rue de Madrid, son cœur battait à tout rompre. Le directeur les reçut dans la salle d'audition, s'assit au piano et entama la *Rhapsodie hongroise n° 2* de Liszt. Les yeux de la fillette s'écarquillèrent : les mains n'étaient plus des mains, mais de drôles d'araignées galopant sur les touches.

— Eh bien ma petite, que se passe-t-il ? demanda Rabaud devant sa mine ébaubie.

— C'est magique ! répondit-elle sous le choc, puis elle fronça les sourcils.

Le pianiste l'encouragea.

— Quelque chose ne va pas ?

Rose inspira un grand coup puis, timidement, expliqua ce qui la chiffonnait :

— C'est que… Monsieur, y a un truc bizarre…

Le directeur réprima un sourire.

— Bizarre ?

— Oui, t'as commencé en do dièse majeur et puis t'as continué en do mineur…

— Belle enfant, vous remettriez en question le génie audacieux de Liszt ?

Âgée d'à peine six ans, Rose entra donc au Conservatoire sous la houlette du directeur, qui comptait bien l'initier aux joies des hiatus modaux.

CHAPITRE 38

Où il faut toujours un méchant
dans une bonne intrigue

Pendant que Rose bataillait avec les bémols et les bécarres, le beau Sacha Stavisky entrait pour la première fois aux Trois Frères, une greluche pendue à son bras. Du haut de sa faconde, il commanda *le nec plus ultra* et posa sur la table une liasse de billets. Sans broncher, Marguerite servit au couple des cailles au raisin et un filet de sole Pompadour. Elle rapporta un peu de sel parce que ceci, une noix de beurre parce que cela puis, excédée, finit par laisser tomber le parfait glacé devant eux. L'Ukrainien ne remarqua rien, trop occupé à peloter les fesses de sa maîtresse, une certaine Arlette Simon qui, si elle avait conservé sa silhouette mannequin de chez Chanel, avait visiblement oublié son élégance au coin de la rue Cambon.

Le bonhomme jasa fort et étala ses relations politiques, s'attirant le mépris de Marguerite là où Eugène ne vit qu'éloquence et dernier chic. Au hasard de la conversation, le fanfaron glissa qu'il habitait l'hôtel Claridge, *sur les Champs*. Le cuisinier en resta baba.

Dès lors, le beau Sacha vint régulièrement aux Trois Frères, où il fit briller des placements qui permettraient d'acquérir moult marmites à vapeur et autres batteries de cuisine en inox, voire – cerise sur le gâteau – un réfrigérateur de chez Servel. Le maître-queux ouvrit sa bourse à Stavisky comme on ouvre son cœur, sous le regard ombrageux de Marguerite. Au début, les intérêts plurent à flots. On modernisa les fours, acheta des casseroles à gogo ; Eugène se paya même le luxe d'offrir un Steinway à Rose. Stavisky souriait en coin.

Un soir, il osa approcher Marguerite, plongée dans ses comptes. D'un ton mielleux, il lui suggéra qu'au prix de petits investissements, elle pourrait facilement obtenir le triple de sa mise de départ. Largement de quoi financer les meilleurs professeurs pour Rose.

— Dieu m'en garde. J'ai trop peur que vos actions deviennent des obligations.

Stavisky haussa les épaules. Il ne forçait personne. Notre héroïne prit sur elle pour ne pas lui voler dans les plumes. Elle était bien la seule à exécrer le bonhomme : depuis l'histoire du Steinway, Rose adulait l'Ukrainien, et Eugène ne jurait que par son sens des affaires.

Quant à Audrain, il se fichait des placements de Stavisky comme d'une guigne. Ce jour-là, il avait reçu une lettre qui ravissait toute son attention. La missive était estampillée *Archipel des Dahlak* – seule information que put glaner Marguerite pendant que son époux gambadait joyeusement en sifflotant la *Marche triomphale*. La pauvre dut se résigner à ce qu'il massacrât Verdi.

CHAPITRE 39

Où il faut toujours une île paradisiaque
dans un roman d'aventures

Battisti avait écrit à Audrain depuis un obscur archipel de la mer Rouge, où il avait atterri en urgence avec Saba.

Les deux amoureux avaient dû fuir Massaoua, pourchassés par les sbires du pape qui ne leur pardonnait pas leur mariage sacrilège. Après avoir écumé les villages de pêcheurs afars et cherché refuge dans les hauts plateaux du Rift, ils s'étaient retrouvés acculés dans le port de Dilemmi. Là, des mercenaires dépêchés par le souverain les attendaient sur le quai. Battisti et Saba n'avaient eu d'autre choix que de plonger. Après s'être suffisamment éloignés des côtes en alternant dos crawlé et brasse coulée, ils avaient à peine eu le temps de dire ouf qu'une dizaine d'ailerons les encerclait. Par une sorte d'atavisme, Battisti avait imploré Dieu. Saba lui avait tapé sur la tête : s'ils pataugeaient dans ce merdier, c'était tout de même à cause de ce couillon. Soudain projetés hors de l'eau, ils avaient miraculeusement chu en fond de cale d'une barque de pêcheur. Le type les avait regardés, fort désappointé, ayant – au poids – espéré deux espadons.

— Vous êtes un saint ! s'était extasié Battisti, prêt à rentrer de nouveau dans les ordres.

— Non, je suis Muhammad, *halouf*, l'avait rembarré le pêcheur.

Qui avait passé le reste du voyage à maudire ces deux bouches supplémentaires à nourrir. Sept jours durant, nos rescapés avaient vogué sous une avalanche d'insultes. Au matin du huitième, Muhammad avait hurlé, *Allah akbar, larguons les haloufs !* Une île était en vue. Il avait pagayé de toutes ses forces pour débarquer les importuns, et c'est ainsi que Battisti et Saba avaient échoué dans l'archipel des Dahlak. Là, le curé défroqué avait eu l'impression de pénétrer l'Éden. Sa lettre baignait d'ailleurs d'un lyrisme virginal, celui des grands explorateurs foulant la Terre promise :

C'est si beau, mon bon ami, qu'on est heureux comme des cochons dans la merde ! On trouve ici une poignée de mahométans partageant le gîte des pélicans et des tortues. Ces hommes ont résisté aux jonques chinoises et aux caravelles portugaises. Il est doux de les voir continuer à vivre de la plus simple des manières. Ils veulent se laver ? La mer leur donne des éponges. Ils ont faim ? Le poisson abonde. Tous les Vendredis saints de l'éternité ne suffiraient pas à épuiser cette corne d'abondance. La nature a si bien fait les choses que l'Éternel n'a plus qu'à ronfler au bord de l'eau ! Grève générale et bonheur pour tous !

Venez donc vous y installer, vous y poursuivrez vos recherches : une colonie de termites albinos a élu domicile non loin de ma hutte ; les bestioles se régalent des bois les plus précieux ! Les autochtones les mangent pour renforcer leurs performances sexuelles. Moi, ça me fait juste péter plus fort que les soufflets de Vulcain !

Si les vertus aphrodisiaques des termites restaient sujettes à caution, les blattoptères enflammèrent l'esprit d'Audrain. Il irait là-bas. Quoi qu'il lui en coûtât.

CHAPITRE 40

Où prudence est mère de sûreté

Les semaines qui suivirent l'arrivée de la lettre de Battisti célébrèrent le rabibochage d'Audrain avec sa famille. Le scientifique avait recouvré son allant : de longues heures durant, il arpentait les allées de la Ménagerie avec Rose, lui expliquant ce qu'était un zébrule ou pourquoi le babouin devait son nom au banquier de Buffon. L'enfant n'avait jamais connu son père aussi loquace. Sitôt terminées ses leçons avec Rabaud, elle filait rue Cuvier. Main dans la main, le paternel et sa petite écoutaient les cris des bêtes. Le soir, assise devant son piano, Rose essayait de reproduire les sons collectés. Marguerite prêtait l'oreille avec tendresse à ces *Animélodies* – ainsi que sa fille nommait ces fantaisies – et profitait des bras d'Audrain enfin retrouvés. Comme il était bon d'appuyer sa tête contre le torse de son homme, de pouvoir à nouveau sentir son cœur battre aussi fort que le double myocarde d'une girafe ! Elle bénissait les termites albinos des Dahlak d'avoir redonné vie à son époux.

La journée, Audrain écumait les laboratoires et les académies afin de glaner quelques subsides pour financer une expédition jusqu'à ses chers blattoptères. Il disputa à cette occasion la célèbre bourse du Muséum national d'histoire naturelle à Joseph de la Bégude.

À grand renfort de gestes, son rival s'employa à persuader le cénacle qu'il était urgent d'analyser le mécanisme d'érection de la tique subsaharienne.

— Un sujet vénérable, mes chers confrères…

— … vénérien, le corrigea Audrain, qui déclencha un fou rire général.

Le bon mot lui acquit in fine les faveurs du jury, qui trancha : Audrain Piclet la méritait, son équipée africaine. Ainsi décrocha-t-il un pécule en ce mémorable matin de septembre. Modeste, hélas, car la crise de 29 était passée par là. Pris à la gorge, les instituts ne pouvaient plus se permettre de dépenser des millions pour envoyer un scientifique à l'autre bout de la planète dans le seul but de rapporter trois arthropodes livides aux vertus censément stimulantes. La somme allouée couvrait tout juste le prix de l'essence pour un voyage à Garches. Le projet stagna, s'enlisa, et Marguerite eut très peur qu'il fût tout bonnement compromis : son mari replongerait, elle y mettait sa main à couper. Contre toute attente, notre zoologue continua pourtant à afficher une bonne humeur à toute épreuve. Il missionna même Jacques par courrier : son mécanicien de beau-frère lui dessinerait bien les plans d'un aéroplane ? *Tu verras, l'argent va affluer, ce sera l'œuvre de ta vie !* lui écrivit-il sans qu'on sût d'où lui tomberaient les moyens nécessaires. Un coucou né dans la tête d'un rêveur, confié aux mains d'un ivrogne, le tout en pleine crise financière : les radars de Marguerite ne mirent pas longtemps à virer au rouge.

CHAPITRE 41

Où une lettre ne fait pas un roman épistolaire

La réponse de Jacques ne se fit pas attendre. Le 21 septembre 1933, on se précipita tous dans la cuisine où, piaffant de connaître le verdict de son beau-frère, Audrain déchira le pli. Jacques commençait par y saluer la compagnie, avec une mention spéciale pour la petite Rose qu'il lui tardait de rencontrer. Puis il entrait dans le vif du sujet : c'était entendu, il acceptait. Construire un moteur d'avion était *plus excitant qu'un dépuce-lage !* Audrain faillit s'étrangler : Rose n'avait même pas douze ans ! Notre zoologue continua sa lecture d'un air pincé. La suite lui fit rapidement oublier la crudité de ce qui précédait. Sans ménagement, Jacques leur annonçait la mort de Fernand.

Un accident. Aplati par le tracteur du fils Malbec. Un quatre-cylindres essence, de quoi vous écraser comme une bouse... Enterrement le 24 septembre.

Marguerite déglutit douloureusement et fit un rapide calcul :

— Le 24, il est encore temps !

— Je t'accompagne, décida Rose d'autorité.

— Et je suis de la partie, enchaîna Eugène.

Tous les regards se tournèrent vers Audrain, qui se dandinait d'un pied sur l'autre. Il aligna une série de prétextes alambiqués – manque de disponibilité, visite d'un inspecteur de l'hygiène à la Ménagerie, rendez-vous pour lever des fonds impossible à... Marguerite le coupa net : qu'il restât s'il préférait, mais bon sang, qu'il ne les retardât pas. Et elle fila à la gare acheter les billets. À son retour, Rose avait déjà bouclé les bagages et peinait à calmer Érasme, en larmes au milieu des valises.

— Ne me laissez pas seul avec le zoologue, il va me disséquer ! gémissait-il, théâtral.

Personne ne fut dupe : tous avaient encore en tête ses roucoulades cévenoles avec Ficelle. Indulgente, notre héroïne lui prépara son panier en osier. Le lendemain, Audrain enfourna la petite famille dans le Paris-Nîmes. Marguerite lui fit promettre de se tenir tranquille. *Parole donnée !* jura-t-il, en embrassant

Rose sur le bout du nez. Sa jovialité clamait, *Parle, beau merle, parle !*

CHAPITRE 42

Où l'on ne caresse pas l'échine à coups de cravache

Audrain avait une idée derrière la tête. Et l'ombre de Stavisky n'était pas loin. Le truand avait flairé le pigeon idéal, le genre de gogo prêt à vendre père et mère pour satisfaire ses folies. Le roublard n'attendait qu'une chose : que cette emmerdeuse de Marguerite ne rôdât plus dans les parages. Son départ fut donc accueilli par l'Ukrainien comme l'occasion rêvée de ferrer ledit volatile.

À peine le train quittait-il Paris que les deux hommes s'attablèrent dans la salle entièrement vide des Trois Frères. Stavisky proposa de s'épargner les politesses d'usage :

— Mettons cartes sur table. De combien avez-vous besoin ?

— Je ne sais pas... Cinquante mille francs ?

Audrain avançait prudemment, tant la somme lui paraissait colossale.

— Vous les aurez demain, signez ici.

Stavisky tendit plume et papier. Comme notre scientifique hésitait, craignant par-dessus tout les foudres de Marguerite, l'Ukrainien l'arrêta :

— Les femmes ne comprennent rien aux affaires.

— Mais la mienne…

Stavisky réprima un rire.

— Tous les maris croient leur moitié différente. Pas plus tard que la semaine dernière, mon comptable m'assurait que sa bourgeoise était la plus fidèle de toutes. Au même moment, elle me cajolait sous mon bureau…

Audrain, qui goûtait peu la grivoiserie, voulut en finir au plus vite.

— De quel montant, les mensualités ?

— Je ne sais pas, dix ou onze francs ? Avec les émoluments que vous toucherez grâce à votre expédition, autant dire que c'est une broutille.

Le scientifique se frottait la barbe, quelque chose le chiffonnait.

— J'aimerais tout de même comprendre. Pourquoi me prêteriez-vous une somme pareille ?

Stavisky éclata de rire.

— Parce que nous sommes amis, pardi ! Et parce que vous allez me rembourser !

— Et si je n'y arrivais pas ?

— Allons, allons, vous me rembourserez ! Mais si vous y tenez, nous pouvons convenir d'un arrangement.

La stratégie de Stavisky touchait à son but. L'honnêteté de ses victimes était son principal atout. Confessant une légère préférence pour la pierre, il porta le coup d'estoc.

— C'est que je ne possède aucun bien, s'excusa Audrain.

Le roublard fit mine de réfléchir.

— C'est fâcheux… Et le restaurant ? demanda-t-il comme traversé par un éclair de génie.

— Il appartient à Eugène…

— Alors marché conclu !

Stavisky lança sa main par-dessus la table.

— Mais je n'en suis pas le propriétaire ! se récria le savant.

— Vous êtes son meilleur ami, c'est tout comme ! Trouvez-moi le titre de propriété, et mon juriste s'occupera du reste.

Notre zoologue se tortillait sur sa chaise.

— Cela n'est-il pas… illégal ?

L'aigrefin fit mine de rassembler ses papiers.

— Si monsieur se paie de vertu…

Voyant s'enfuir sa seule chance de mener à bien son expédition, Audrain perdit la tête.

— C'est d'accord, laissez-moi une nuit. En revanche, je veux votre parole : ce gage n'est qu'une formalité ?

— *A gentlemen agreement, Sir*, lui garantit le voleur en le saluant.

Après une nuit de doutes et de cauchemars, Audrain ouvrit la porte à Stavisky comme la chèvre fait entrer le loup qui lui montre patte blanche. Il demandait seulement une faveur : que le juriste effectuât un fac-similé du titre de propriété, afin qu'Eugène ne se doutât de rien.

— En attendant que je puisse vous rembourser, pour qu'on rende l'original à Eugène, ajouta-t-il, en sondant Stavisky.

Le malfrat se répandit en promesses, croix de bois, croix de fer.

Audrain mordit au boniment, signa la créance et livra le titre de propriété.

CHAPITRE 43

Où le coup de cravache s'apprête à tomber

Pendant ce temps, le reste de la troupe arrivait aux Mûriers. Après qu'on eut chaudement pleuré la mort de Fernand, Rose fit enfin la connaissance de son ivrogne d'oncle et de sa folle de grand-mère. Tous deux l'amusèrent beaucoup. La fillette épuisa Églantine à confectionner d'exubérantes couronnes funéraires, s'acoquina avec Jacques pour chaparder du jus de raisin dans la cave et, la cérémonie venue, inonda la cathédrale Saint-Jean-Baptiste de l'arrangement pour piano du *Requiem* de Fauré, qu'elle exécuta à merveille. Si Rabaud eût été là, il l'eût félicitée pour son *pianissimo*, en tous points respectueux de la volonté du compositeur : écrire une *berceuse de la mort*.

À Paris, les choses s'annonçaient nettement moins glorieuses. Audrain n'avait plus aucune nouvelle de l'Ukrainien. Dans un premier temps, il résista à la panique – le cosaque avait promis –, mais au fil des jours, la pression monta. Surtout lorsqu'il croisa incidemment Stavisky sur un trottoir, et que ce dernier l'ignora. C'était on ne peut plus clair : Audrain était le dindon d'une farce. Il se mortifia, erra dans la Ménagerie, distribua des maquereaux aux herbivores, une botte de foin aux otaries et, une fois endormi, fut assailli par d'affreux cauchemars qui, sans exception, se terminaient sous le hachoir aiguisé d'Eugène. La seule issue viable était de remettre la main sur le titre de propriété.

Le 1er octobre, Eugène et la petite troupe étaient de retour – contrairement au fameux titre de propriété. Audrain les accueillit avec un sourire crispé. Marguerite, à qui la nervosité de son mari n'avait nullement échappé, le passa aussitôt à la question. Mais n'obtint que réponses confuses et fuyantes. Audrain invoqua un dossier délicat en cours et se carapata. En vérité, il avait élaboré un plan ridicule afin de récupérer le document volé. Las, n'est pas Arsène Lupin qui veut, et notre espion de pacotille ne s'aperçut pas qu'en pistant Stavisky, lui-même était suivi : Marguerite nourrissait suffisamment de doutes pour charger Érasme de jouer les Sherlock Holmes.

CHAPITRE 44

Où le magot n'est pas qu'un singe

Quelle riche idée elle avait eue ! Le chat talonna Audrain jusqu'aux Champs-Élysées, où le zoologue s'arrêta non loin du 74, lamentablement embusqué derrière un plan de Paris. Il jouait si bien l'Anglais fourvoyé qu'un riverain lui offrit son aide. Où donc cette pauvre âme voulait-elle se rendre ?

— Place de la Concorde, répondit Audrain, qui se vit chaperonner jusqu'à l'obélisque.

Érasme soupira : son maître était définitivement une quiche. Rentré pour faire son rapport à Marguerite, celle-ci tapa du poing sur la table à la seule évocation des Champs : Stavisky était derrière tout ça, elle aurait dû parier ! En attendant d'en savoir davantage, le félin continuerait sa filature, et elle de feindre l'ignorance. Tôt ou tard, la maladresse d'Audrain le confondrait.

Le deuxième soir, espérant surprendre Stavisky, notre apprenti limier retourna aux abords du Claridge, le col de son manteau relevé. Une demi-heure plus tard, le riverain de la veille lui tombait dessus :

— Vous ici, quel hasard exceptionnel !

Le type l'attrapa par la manche et l'invita au bistrot – il ne serait pas dit que les Parigots étaient des têtes de veau. Audrain fut donc entraîné à contrecœur loin du 74. Érasme n'en revenait pas : si peu de chance, doublée de si peu de talent !

Le troisième soir, fort de ses déboires, le jeune homme prit les devants et se grima de la tête aux pieds. Hors de question que l'importun le conviât à dîner ! Quand il découvrit son maître juché sur des talons, grotesquement moulé dans la robe de taffetas taupe de Marguerite et enveloppé de sa capeline, Érasme s'étrangla. Se trahissant à chacun de ses pas, notre travesti parvint jusqu'aux Champs où, assis sur un banc, il fit mine de lire le *Figaro*. Stavisky sortit quelques minutes plus tard de l'hôtel ; Audrain jeta son journal et lui emboîta le pas. Mais au bout de la rue Marbeuf, l'Ukrainien se retourna et lui décocha un violent coup de poing.

— Vous êtes aussi discret qu'un oursin dans une culotte ! Essayez encore une fois de me suivre et je vous ferai avaler vos escarpins !

L'espion en toc pouvait s'estimer chanceux : seule une de ses dents avait volé jusque dans le caniveau. Habituellement, les ennemis du cosaque finissaient raides au fond d'une cave. Audrain – qui tenait au reste de son râtelier – promit que dorénavant, l'intégralité de ses recherches se cantonnerait au règne animal.

— Fous f'êtes et ferez toufours le bienfenue au reftaurant, ajouta-t-il piteusement.

La crapule rétorqua qu'il ne se gênerait pas : il y était désormais chez lui.

— Au flaisir, chuinta Audrain.

Érasme planta son maître sur le trottoir et

se faufila dans l'ombre de Stavisky. De zigzags en rues obscures, de portillons en encoignures, le voleur le conduisit jusqu'au pont de l'Alma. Là, le truand descendit sur le quai et glissa jusqu'à la première pile de l'édifice. Vérifiant que personne ne l'épiait, il compta sept blocs de pierre à partir du bas, deux vers la gauche, puis dégagea un moellon. Logée dans la cavité, une petite cantine de fer apparut. Stavisky s'en empara et y dissimula une liasse de billets. *Le magot !* feula Érasme de plaisir en s'enroulant autour des jambes du bandit. L'animal ignorait s'il jouissait du danger, du pactole ou de sa propre duplicité – sûrement des trois en même temps.

CHAPITRE 45

Où la faute est avouée

Tandis qu'Érasme échouait dans un tripot pour y fêter sa découverte, Audrain poussait la porte du restaurant, les pieds réduits en charpie par les escarpins, la lèvre inférieure comiquement boursouflée. Croyant à un travelo cherchant des noises, Eugène le cueillit vertement :

— Fiche le camp, vieille puterelle ! Ici, les morues, c'est pour l'aïoli !

Audrain eût pu s'offusquer de pareille rebuffade, mais le déchaînement de bestialité qui allait suivre ravalerait l'injure au rang d'amabilité. Au moment où le cuisinier saisit Audrain par le colback, Marguerite reconnut sa capeline, puis son mari.

— Que t'est-il arrivé ? On t'a fait du mal ? s'affola-t-elle.

Audrain tenta lamentablement de mentir.

— F'est pas grafe, vé vuste trébufé…

Le maladroit ne mesurait pas la loufoquerie de la situation.

— Trébuché ? demanda Marguerite, éberluée.

— Les pieds dans la vupe… V'ai pas l'havitude…

— Mais… M'expliquerais-tu ce que tu fabriques ainsi attifé au beau milieu de la nuit ?

Audrain se jeta aux pieds d'Eugène.

— Le hachoir, par pitié, le hachoir ! vociféra-t-il.

Le scientifique s'agrippait à la jambe du cuisinier, secoué de hoquets, implorant que l'on fît cesser son supplice. Excédée, Marguerite lui asséna une claque. Ses magouilles avec Stavisky n'étaient plus un secret pour personne : qu'il se mît à table, et fissa. Audrain prit une grande inspiration.

CHAPITRE 46

Où, même avouée,
la faute a du mal à passer

Le misérable n'eut pas le temps de terminer ses aveux qu'Eugène se rua vers la cuisine en beuglant.

— Mon hachoir, où est mon hachoir ?

Marguerite referma de justesse la porte sur le cuisinier tandis qu'il hurlait, *Je vais te tuer, je vais te tuer !*, accompagnant sa promesse de violents coups d'épaule contre le bois.

— Je vais t'attraper par la peau des fesses et la suspendre à mon crochet ! braillait le maître-queux. Je te briserai les genoux avec mon atten-drisseur, tes rotules joueront du xylophone ! Ensuite je désosserai chacun de tes membres jusqu'à ce que tu sois aussi mou que le cul d'un nourrisson ! Quand j'en aurai fini, je donnerai tout ça à bouffer aux chats. Et je jetterai leur merde dans le caniveau, parce qu'il est hors de question que le moindre de tes restes souille ma maison !

Marguerite encourageait Eugène, histoire de faire passer son propre courroux, tout en épui-sant celui du cuistot :

— Vas-y, Gégène, c'est toujours ça qui ne pèsera plus sur ton cœur !

— Ma colère est démesurée ! Ouvrez-moi ou je défonce la porte !

— J'ouvre si tu promets d'être raisonnable.

— Lui vivant ? Jamais !

— Pense à Rose !

— Je vois rouge !

Et le furibard de balancer des coups de boutoir dans le chêne de la porte. Craignant que le verrou ne cédât, Marguerite chuchota à Audrain de s'enfuir par l'arrière, d'aller se cacher en courant à la Ménagerie et de n'en sortir sous aucun prétexte. Surtout, qu'il ne tentât rien : tout ce qu'il entreprenait se retournait contre lui.

Notre héroïne passa une bonne partie de la nuit derrière la porte, à contenir la colère d'Eugène. Le cuisinier énuméra toutes les techniques possibles pour trucider Audrain – le briser à l'aide de son rouleau à pâtisserie, l'empaler sur un affûtoir, le larder en tournedos, l'embrocher, le farcir, le pocher, puis disposer sa tête sur un plateau accompagné de sauce gribiche, sans oublier de glisser trois brins de persil dans ses narines. Enfin, il manifesta quelques signes de fatigue. Il ahanait, *Je ferai du boudin de porc avec ton sang*, répétait mollement, *Du boudin de porc…* Le cuistot n'aurait en réalité même pas eu la force de souffler dans le moindre boyau. Marguerite ouvrit doucement la porte. Le vieux cuisinier s'effondra dans ses bras en sanglotant. Tendrement, elle murmura :

— Le temps malgré tout trouvera la solution malgré nous.

CHAPITRE 47

Où la mafia ne donne pas de préavis

Une fois toute la famille installée sous le toit de la Ménagerie, Eugène promit de ne faire aucun mal à Audrain. À condition que le corniaud restât à distance. Ce à quoi notre scientifique se plia très docilement : il eût mis un océan entre eux si cela eût été possible. Car il vivait en état de choc. Le moindre étal de boucherie le faisait frémir, et ses propres hurlements le réveillaient la nuit. Le quotidien de Marguerite s'en avéra sensiblement dégradé. En d'autres circonstances, elle eût pu compter sur Rose, mais Rabaud venait de lui annoncer une grande nouvelle : la jeune fille se produirait lors du grand récital de fin d'année. Au théâtre des Champs-Élysées ! Une bombe dans le cœur de l'adolescente. Quoique le concert ne fût programmé que pour le 24 décembre, elle se jeta corps et âme dans les répétitions. Plus rien d'autre n'existait.

Un malheur n'arrivant jamais seul, c'est le moment que Stavisky choisit pour débarquer aux Trois Frères, suivi d'un huissier douteux et encadré par deux molosses non moins patibulaires. En guise d'avis d'expulsion, l'agent d'exécution brandit le titre de propriété falsifié à son nom :

— Hop hop hop, on dégage, annonça-t-il sans autre forme de procès.

Eugène vira rouge. Si ces escrocs faisaient un pas de plus, il leur rentrerait dans le lard. Les deux gorilles lui barrèrent la route, et ce fut bien la seule fois où le maître-queux eut l'air d'une valseuse entre deux titans. Bon prince, Stavisky accorda vingt-quatre heures à la famille pour préparer ses bagages. Marguerite serra dans sa poche la clef des Trois Frères et son cochon miniature – furieuse d'avoir à la reléguer sous peu dans sa boîte rouge.

Ce ne fut plus qu'allées et venues entre le restaurant et la Ménagerie. On réquisitionna les amis, joua des muscles pour transporter les meubles, empila les ustensiles de cuisine au milieu des bêtes, et il fallut s'y mettre à huit pour déménager le Steinway. Rose enrageait : son andouille de père lui faisait perdre un jour de répétition ! Audrain n'en menait pas large, gémissant intérieurement à la perspective de partager le gîte avec celui qui avait voulu l'occire. Eugène, lui, s'indignait ouvertement à l'idée de vivre avec l'artisan de toute cette déconfiture. Marguerite tenta d'étouffer la dispute mais, l'après-midi touchant à sa fin, les casseroles se mirent à voler, et elle s'avoua vaincue : l'intervention d'un représentant de l'ordre s'imposait. Séance tenante, elle se rendit à l'hôtel de police du cinquième arrondissement où, de files d'attente en vestibules, le récit de ses mésaventures la fit atterrir à la section financière du parquet de Paris. Là, on la conduisit dans le bureau d'Albert Prince qui – allait-elle bientôt le découvrir – traquait Stavisky depuis des mois.

CHAPITRE 48

Ou le bon, la brune et le truand

Prince ne vivait plus que pour ça : coffrer Stavisky. Écumant les salles de jeu clandestines, documentant minutieusement toutes les affaires de trafic de drogue, il consignait les faits et gestes de l'Ukrainien jusqu'à enregistrer le moindre de ses allers-retours aux toilettes. Le moment venu, son dossier devait pouvoir accabler un saint. De surcroît, le magistrat entendait démanteler un immense réseau d'arnaques dans lequel mouillaient le malfrat et toute une palanquée de politiques – dont le député de Bayonne. Ces pendards trafiquaient de faux bons du Trésor. Plus de deux cents millions avaient déjà été détournés. Marguerite en resta coite.

— J'ai l'air bien ridicule, avec ma misérable histoire de confiscation…

— Du tout, chère madame ! Nous autres, dans nos sous-sols, sommes des fourmis qui amassent des preuves en prévision du grand hiver des crapules. Toute provision est bonne à prendre !

— En ce cas, ajoutez cette ignoble expropriation à votre panier.

Albert Prince recueillit méticuleusement sa déposition et promit de faire son possible. Néanmoins, Madame Piclet devrait se montrer patiente. Songeant à l'explosive cohabitation d'Eugène et d'Audrain, à Rose qui leur cassait les pieds avec ses répétitions, Marguerite redoutait les jours à venir.

— Est-ce à dire que cela pourrait durer au-delà de Noël ?

Le capitaine posa une main sur son épaule. Il eût aimé pouvoir lui répondre autre chose. Mais les escrocs jouaient sur les nerfs des honnêtes gens, là était leur meilleur atout. Marguerite gémit. Ni le cuisinier ni sa fille ne tiendraient aussi longtemps. D'un pas morne, elle se dirigea vers la porte. Albert Prince la retint : qu'elle soit prudente, le malfrat avait des amis partout. Même ici, ajouta-t-il en posant un index sur ses lèvres et en désignant les murs qui l'entouraient.

CHAPITRE 49

Où l'on résiste à tout sauf à la tentation

À la Ménagerie, c'était le chaos. Rose avait repris ses répétitions au milieu des bestioles qui, peu coutumières des harmonies balkaniques – la jeune fille travaillait les *Danses roumaines* de Béla Bartók –, hurlaient à qui mieux

mieux. Audrain s'offusqua. Quel égocentrisme : sacrifier la santé de ses animaux sur l'autel de la modernité ! Rose faillit s'étouffer. Le pire égoïste que la Terre pût porter, c'était lui ! *Et irresponsable*, ajouta Eugène qui tenait à ce qu'on rendît à César ce qui appartenait à César. Marguerite entra à l'instant où les uns s'apprêtaient à sauter à la gorge des autres.

— Que vous soyez insupportables est une chose, que vous ne vous supportiez pas en est une autre !

La gueulante fit son petit effet. Le calme revenu, notre héroïne les mit au parfum : elle avait engagé une procédure auprès du capitaine Albert Prince, lequel lui avait livré des informations de toute première importance. Érasme gonfla le poitrail en apprenant que l'Ukrainien était un bandit de grand chemin, et son aventure de l'autre nuit ne lui en apparut que plus excitante. Cependant, d'affreux doutes l'assaillaient : devait-il garder le silence ou confier sa découverte à ses amis ? Ce magot, nom d'un chien, n'attendait qu'une main agile pour être extirpé de sa cachette ! Là résidait peut-être l'issue à leur cauchemar. Car c'était bien ce que le chat endurait depuis leur arrivée à la Ménagerie : dès qu'il tentait de pointer le museau à l'extérieur, les autruches – pour une raison qui lui échappait – se mettaient à s'égosiller. Ce qui, par ricochets, échauffait les ardeurs du chef bonobo, lequel braillait, *Tous sur Érasme !* N'en pouvant plus d'essuyer les assauts du primate, le félin se résigna donc à tout balancer. Marguerite enfila aussi sec son manteau : elle devait avertir le capitaine. Eugène lui barra la route.

— Songez à ce vieux proverbe, Marguerite : s'il est toujours mauvais maître, l'argent peut devenir bon serviteur…

— Vous n'y pensez pas, c'est de l'argent sale !

— Voyons, l'argent n'a pas d'odeur, l'admonesta le cuisinier.

— Quand il arrive d'où il vient, il pue tout de même sacrément les emmerdes…

— Nous n'aurons qu'à nous boucher le nez !

L'argument du vieux cuisinier fit mouche. La belle demanda un délai de réflexion. Voler un voleur était-il moralement acceptable ?

Le lendemain, elle convoqua un conseil de famille.

CHAPITRE 50

Ou la pile au trésor

Après de longs pourparlers, les rôles furent distribués : Marguerite prendrait la tête du commando, dont Eugène serait écarté – en cause : son manque de discrétion lors de l'affaire avec la mère Michon. Rose, elle, refusa de participer. Les *Danses roumaines* de Bartók lui donnaient du fil à retordre : le compositeur avait pris soin d'annoter sa partition jusqu'à préciser la durée de chacune d'elles, le tout ne devant pas excéder quatre minutes et trois secondes. La jeune virtuose ne réussissait toujours pas – conformément auxdites indications – à boucler la cinquième danse, une polka intitulée *Poarga Românească*, en trente et une secondes. Julien Duval, qui l'accompagnait dans la version pour piano et violon, la suppliait : déjà qu'il avait du mal à la suivre, il n'arriverait même plus à respirer si elle augmentait la cadence ! La concertiste ne souffrait pas ses jérémiades. Ils joueraient en apnée s'il le fallait, mais ils respecteraient ces trente et une secondes.

Ne restaient donc qu'Érasme et Audrain pour grossir les rangs.

Menée par notre héroïne, la troupe se mit en route en ce glacial mois de novembre 1933. Marguerite surveillait Audrain du coin de l'œil, craignant une nouvelle bévue. Mais son mari, conscient d'avoir aligné tous ses jokers, se tint à carreau. On suivit Érasme à travers une légère brume, dans les rues désertées de cet automne humide, et nos compères parvinrent sans encombre sous le pont de l'Alma. Audrain se posta en vigie près de la pile, avec pour consigne, en cas de danger, d'imiter le cri du pigeon. Comme il se dandinait en affichant une mine chipoteuse, Marguerite le pressa de cracher le morceau.

— C'est-à-dire que les pigeons ne crient pas, ils roucou...

Un regard de sa femme suffit à lui faire ravaler ses considérations ornithologiques.

Notre héroïne se faufila sous la voûte et compta les blocs de pierre. Hissée sur la pointe des pieds, elle atteignit la cachette et la boîte convoitée. Marguerite souleva le couvercle. Une épaisse liasse de billets s'y enroulait, serpent repu dans son gîte de fer.

CHAPITRE 51

Où l'on ne touche pas au grisbi

De retour à la Ménagerie, on se claquemura pour compter et recompter le pactole. Un million de francs en petites coupures ! Pas autant que le premier tirage de la Loterie nationale, mais amplement de quoi financer un nouveau restaurant, monter une expédition en mer Rouge. Et voir venir. De quoi déclencher aussi les foudres de Stavisky. Qui ne tardèrent pas à tomber.

Dès le lendemain, Albert Prince se rendit à la Ménagerie pour prévenir Marguerite : le milieu de la truanderie était en ébullition. Ça remuait ciel et terre pour retrouver on ne savait quoi. Il fallait ouvrir l'œil, et surtout lui rapporter le moindre détail suspect. Marguerite se mordit les lèvres pour conserver son visage d'ange et promit d'être vigilante. On remercia ensuite le capitaine tout en le poussant gentiment vers la sortie. Audrain essuya une goutte de sueur qui perlait à son front et Marguerite courut vérifier que la boîte en fer était toujours enterrée dans l'enclos de Makeda. Assise sur une pierre, elle expira longuement en secouant la tête. Dieu que cette situation l'épuisait. Et qu'il lui était pénible de mentir à cet homme si charmant ! Sans compter les enfantillages d'Audrain et d'Eugène qui, n'étaient ses menaces, auraient dépensé le magot en un claquement de doigts. Ils étaient prévenus : s'ils touchaient à un seul centime du pactole, elle balancerait tout à Albert Prince ! Nonobstant, Audrain refusait de voir son expédition reportée aux calendes grecques et y revenait sans cesse. Le matin même, Marguerite avait été obligée de hausser le ton :

— Si tu désobéis, il faudra numéroter tes abattis pour reconstituer le puzzle !

Après la visite du capitaine, chacun tenta de reprendre le cours de son existence comme si de rien n'était. Un observateur avisé eût pourtant senti la fébrilité générale.

Celle de Rose particulièrement, qui cédait totalement à la panique : elle avait beau presser Julien Duval, le dernier accord de la polka dépassait immanquablement les trente et une secondes. Par-dessus le marché, *la limace*, comme elle l'avait surnommé, interdisait les répétitions de plus de deux heures. Au-delà, à l'en croire, le risque de tendinite était trop élevé. La jeune fille supplia Rabaud d'intervenir. Lequel dut lui faire cette confidence : oui, Julien Duval était une calamité. Seulement voilà, il était aussi le petit-fils de Madame de la Roseraie, la meilleure amie de Madame Chautemps. Alors…

— Alors ? s'étonna Rose.

— Alors on ne contrarie pas le rejeton de la meilleure amie de la femme du président du Conseil…

— Le petit c… ! se retint la jeune fille, qui ne souffrait aucune compromission.

À trois jours du concert, le jeune Duval jeta finalement l'éponge, prétextant un deltoïde froissé lors d'une sieste mal négociée. Cette fois-ci, Rose ne put se dominer :

— Le petit con ! hurla-t-elle.

Rabaud promit de trouver une solution. Mais avec une telle partition, et dans un délai aussi serré, le fils Duval serait bien difficile à remplacer, si con fût-il.

CHAPITRE 52

Où Dieu se cache parfois
dans un accord klezmer

Pendant deux jours, Rabaud écuma tous les cours particuliers de Paris pour dégoter la perle rare. Aucun de ses confrères n'était prêt à envoyer son favori au casse-pipe pour interpréter une œuvre aussi risquée. Le 23 décembre, ses ultimes et vaines recherches l'ayant conduit place de la Contrescarpe, le directeur s'assit au bord de la fontaine. C'était évident : le concert devait être annulé. Mais la courtoisie voulait qu'il en avisât Rose avant de l'annoncer publiquement.

Pour ce faire, il emprunta la rue Lacépède, sa barbe enfouie dans un manteau de laine, pestant contre le vent glacial, le trottoir glissant et les foutus *fils de.* Ce satané Duval avait sacrément mal choisi son instrument, il aurait dû jouer du pipeau ! Mieux, de la trompette : un instrument à pistons ! Tout à sa rumination, Rabaud ne prêta d'abord pas attention à la vague impression qui l'enveloppa à mesure qu'il remontait la rue – une brume parfumée, tiède et voluptueuse, comme une cuillère de miel. Imperceptiblement, son pas s'assouplit et son corps se détendit, réchauffé par un souffle de plus en plus généreux. Quelque chose l'avait touché au cœur, mais quoi ? Rabaud prêta l'oreille. Quelqu'un jouait du violon ! Un air lumineux et profane, langue mélodieuse et dissonante à la fois, qui lui évoqua le sanglot d'un ruisseau, les mains de sa mère et le sourire de Dieu. Il se laissa tomber sur un banc, face à la petite fenêtre d'où s'échappaient les notes. Le dernier accord lancé haut dans les airs, notre directeur, essoré par le plaisir, dépensa ses dernières forces à acclamer le génie inconnu : ce musicien serait son soliste ou le concert n'aurait pas lieu ! De chaque côté de la rue, des volets s'ouvrirent. On lui cria de fermer sa gueule. Y en avait qui travaillaient le lendemain ! Quelqu'un lui balança même un seau d'eau, qu'il esquiva de justesse. Rabaud griffonna à la va-vite un mot sur un papier, héla un taxi qu'il chargea de porter le message à la Ménagerie et, le cœur battant, toqua à la porte de l'immeuble.

CHAPITRE 53

Où plus c'est long, plus c'est long

À la Ménagerie, le message remis par le chauffeur de taxi n'eut pas l'effet escompté. Rose le trouva trop abscons pour être rassurant :

Tout arrangé. Concert de demain maintenu. Vous heureuse ?

En vertu de quel miracle de Noël le deltoïde de Julien Duval avait-il guéri ? Et, au cas où Rabaud eût déniché un remplaçant, comment celui-ci réussirait-il là où le duo nécessitait des mois de répétitions ? Lorsque Marguerite avisa la mine déconfite de sa fille, elle prit le taureau par les cornes : et que je te tartine une tranche de pain, et que je te bats un lait de poule arrosé d'une généreuse lampée de rhum.

— Quand on se noie dans le chagrin, on se remplit l'estomac, sans oublier de boire un coup.

— Mais Maman, je suis trop jeune !

— Tant mieux, ton chagrin n'a pas encore appris à surnager dans l'alcool !

Sur ce, elle flanqua la tartine et le verre dans les mains de sa fille.

— On croque tout ça, on boit cul sec, et au lit ! ordonna-t-elle.

La douceur de la confiture et du lait, combinée à l'action lénifiante du rhum, plongèrent l'adolescente dans un sommeil suave. Elle s'éveilla dès potron-minet, plus déterminée que jamais et, petite hoplite en chemise de nuit, sonna le branle-bas : le concert était à onze heures, qu'on se remuât et se mît sur son trente et un ! Audrain fut immédiatement sommé d'éradiquer cette *vilaine barbe*. Et Eugène de boucler sa ceinture un cran plus serré. Marguerite apparut en haut de l'escalier, moulée dans sa robe Jeanne Paquin – coupe près du corps, hanches au cordeau. Divine, elle était divine ! Pas peu fier de sa femme, Audrain lui offrit son bras et la troupe fit cap sur l'avenue Montaigne.

Rabaud attendait Rose entre deux pendrillons. Malgré la vodka et la nuit blanche qui avaient poché ses cernes, il était radieux. La rencontre entre Rose et le génie sauvage promettait d'être mémorable ! Bien sûr, la jeune fille voulut en savoir plus, mais le maître fit la sourde oreille. Qu'elle ne s'inquiétât donc pas ! Puis, planqué derrière le rideau, il épia les spectateurs qui remplissaient les rangs à vue d'œil. Il jubilait : ce serait le meilleur concert de l'histoire du théâtre des Champs-Élysées ! Une page d'anthologie ! Mais, les minutes défilant et son génie pointant toujours aux abonnés absents, il commença à jeter des coups d'œil désespérés vers l'entrée des artistes. Le jeune prodige s'était-il joué de lui ?

CHAPITRE 54

Où l'on voit trente-six chandelles

La veille pourtant, Rabaud avait eu l'impression que l'affaire était entendue – toutefois, il était rentré trop éméché pour être catégorique. Une chose était sûre : il avait bien toqué à la porte de l'immeuble, et on lui avait bien ouvert. À l'intérieur régnait un joyeux bordel. Il avait serré des mains et eu l'impression que personne ne parlait trop français. Malgré l'heure tardive, les convives l'avaient accueilli comme l'un des leurs. Des femmes lui avaient servi des cornichons aigres-doux accompagnés de galettes de pomme de terre, tandis que les hommes remplissaient son verre d'un liquide transparent, qu'on l'avait enjoint de boire d'une traite. À la première gorgée, sa glotte s'était rétractée ; à la dernière, il lui avait semblé qu'elle flottait carbonisée au fond de son gosier. Une quinte de toux, une bonne bourrade dans le dos, et quelques éclats de rire l'avaient ranimé.

Tout s'était corsé avec l'arrivée d'un géant qui lui avait tendu un deuxième verre. Pris d'une soudaine envie de mourir, notre bon directeur avait tenté de décliner l'offre, mais l'œil comminatoire du colosse l'en avait sitôt dissuadé. Rabaud avait alors docilement bu et, une nouvelle fois, s'était consumé. À moitié estourbi, il avait gravement tangué, titubé, avant de s'agripper in extremis à une chaise. Les convives avaient jeté leur verre par-dessus leur épaule en l'acclamant. L'amicale bourrade du colosse avait manqué achever Rabaud qui, cahin-caha, s'était enfin mis en quête du fameux violoniste.

— Le musicien, où est le musicien ? avait-il hasardé à la cantonade.

Croyant qu'il réclamait à boire, le géant aux joues rouges avait brandi une bouteille. Rabaud avait failli s'évanouir. Ses timides gestes de refus avaient ostensiblement été ignorés.

— *Polska wódka !* avait tonitrué le titan, en claquant le cul de la boutanche contre sa cuisse.

— Des Polaks ! s'était exclamé Rabaud. Moi, français, toi, polska ?

Le molosse avait viré du rouge au cramoisi.

— *Polacy są antysemitami !* avait-il craché, conspuant l'antisémitisme de ses congénères.

Avisant les sept branches d'un chandelier sur la commode, Rabaud avait tilté : ses hôtes étaient juifs ! Des juifs polonais, qui avaient dû fuir leur pays ! Et pas à cause du climat…

— Je vous prie de m'excuser, avait bredouillé Rabaud en désignant le candélabre, j'ignorais que vous fûtes israélites.

— *Menorah, menorah !* avaient répondu en chœur les convives.

Notre directeur n'étant pas venu discuter liturgie, il avait ridiculement mimé un violoniste. Un petit être s'était alors avancé. En dépit du fin duvet brun qui lui ourlait la bouche, un je-ne-sais-quoi de souverain émanait de sa personne.

— Bonjour, je m'appelle Haïm, avait murmuré l'adolescent. C'est mon père, avait-il ajouté en désignant un homme derrière lui.

— Isaac Papernick, s'était présenté celui-ci.

Henri Rabaud s'était présenté à son tour, avait sorti la partition de Bartók, et l'avait tendue à Haïm. Le jeune garçon l'avait examinée, avait opiné du chef, puis l'avait passée à son père, lequel l'avait passée à son oncle, qui l'avait passée à sa tante. En moins de temps qu'il n'en fallait pour souffler les bougies de Hanoucca, le livret avait circulé de main en main sous l'œil intrigué des convives. Accordéon, violon, alto et clarinette, les instruments avaient surgi de tous les coins de la pièce. Les premières notes avaient laissé Rabaud pantois. La version klezmer des *Danses roumaines* eût pu ébouriffer un chauve.

Le professeur avait ovationné ses hôtes, puis entraîné Haïm et Isaac dans un coin. Une femme s'était alors radinée, la bouche pincée.

— *Dowdah* Hannah, avait-elle proclamé.

Nul doute n'était possible, la ressemblance était trop nette : il s'agissait de la sœur d'Isaac. Et elle n'avait pas l'air engageant. Rabaud leur avait expliqué son affaire. Père et fils avaient opiné du chef, mais la tante n'avait pas quitté son air constipé. Tous trois avaient parlementé. In fine, Isaac s'était tourné vers Rabaud : c'était d'accord, Haïm jouerait le lendemain. Le directeur avait griffonné au dos de la partition l'itinéraire jusqu'au théâtre des Champs-Élysées. Avant de partir, il avait discrètement glissé un billet de banque entre les pages – histoire de décrisper la tante –, puis avait pris congé, le cœur en goguette, le foie en compote.

CHAPITRE 55

Où le public tient la chandelle

À dix minutes du récital, Rabaud envisageait la situation sous un angle nettement moins enthousiaste. Ses hôtes n'étaient toujours pas là, et il y avait de quoi mettre en doute, sinon leur sérieux, du moins leur ponctualité. Le directeur s'échauffait : ils allaient foutre en l'air le concert du siècle.

— Bande de clampins ! jura-t-il en poussant violemment la porte pour sortir prendre l'air.

On entendit alors un misérable *Aïe* : le battant venait de heurter le jeune Haïm qui, trop poli pour oser toquer, attendait depuis une heure dans le froid glacial. À moitié assommé, il eût atterri sur le trottoir si Isaac ne l'avait retenu.

— *Ben kélèv !* laissa échapper ce dernier, qui d'habitude était beaucoup plus courtois.

Notre directeur ne pipait heureusement pas un traître mot d'hébreu, et ce « fils de chien » lui passa au-dessus de la tête. Il eut beau s'aplatir en excuses, cela ne fit qu'attiser la colère d'Isaac Papernick : le matin, en feuilletant la partition, ce dernier avait découvert le billet. La moutarde lui était montée au nez. Ce foutu goy les prenait donc pour de vulgaires danseuses du ventre ! La musique était sacrée : payait-on les gens pour qu'ils respirassent ? Isaac agita le billet sous le nez de Rabaud avant de le lui fourrer dans sa poche de veste. Le directeur comprit sa bévue et demanda pardon, mais onze heures sonnaient, et il n'était plus temps pour la diplomatie. Plantant Isaac rouge de colère sur le trottoir, il entraîna Haïm à l'intérieur, attrapa Rose au vol et propulsa nos jeunes. Déjà le rideau se levait. Les deux musiciens attaquèrent les premières mesures sans même avoir eu le temps de se regarder.

Dès les premières notes du *Jocul cu bâtă*, les croches s'agrippèrent aux cheveux des spectateurs avec canaillerie. Les blanches du *Brâul* résonnèrent, alanguies, et lorsque frissonnèrent les staccatos de la *Poarga Românească*, l'on crut à des chuchotements complices après l'amour. Le corps d'Haïm répondait aux accords plaqués par Rose, et l'on eût aisément pu croire que ces deux-là se connaissaient depuis toujours. Les six mouvements furent si rondement menés qu'Haïm se permit même quelques variations bohèmes sur la fin. Rose, qui pourtant honnissait toute forme d'improvisation, trouva la broderie si gaie qu'elle en oublia de vérifier le chronomètre – il indiquait quatre minutes et trois secondes, pas une de plus. Mais à cet instant les pendules étaient le cadet de ses soucis : son cœur battait une mesure bien plus folle depuis qu'Haïm avait pris sa main pour saluer le public. Levant les yeux, elle reçut le coup de grâce : le violoniste était le plus touchant des garçons. Force et faiblesse, expérience et jeunesse, un parfait mystère de beauté talmudique. Le public scandait, *Bis, bis, bis !* Rose lança un regard éploré à Rabaud.

— Carte blanche à vous mes enfants ! Que les elfes de Purcell fassent dans leur justaucorps !

Puis il disparut dans les coulisses. Rose passa en revue tous les noms de compositeurs qu'elle connaissait, mais rien ne lui vint : le jeune homme avait dynamité son panthéon. Déchaîné, le public hurlait, *Une autre ! Une autre !*, et faisait trembler le parquet de la scène. Haïm posa une main sur le cœur de Rose. Qu'elle le suive et tout irait bien.

De mémoire de spectateur, jamais on n'avait entendu final aussi sensible. La pianiste festonna les rondes comme des fourrures, piqua les croches en cristal, tandis que les doigts du violoniste enfantaient des arpèges végétaux. Ces deux-là y mirent tant de ferveur qu'Haïm cassa une corde lors de son ultime pizzicato. Des trombes d'applaudissements y répondirent. Les deux adolescents ne pouvaient plus bouger, totalement étourdis. Quand le rideau tomba, Rose voulut dire quelque chose, remercier son partenaire, mais resta bouche bée, stupide et amoureuse. Haïm n'avait pas l'air moins bécasson. Au même moment, Isaac déboula sur scène et empoigna son fils : ils ne se compromettraient pas une minute de plus dans ce lieu de perdition. Le jouvenceau eut tout juste le temps de jeter un regard éploré à Rose et de lui tendre sa corde brisée, avant de s'évaporer dans la foule.

CHAPITRE 56

Où l'on se suicide à bout portant

Sitôt l'amour entré par effraction dans l'existence de Rose, sitôt elle en connut les tourments. Car hélas, l'histoire allait tenir Haïm éloigné d'elle de longues années durant. Du concert ne subsisteraient que les battements du cœur de la jeune fille – et cette corde cassée, misérable métaphore de leur amour.

Deux semaines plus tard, un événement occulta tout le reste. Le 8 janvier 1934, on retrouva *le beau Sacha* raide mort dans son chalet de Chamonix. *Le Canard enchaîné* titra : « Stavisky se suicide d'un coup de revolver qui lui a été tiré à bout portant. » L'affaire était claire : on avait tué le bonhomme pour étouffer un scandale. Quel que fût le bras criminel, nos amis de la Ménagerie sabrèrent le champagne. Eugène défendait la thèse du meurtre commandité par la clique de Chautemps, le président du Conseil :

— Je mets ma main à couper que cette cloche de Pressard est trempée dans l'affaire !

— Qui est ce Pressard ? demanda Rose, peu versée dans la politique.

— Pressard ? Un sacré couillon ! Figure-toi que ce mufle m'a reproché de mettre des câpres plutôt que des cornichons dans ma sauce gribiche ! *C'est vous le cornichon*, que je lui ai balancé. Depuis, ce procureur de mes deux raconte à qui veut l'entendre que je suis une tête de veau. Monsieur se croit tout permis parce qu'il est le beau-frère de Chautemps. C'est à cause de lui si le procès de Stavisky a tant lambiné…

— Il aurait cherché à sauver la peau des amis de son beau-frère ? hasarda la gamine qui n'était pas sotte.

— Ou le beau-frère lui-même, suggéra Érasme, depuis son panier.

Audrain n'était pas d'accord, le cuisinier voyait des complots partout. Il s'agissait d'un vulgaire règlement de comptes : des bandes rivales, un mot plus haut que l'autre et, hop, on sortait la sulfateuse.

— Les faits, mon cher ami, il faut observer les faits ! répétait doctement notre scientifique.

Marguerite refusa de se lancer dans la moindre conjecture, se contentant de rappeler que la mort de l'escroc ne constituait pas une raison suffisante pour toucher au magot. Il y avait toutefois une bonne nouvelle : Stavisky au fond du trou, on allait pouvoir entreprendre une action en justice afin de récupérer les Trois Frères.

Sur ce, la belle enfila son manteau pour mettre Albert Prince sur le coup. Las, Marguerite eut beau harceler la secrétaire du capitaine, celui-ci n'avait pas une minute à lui consacrer. Le Tout-Paris trempait dans l'affaire Stavisky. On disait d'ailleurs le cabinet Chautemps à deux doigts de sauter. Alors la petite dame était bien gentille, mais pour son histoire de restaurant, elle allait devoir patienter. Dépitée, notre héroïne tourna les talons. De retour à la Ménagerie, elle partagea ses craintes avec Eugène, qui opina du chef :

— Quand ça pue, on voit toujours rappliquer ces mouches à merde de l'Action française…

Dans le mille. La gauche au bord du précipice, Maurras buvait du petit-lait. Lorsque Jean Chiappe, préfet de police, fut limogé pour avoir grenouillé avec Stavisky, les trublions nationalistes saisirent l'occasion et mirent le feu aux poudres. Ils placardèrent des appels à manifester et multiplièrent les insinuations xénophobes et antimaçonniques. Des émeutes d'une violence inouïe éclatèrent. La secrétaire d'Albert Prince ne répondait même plus au téléphone.

Marguerite ne s'avoua pas vaincue pour autant. Un petit matin, elle se posta en face du Palais de Justice, serrant contre elle un épais dossier dans lequel elle avait consigné tous les détails de leur affaire. Le capitaine finit par apparaître, rasant les murs, accroché à la poignée de sa mallette. Quand Marguerite sortit de l'ombre, il poussa un cri :

— Bon sang, qu'est-ce que vous fabriquez là ? Vous m'avez fichu une de ces trouilles !

Marguerite s'excusa et lui présenta sa requête ; l'inspecteur attrapa le dossier et promit d'y jeter un œil :

— Mais patience : en plus d'extorquer de l'argent public, ces salauds me volent mon temps.

Au moment d'entrer dans l'enceinte du Palais, Albert Prince se retourna. Il fallait être sur ses gardes, on avait la gâchette facile ces derniers jours. Conseil on ne peut plus prophétique : le 20 février, on retrouva son corps déchiqueté, attaché aux rails du kilomètre 311 de la voie ferrée Paris-Dijon. À proximité, sa mallette ouverte et vide.

Marguerite s'évanouit quand elle apprit la nouvelle.

CHAPITRE 57

Où il est parfois préférable de rater son train

Revenue à elle, notre héroïne se rua sur le kiosque à journaux pour en apprendre davantage. Les détails de l'affaire Prince étaient sordides. Le 20 février, le train de messagerie 4805 en provenance de Paris était arrivé à 21 heures au dépôt de Perrigny-lès-Dijon. Sur une traverse, le mécanicien avait remarqué d'étranges débris ; l'effroi avait succédé à l'étonnement quand il avait fini par les identifier comme des restes humains. Les recherches le long de la voie ferrée avaient mené la maréchaussée à la découverte d'un cadavre. Malgré ses jambes entravées par une corde, nonobstant le mystérieux coup de fil qui avait poussé le capitaine à partir – un inconnu l'avait appelé au chevet de sa mère soi-disant mourante, alors qu'elle se portait comme un charme –, et au mépris des témoins qui, à Dijon, avaient vu la victime se débattre à l'arrière d'une voiture, la police retint la thèse du suicide.

Marguerite s'alarma : ceux qui avaient dérobé le contenu de la mallette avaient peut-être mis la main sur son dossier – et personne ne savait ce dont ils étaient capables. La décision fut prise : on quitterait Paris toutes affaires cessantes. Les Mûriers seraient un repli idéal. Audrain démissionnerait pendant qu'elle bouclerait les valises. Mieux valait se faire oublier.

Au moment de rassembler les bagages, Marguerite découvrit Rose assise sur son lit, ses vêtements éparpillés autour d'elle. Avant que sa mère ne pût ouvrir la bouche, la jeune fille l'affirma le plus posément du monde : elle ne quitterait pas la capitale. On l'exhorta, se mit en colère, chercha à la comprendre.

La petite s'obstina.

CHAPITRE 58

Où Paris n'est pas si petit
pour ceux qui s'aiment

Le soir, sous les caresses de Marguerite, l'adolescente avoua tout : elle était amoureuse. Follement. D'*Haïm Papernick*, épela-t-elle en fermant à demi les yeux. Et elle raconta à sa mère ses vaines recherches pour le retrouver.

Le lendemain du concert, elle avait couru jusqu'au Conservatoire, supposant que le jeune violoniste – qu'elle savait ne pas être un élève de Rabaud – fréquentait le cours de Mademoiselle Bonaldi. Elle avait passé les couloirs en revue, interrogé les apprentis musiciens, personne ne connaissait son bel inconnu.

L'adolescente avait alors sillonné le Pletzl, écumé les synagogues, les écoles de musique, les lycées, jusqu'à errer à l'aveuglette dans Paris. La famille Papernick semblait s'être volatilisée. Prétextant avoir une corde à rendre au jeune soliste, elle avait sollicité son maître.

— Figurez-vous qu'en faisant du ménage, ma

mère est tombée sur ceci. Elle appartient à Haïm Papernick…

— Eh bien ? avait distraitement demandé Rabaud.

— Eh bien, je voudrais la lui rendre.

— Une corde cassée ?

— C'est la sienne…

— Laissez-la moi, je la lui déposerai à l'occasion…

— C'est que je préférerais la lui remettre personnellement…

— Personnellement ?

Le maître avait relevé un sourcil. Rose avait puisé dans ses réserves de candeur :

— Votre temps est plus précieux que le mien, avait-elle feint de concéder.

L'argument avait fait mouche. Rabaud s'était ravisé. Effectivement, il avait d'autres chats à fouetter. Mais… C'est que sa mémoire lui jouait des tours. Il ne se souvenait plus de l'adresse exacte. C'était vers la Contrescarpe, rue Lacépè… Rose l'avait déjà abandonné et fonçait vers le Quartier latin. Elle avait méthodiquement toqué à tous les numéros de la rue Lacépède, *Je cherche un certain Haïm Papernick, un jeune violoniste.* L'accueil avait été pour le moins contrasté.

— Ce n'est pas un quartier de saltimbanques, mademoiselle ! avait claironné une pimbêche avant de lui claquer sa porte au nez.

— Il n'y a jamais eu de Paprika ici ! avait répondu une vieille en tendant son cornet.

Un peu plus loin, un groupe de mémères

cancanait sur un banc. Elles se souvenaient vaguement de mélodies exotiques, entendues à la faveur de coups de vent, mais cela faisait quelques jours que les courants d'air ne soulevaient plus que des feuilles mortes.

Désespérée, Rose avait écrasé son doigt sur la dernière sonnette en haut de la rue. Une femme au visage sinistre s'était penchée à la fenêtre du premier. À peine la petite avait-elle mentionné le prénom d'Haïm que la mégère s'était renfrognée.

— Ne me parlez pas de ces youpins ! Ils ont déguerpi ! Bon débarras ! On en avait assez de leur musique de youtres ! Si le cœur vous en dit, fouillez les poubelles, c'est là qu'on débusque les rats !

À la fin du récit de sa fille, le ventre de Marguerite se contracta. Comment pouvait-elle laisser sa petite dans un climat aussi sordide ? L'antisémitisme rampait, et défigurait cette ville qu'elle aimait au moins autant que les Mûriers. Rose endormie, elle rejoignit Audrain pour lui faire part de la situation et trouver une solution.

Eugène finit par s'interposer.

— C'est tout vu, je reste avec Rose.

Sa vie était là, nulle part ailleurs. N'était-il pas né à Paris ? N'y avait-il pas appris la cuisine ? Connu le succès ? C'est là qu'il mourrait. Il s'installerait avec la gamine loin du cinquième arrondissement, aux Batignolles ou à Belleville. Et grâce à sa part du magot, il achèterait un établissement discret, y concocterait une cuisine tout ce qu'il y a de familial. Rose continuerait à suivre ses cours au Conservatoire et à mener ses recherches à travers la capitale – son oiseau rare finirait bien par réapparaître. Les deux parents se regardèrent indécis. N'avaient-ils pas, à leur époque, été trop longtemps séparés l'un de l'autre ? Érasme balaya les dernières réticences de Marguerite :

— Moi non plus je ne partirai pas. Et veillerai sur Rose. Même si l'envie ne me manque pas de retourner courir le guilledou aux Mûriers. Seulement, c'est bien la pire folie que de rester sage dans un monde de fous !

Le lendemain, Marguerite glissa un portrait de Rose dans sa boîte rouge et se répandit en pleurs.

Elle étreignit l'adolescente sur le marchepied du wagon, respira longuement ses joues fraîches, son cou. Elle n'eût jamais lâché sa fille si le chef de gare et le train, s'ébrouant, ne les avaient séparées.

PARTIE III

*Ce sont [les Grecs] qui nous ont légué
un des plus beaux mots de notre langue,
le mot « enthousiasme »
– du grec « en théo », un Dieu intérieur.*

Louis Pasteur,

*DISCOURS DE RÉCEPTION
À L'ACADÉMIE FRANÇAISE,*
LE 27 AVRIL 1882

$$i\hbar \frac{\partial \Psi(t, \vec{r})}{\partial t} = -\frac{\hbar^2}{2m} \Delta \Psi(t, \vec{r}) + V(\vec{r})\Psi(t, \vec{r})$$

ÉQUATION DE SCHRÖDINGER

CHAPITRE 1

Où l'on apprend ce qu'est
un Fox Moth

(1936)

Deux ans s'étaient écoulés depuis ce Paris-Nîmes qui avait arraché toutes les larmes de son corps à Marguerite. Jacques l'avait à peine reconnue tant les pleurs avaient bouffi le visage de sa sœur. Heureusement, une bouteille d'Aïthops Oinos les attendait aux Mûriers, une cuvée exceptionnelle, digne, sinon de consoler, du moins d'adoucir le chagrin.

Contrairement à sa femme, Audrain avait traversé cette période gonflé d'allégresse. Dès son arrivée, il s'était appuyé sur son beau-frère pour fignoler les plans de son aéroplane. Jacques avait ensuite commencé à découper les tôles, puis à serrer les premiers boulons. Certes, le mécano s'en mettait toujours plein le cornet, mais il restait le roi de la chignole : lorsqu'il brossait les carènes, on eût dit qu'il câlinait une galante, et quand il appliquait les dégrippants, son geste avait la douceur d'une mère qui talque son marmot. Comme il le bichonnait, son bébé de métal ! À ses yeux, ainsi qu'à ceux d'Audrain, aucun investissement n'était trop beau, et une bonne partie du butin y était passée…

Pour le fuselage, Jacques s'était inspiré du DH.83 Fox Moth, nouveau modèle. Le biplan venait d'acheminer Guy Hansez de la Belgique au Congo en un temps record. *Quatre jours !* répétait Jacques, *Quatre jours pour relier Anvers à Léopoldville ! Un exploit !* Il entendait bien construire un engin aussi performant. Quelques mois lui avaient suffi pour assembler le moteur hennissant de cent quarante-cinq chevaux, pour fraiser la carlingue en ogive et sculpter l'hélice dans le tronc du plus gros des mûriers, malgré les cris d'orfraie d'Églantine, qui désapprouvait formellement qu'on coupât un arbre :

— Les plantes poussent dans la terre, pas pour déchirer le ciel !

Les premières tentatives d'Audrain aux manettes avaient cependant ragaillardi la vieille femme : les embardées catastrophiques de son gendre – qui ne parvenait jamais à décoller – lui avaient arraché de dantesques éclats de rire. Un pli était en revanche apparu sur le front de Marguerite. Cette affaire l'inquiétait au point qu'une nuit, peinant à trouver le sommeil, elle était descendue à l'atelier, une cognée à la main, avec la ferme intention de saborder l'engin. Mais au moment d'abattre la hache, elle avait aperçu les fenêtres de la cabine. Deux grands yeux implorants. Elle s'était alors assise par terre et avait pleuré. Détruire l'aéroplane, c'était anéantir d'un même coup le rêve de son mari et le chef-d'œuvre de son frère. Ce jour-là, elle avait appris qu'aimer, c'était aussi laisser dérailler.

Ainsi lui fallut-il applaudir les démarrages suivants, acclamer les embryons de décollage, et ovationner ce qu'Audrain se piqua d'appeler *un atterrissage en beaut*é – une série de piètres ricochets qui finirent dans la mare aux canards. Intérieurement, Marguerite se réjouissait : le grand départ n'était pas pour le lendemain. Toutefois, au terme de longs mois de tribulations, Audrain avait fait de tels progrès qu'il pouvait prétendre au titre de pilote. Et, au printemps 1937, malgré des adieux déchirants avec sa femme, il s'envola pour les tropiques. Quand l'avion disparut dans le ciel, la poitrine de Marguerite se craquela. Vingt-sept ans après leur première rencontre, et nonobstant les excentricités de son époux, son cœur battait encore pour lui comme le double myocarde d'une girafe.

CHAPITRE 2

Où la paupiette est à la vedette

Ce jour-là, Marguerite tournicota un long moment dans le jardin, arracha une mauvaise herbe ici, redressa un tuteur là, puis parcourut du regard les vignes et les pierres sèches. Tout était si paisible, si lumineux, pourtant, rien ne la rassérénait. Au creux de son ventre, l'absence de son mari forait un vide insupportable. Notre héroïne s'élança alors vers la maison, où elle enfouit son nez dans le panier de linge sale, respira à plein poumons les chemises d'Audrain, s'emplit de ce léger mélange de cèdre et de transpiration. Cela, elle ne le laisserait pas s'échapper.

Dès le lendemain – et en dépit du bon sens –, elle fit le pied de grue devant la boîte aux lettres. Elle attendit une heure, deux heures, des lustres. Non loin, Églantine musardait en chantonnant, *Le facteur n'est pas passé, il ne passera jamais. Lundi, mardi...* À la fin de l'après-midi, Marguerite crut devenir folle. Il fallait agir, occuper ses doigts, sa tête, n'importe quoi, mais sortir cette épine de son cœur. Elle attrapa le sécateur et s'enfonça dans les travées de la vigne où, à grands coups de gestes secs, elle tailla au vert – trois bourgeons, *clac*, trois autres, *clac* –, pinça les gourmands, *clac*, épampra, *clac*, la nuque rôtie par le soleil, les muscles tendus sous l'effort. Le soir, vidée, elle s'installa devant son secrétaire pour écrire à Rose. Désireuse qu'aucune inquiétude ne transparût dans sa lettre, elle emprunta un ton enjoué, *Le voilà enfin parti ! Ce n'est pas trop tôt !*

Quand sa fille découvrit les premières lignes, elle ne fut pas dupe. L'excès de légèreté trahissait le profond désarroi de sa mère. La jeune femme leva les yeux vers la fenêtre : le gris des nuages, le ciel étréci, les coulures de pluie sur la vitre, toute cette maussaderie lui pesa soudain insupportablement. Elle aurait donné cher pour être aux Mûriers. Au lieu de quoi, elle courait après un fantôme dont, certains soirs, elle commençait à douter de l'existence.

Trois années déjà qu'elle arpentait Paris à la recherche d'Haïm. Trois années qu'elle luttait contre ce profond sentiment de défaite. Certes il y avait Eugène, qui veillait sur elle comme un père, mais depuis peu, le succès de son nouveau restaurant, à deux pas du canal de l'Ourcq, le dépassait tellement qu'il n'avait plus une minute à consacrer à sa *Chéribibi*. L'ancienne aumônerie reconvertie en cantine ne désemplissait pas. Le cuistot n'avait pourtant pas cherché les honneurs. Ses menus familiaux se voulaient modestes et discrets. Seulement, ses paupiettes aux épinards faisaient un tabac : le croustillant de la barde de lard contrastait avec la tendreté du veau, enveloppait la farce mieux qu'un papier cadeau, et quand on atteignait le cœur, les arômes de garrigue – laurier, origan – vous émouvaient si joliment la glotte que pour trois francs six sous on approchait, sinon le paradis, du moins la Provence. Les ouvriers des chantiers du coin ne s'y étaient pas trompés. Frère Toque était devenu leur cambuse. Le bouche-à-oreille avait tant et si bien essaimé que, le soir, les cols blancs venaient volontiers s'encanailler autour d'une andouillette tout en dégustant cet incroyable vin du Gard qu'on ne trouvait nulle part ailleurs. Rose se félicitait de cette bonne fortune, mais se sentait ô combien seule. Les petits plats que lui mitonnait le chef regorgeaient de tendresse, las, un gratin dauphinois ne remplace pas le giron d'une mère.

Après avoir replié la lettre, la jeune fille descendit au rez-de-chaussée et s'assit au piano. L'adagio inonda la pièce de notes déchirantes, qui gagnèrent les cuisines pour s'enrouler en volutes tragiques aux fumées du lapin chasseur. Eugène leva la tête de ses fourneaux et glissa un regard par le passe-plat. La mine abattue de sa protégée le conforta dans ses craintes : l'heure était grave. Ni une ni deux, il tourna les gaz et ferma le capot du Steinway. Que la gamine grimpât enfiler sa plus belle tenue !

— Et que ça saute, Chéribibi !

Érasme haussa une paupière intéressée : ça fleurait la goguette à plein museau ou il ne s'y connaissait pas. Équipés de bottes et d'un parapluie, on courut héler un taxi sous la pluie battante.

— 43 bis, avenue Pierre-Ier-de-Serbie ! clama Eugène.

CHAPITRE 3
ou l'effet bœuf

L'automobile s'arrêta le long du trottoir en arrosant les piétons d'une gerbe d'eau. Rose profita qu'Eugène réglât la course pour lire l'enseigne : Le Bœuf sur le Toit. Elle connaissait l'établissement pour sa réputation interlope et se cabra un peu. Mais déjà le cuistot la boutait hors du taxi et l'entraînait dans un vestibule enfumé. Un jeune homme les débarrassa de leurs effets et les conduisit dans la salle principale. De partout des rires – folâtres, ivres, jouisseurs, hystériques, sexuels. De partout des coiffures – exubérantes, farfelues, joyeuses –, des cambrures, des échancrures – toutes insolentes. Rose faillit s'étouffer. Et ces rythmes syncopés, quelle horreur ! Modelées par le Conservatoire, les oreilles de la jeune fille saignaient. Elle se retourna vers le cuisinier pour le supplier de décamper au plus vite : en un clin d'œil il avait disparu, embrassant la barmaid par-dessus le comptoir – ce qui relevait de l'exploit tant les mamelles de celle-ci rivalisaient de volume avec le ventre de celui-là. Rose se fraya un passage dans la foule, évita les décolletés opulents, les verres à ras bord, et s'enfonça de mauvais gré dans les brumes d'alcool et de cigarettes. Érasme – qui lampait quelques gouttes de whisky sous une table – rit de la voir si raide au milieu de ce pétulant bazar. Tout juste avait-elle atteint le bar que Coco écrasa sa bouche peinturlurée de rouge sur la joue du tendron, qui se fendit d'un sourire poli. La tenancière était trop fine psychologue pour s'y tromper : il fallait redonner du baume au cœur à cette demoiselle. Un grand bol de chocolat mousseux y réussirait à merveille : le cacao rassurerait l'enfant, pendant que la secrète lichette de rhum décrisperait la femme en puissance. Les mélanges de Coco, racontait-on dans tout Paris, faisaient des miracles.

En effet, l'eau-de-vie ne tarda pas à mollir l'esprit de Rose, qui grimpa sur un tabouret et laissa son regard divaguer à travers l'épaisse fumée. Tout flottait, flou, cotonneux. Même le jazz endiablé du big band lui parut incroyablement doux, *To dou di dou*. Imperceptiblement, elle se mit à fredonner, *Tou dou di dou*. Ses bras devinrent chewing-gum, son corps gélatine, et bientôt elle coula sa voix dans les contretemps, souple, élastique. Depuis sa banquette, Érasme l'observait en douce pianoter sur le comptoir, swing, after beat. Alors, il sourit comme seuls les chats savent sourire – et pas que dans les contes.

Rose passa la nuit à écouter les musiciens qui se succédèrent sur l'estrade. Elle ne comprit pas tout, décrocha parfois, mais toujours fut rattrapée par un détail insolite – un demi-ton en dessous, un riff entêtant –, sentant confusément qu'elle venait de découvrir, dans les quelques mètres carrés de ce cabaret, un vaste continent.

Elle revint la semaine suivante, chaperonnée par Érasme. S'assit sur le même tabouret, s'accouda devant la même tasse, battit la mesure devant les mêmes jazzmen. Idem la semaine d'après. Coco finit par l'appeler sa *spectatrice clandestine*. Et puis un soir, encouragée par le chocolat au rhum que la barmaid avait un chouïa trop dosé, Rose osa s'asseoir au piano sous *L'Œil*

cacodylate de Picabia. Aux dires des pisse-vinaigre
– il en est fatalement pour chicaner –, son premier essai se révéla quelque peu guindé. Mais
les vieux de la vieille opinèrent du chef en claquant des doigts. À eux, on ne la faisait pas :
cette gamine avait la pulsation dans le sang.

À défaut d'être un véritable port d'attache, Le
Bœuf sur le Toit devint pour elle une crique. Rose
excellait dans le répertoire classique la journée,
et flirtait le soir avec le déséquilibre, poussant
à chaque fois plus loin le vertige des syncopes.
Elle joua aux côtés des plus grands – Clément
Doucet, Darius Milhaud. À ses yeux néanmoins,
aucun n'égala jamais Haïm. Un presque rien de
trop, un je-ne-sais-quoi de pas assez gâchaient
immanquablement leurs prouesses, car un jour
elle avait connu la simplicité de la perfection.

CHAPITRE 4

Où la beauté du cocotier ne fait pas
le poète

Pendant que Rose ne parvenait pas à oublier
Haïm, tout rappelait son époux à Marguerite. Ici
la trace de ses lèvres sur un verre abandonné,
là une vieille chaussette. Un après-midi, en se
promenant dans les bois, elle tomba sur les ini-
tiales de leurs prénoms, qu'elle avait gravées

dans l'écorce d'un peuplier après leur rencontre. Le temps avait boursouflé le A et le M, mais on reconnaissait le cœur qui les entourait, transpercé d'une flèche. Marguerite s'assit au pied de l'arbre et sortit de sa poche les missives qu'Audrain lui envoyait à chaque étape – Brindisi, Le Caire – et qu'elle conservait toujours sur elle. Elle caressa le papier, le respira comme elle se serait emplie de l'odeur de son époux, cherchant la douceur de sa peau derrière la cellulose. Quand elle rentra, une surprise l'attendait dans la boîte aux lettres. Une nouvelle enveloppe ! Estampillée Dahlak Kebir !

Marguerite courut la décacheter dans sa chambre. Dès le préambule, elle reconnut l'engouement du jeune homme qu'Audrain avait été. Son style enflait tout : les récifs coralliens devenaient des *guipures de sable*, les innombrables points d'exclamation jaillissaient en harpons hors de l'eau. À grand renfort de tropes, Audrain décrivait les plages de sable fin, les cocotiers, les ciels immenses, le sel au bord des lèvres, les étoiles nouvelles, les racines des mangroves. De termites albinos, il n'était en revanche plus question : notre scientifique avait, semblait-il, perdu de vue le but de son expédition. Marguerite posa la lettre sur son secrétaire, observa à travers la fenêtre les feuilles des mûriers trembler dans le vent. Une éternité qu'Audrain leur rebattait les oreilles avec cette foutue maladie, et maintenant qu'il avait une colonie de bestioles achromiques sous le coude, il poétisait à tout-va sous les tropiques ! Elle éclata de rire. Aurait-elle aimé que son mari fût autre ?

Sa bonne humeur lui donna l'énergie d'enfin se remettre au travail. Et du boulot, elle en avait par-dessus la tête : entre l'aéroplane et la réfection de la toiture, le pactole avait fondu comme glacier au soleil. Il était temps que Marguerite replongeât son nez dans la comptabilité.

CHAPITRE 5

Où l'on s'endort à la belle étoile

Dès lors, elle se consacra à redresser la trésorerie, vendangea, tailla les vignes. Quand elle avait un petit moment, elle s'asseyait à son bureau en noyer et poursuivait sa correspondance avec Audrain. Leur vie de couple continuait, de lettre en lettre, comme une conversation en pointillé. Marguerite s'en accommodait.

Pour autant, à l'automne 1938, lorsqu'un télex arriva, l'absence de son mari se fit cruellement sentir. Rose suppliait sa mère de l'appeler au plus vite. Marguerite sauta dans la Martinette et fonça au café du Commerce – le seul à être équipé d'un téléphone. Novice dans l'art du créneau, elle faillit emboutir le tracteur du fils Malbec, qui ironisa en la voyant entrer :

— Femme au volant, mort au tournant. Dans le fossé, danger écarté…

Elle feignit de ne pas l'entendre et se jeta sur le combiné. Rose décrocha immédiatement – ses sanglots étouffaient le flot de ses paroles. Marguerite la somma de se calmer, d'inspirer et d'expirer profondément. La jeune fille put commencer son récit.

La veille, comme à l'accoutumée, la salle de Frère Toque était comble. Entre deux services, on avait vu débarquer un inconnu – seul, costume trois-pièces, calepin en main.

— Fulgence de Zélicourt, avait annoncé le bonhomme. Qu'on me serve le plat du jour dans les plus brefs délais, avait-il sèchement commandé en dépliant sa serviette.

Le type puait l'inspecteur du Guide rouge à plein nez. Tordu d'angoisse, Eugène s'était réfugié dans les cuisines en bafouillant, *Où diable dénicher du homard et de la poularde de Bresse à cette heure ?* Et il avait couru à droite, à gauche, sans queue ni tête. Rose l'avait retrouvé dans le garde-manger, ânonnant la liste des ingrédients qui lui manquaient : curcuma, morilles, rates, poivre du Sichuan… Elle l'avait secoué. Bon sang, il devait se reprendre ! Qu'avait-il mitonné pour Dugonnet, le plâtrier du coin ? Et pour Martinez, le terrassier ? De la truffe ? Du caviar ? Non. Elle avait alors levé l'index sous le nez du cuisinier : l'arrière-train de Fulgence de Machinchose embaumait-il au point qu'il eût envie de le lui lécher ? Eugène allait protester quand la gamine lui avait flanqué la marmite de blanquette entre les mains et une tape sur les fesses.

Cinq minutes plus tard, l'inspecteur plongeait sa cuillère dans l'assiette. À peine avait-il humé la sauce qu'il avait tressailli. Le beurre d'Isigny-Sainte-Mère fleurait bon sa Normandie natale et la crème lui rappelait les vaches broutant l'herbe grasse des prés. Quant aux morceaux d'épaule, ils fondaient littéralement sous la langue. Bercé par la douceur de l'oignon et du persil, le critique avait vu flotter le visage bienveillant de sa nourrice, tendre femme qu'il avait aimée plus que sa mère. Le Saint-Honoré avait achevé de le convaincre, si bien que, faisant fi de son devoir de réserve, Fulgence de Zélicourt avait chaleureusement serré la main du cuisinier.

— Pour m'avoir fait voyager dans le temps, vous convolerez vers les étoiles, avait-il glissé, avant de s'en aller.

Le vieux maître-queux avait rougi comme une pucelle. Rose avait alors fait sauter un bouchon de champagne, et l'on s'était réjoui jusque fort tard.

Un méchant courant d'air avait réveillé la jeune fille en pleine nuit. Guidée par le froid, elle s'était retrouvée devant la porte d'Eugène. Un souffle glacial s'échappait du jour sous le bois. Rose avait toqué. Aucune réponse. Alors elle s'était résolue à entrer. Le haut du crâne d'Eugène dépassait du fauteuil placé face à la fenêtre. Grande ouverte. Le vieil homme scrutait le ciel à la recherche de l'étoile qui veillerait désormais sur son restaurant. La demoiselle avait plaisanté. Elle n'imaginait pas son vieil ami si sensible aux décorations. Comme il ne réagissait pas, elle s'était jetée à ses pieds, avait pris ses mains dans les siennes. Pour les relâcher illico : le corps d'Eugène était aussi froid qu'un hiver sans lendemain.

CHAPITRE 6

Où Fernand n'a pas été victime d'un simple accident

Au bout du fil, les sanglots de Rose avaient repris. Derrière, Marguerite pouvait entendre, plus pathétiques encore, les miaulements d'Érasme. Sous le coup de la douleur, elle s'effondra. Le fils Malbec ricana bêtement :

— Tombera pas plus bas.

La patronne le chapitra vertement : il devait être sacrément malheureux pour se montrer si méchant ! Ou avoir un sérieux béguin pour la proprio des Mûriers, ajouta-t-elle en avançant le menton. Malbec glaviota par terre. Plutôt baiser une guenon. S'il n'avait été aussi fruste, le type eût volontiers admis qu'il en avait toujours pincé pour Marguerite. Seulement, il était plus confit de fierté qu'un fruit de sucre.

Trente ans en arrière, pourtant, il n'aurait pas craché sur la belle. Il tremblait même à l'idée de l'aborder. Des semaines qu'il passait et repassait devant les Mûriers, droit comme un I sur son tracteur, à se répéter par-devers lui, *Qu'elle est jolie cette jeunette ! Et des terres avec ça !* Le paternel n'aurait rien eu contre un mariage. Alors, le fils Malbec avait joué le tout pour le tout. Au retour de la gamine – après qu'elle eut visité Paris pour la première fois de sa vie –, il s'était mis sur son trente et un, avait pris son courage à deux mains et le chemin des Mûriers. Il avait surpris Marguerite en train de graver il ne savait quoi sur le tronc d'un peuplier, resplendissante comme un matin d'été. Timidement, il lui avait conté fleurette. Hélas, la demoiselle ne l'écoutait pas. Pire, elle bâillait, le regard ostensiblement porté ailleurs. Vaille que vaille, le fils Malbec ne s'était pas démonté et avait fini par lui demander sa main. La jeune fille avait levé un œil las sur lui :

— Savez-vous combien de cœur il faut à deux girafes pour s'aimer ?

Mal dégrossi, le petit paysan n'avait pas réfléchi.

— Deux, avait-il répondu du tac au tac.

Marguerite avait soupiré sans juger bon de lui donner la réponse. Puis elle s'était redressée, avait épousseté sa robe et l'avait laissé là, brisé au milieu des jonquilles. La bile avait alors colonisé la poitrine du garçon, son ventre, son esprit. Dès lors, tous ses ressentiments s'étaient retournés contre Marguerite. Avait-il un rhume ? C'était à cause d'elle. Sa production était mauvaise ? L'ingrate lui avait ôté le cœur à l'ouvrage. Son amertume s'était rapidement étendue à tous les membres de la famille Aghulon. Le fils Malbec aurait aimé les voir crever, la gueule ouverte dans le caniveau. D'ailleurs, il ne s'était pas gêné : un jour où il avait aperçu Fernand dans le rétroviseur, il avait enclenché la marche arrière en un tournemain. Un temps, il avait joui de son crime, mais la rancœur avait eu tôt fait de reprendre le dessus. Loin d'avoir lavé la blessure d'antan, son forfait dilatait le vide à côté de lui dans le lit.

CHAPITRE 7

Où l'on n'a pas attendu François Valéry pour s'aimer vivants

La famille au complet se rendit à Paris pour l'enterrement d'Eugène. On eût préféré qu'il fût mis en terre auprès de ses frères, hélas les corps n'avaient jamais été retrouvés dans les boues de la Marne. De tous les cimetières de la capitale, le Père-Lachaise leur parut le plus accueillant. Au XIIᵉ siècle, la colline avait été cultivée par les manants de l'évêque de Paris, qui y possédait ses vignes et son pressoir. Ainsi Eugène reposerait-il en paix parmi les ceps ancestraux, à l'ombre des érables et des frênes. Leurs essences se mêleraient à celles des acacias et des robiniers pour lui offrir, en guise de demeure éternelle, un berceau de parfums.

Le 6 novembre 1938, chacun fit ses adieux au maître-queux. Marguerite serra fébrilement la clef de feu les Trois Frères au fond de sa poche, puis posa sa main tremblante sur le cercueil. Mais il fallait lui faire honneur, à lui, l'ogre, le rouspéteur, fils de Bacchus et prince des jouisseurs. Le soir, on ripailla donc comme Eugène l'eût voulu et but jusqu'à la soûlerie ; enfin les rires séchèrent les pleurs. La nuit déjà bien entamée, Érasme déclara qu'une visite au Bœuf sur le Toit s'imposait. Marguerite et Rose ne purent refuser : leur ami vivant, on y serait déjà. Restait à savoir ce qu'on ferait d'Églantine : à Paris, sa folie décuplait – elle confondait Jacques avec Barthélémy, refusait de monter dans le moindre taxi au prétexte que les Amédée Bollée étaient des engins de malheur et, à plusieurs reprises, on dut la rattraper en partance pour le bois de Boulogne où, alléguait-elle, se tenait la fête des fleurs. Aussi jugea-t-on plus prudent de l'emmener. Sur place, la quadrisaïeule atterrit, on ne sut comment, au beau milieu d'un cercle d'admirateurs de Dalí. Autant dire qu'elle y fit un tabac. Le cénacle, composé de jeunes bourgeois se piquant d'explorer le réel par le biais de la psychose, se réunissait une fois par semaine pour tournicoter de longues cuillères d'argent dans des brandys flips ou des zombies, et raconter n'importe quoi.

Rose les trouvait assommants, mais sa grand-mère – que les jeunes gens se délectaient à écouter pérorer, en clamant, *C'est une prêtresse ! Vive la Pythie !* – sembla d'un avis contraire.

Pendant ce temps, Jacques s'abandonnait aux bons soins de Coco, laquelle, shaker coincé entre ses seins mafflus, jonglait derrière le comptoir avec la bouteille de gin et le siphon d'eau de Seltz. Apercevant Rose, Louis Moysès, le patron, lui présenta ses condoléances et lui proposa de jouer *un petit quelque chose* en hommage à leur ami disparu. Ne s'en sentant pas la force, notre artiste déclina l'invite et s'affaissa sur une banquette. Alentour, les visages lui étaient à peu près tous familiers. Au piano, il y avait Clément Doucet, virtuose aux cent vingt kilos, qui exécutait *The Man I Love* tout en feuilletant un polar. Plus loin, la silhouette râblée de Renaud Dard, grand amateur de littérature érotique qui promenait comme à l'accoutumée son canard en laisse. À l'entrée des toilettes, fusaient les rires hystériques de Joli-Jésus, un travesti qui régnait en maître sur le petit peuple libertin du quartier. Au fond, un autre habitué des lieux affichait ce soir-là une mine particulièrement sombre. Rose savait vaguement qu'il venait de Pologne, qu'il côtoyait le milieu homosexuel, mais ne lui avait jamais accordé plus d'attention que cela. Le garçon s'apprêtait pourtant à faire couler beaucoup d'encre.

CHAPITRE 8

Où le matin est brun

Voici comment. Aux premières heures du 8 novembre, brisée par l'absence d'Eugène, Rose sortit emmitouflée dans son manteau de laine. Elle espérait que les rigueurs matinales l'aideraient à y voir plus clair, tiraillée qu'elle était entre l'envie de rester à Paris pour retrouver Haïm et celle de repartir aux Mûriers dans le giron familial. Il lui fallait admettre que le souvenir du jour béni où elle avait rencontré le violoniste, s'il n'avait pas perdu de son intensité, flottait dorénavant dans un autrefois presque irréel. Ainsi se dirigeait-elle vers les quais, désemparée, lorsqu'un portrait à la une du kiosque la tira de sa torpeur : rien moins que le visage mélancolique du jeune habitué du Bœuf sur le Toit ! Elle lança trois sous au vendeur et déplia le journal. Nom de nom, le frêle individu venait de commettre un attentat ! La veille, il s'était introduit dans les locaux de l'ambassade d'Allemagne pour vider son barillet sur Ernst vom Rath, le troisième secrétaire de la chancellerie. L'officier était désormais entre la vie et la mort. Le journaliste soutenait la thèse d'une attaque politique : juif, Herschel Grynszpan aurait cherché à se venger des humiliations que les nazis infligeaient à sa famille. À la toute fin de l'article, le pigiste ajoutait cependant ceci : la victime et son meurtrier avaient un temps entretenu une liaison, suggérant, l'air de ne pas y toucher, la piste d'un crime passionnel. De l'autre côté du Rhin, Hitler avait tapé du poing sur la table, *Das ist ein Skandal !* avait-il hurlé, le visage bouffi de colère. Ôter la vie à l'un de ses officiers, c'était lui arracher un poil de sa propre moustache. Il avait dépêché sans délai son médecin personnel au chevet de la victime, à Paris.

Rose laissa retomber le quotidien, interdite. Se rappelait-elle avoir vu Grynszpan en compagnie d'un quelconque militaire allemand ? Aucun souvenir. Un fasciste mort étant un bon fasciste, il n'y avait pas à chercher plus loin, et elle reprit sa promenade, sans toutefois parvenir à s'ôter cette affaire de la tête. Car le fait divers la ramenait à Haïm : à l'heure qu'il était, comme les Grynszpan, les Papernick devaient endurer les horreurs de l'antisémitisme.

CHAPITRE 9

Où le cristal ne brille pas toujours
dans la nuit

L'événement souleva une vague d'émoi du côté du Pletzl. De la rue des Écouffes à la synagogue Agoudas Hakehilos, on ne parla bientôt que de ça. Certains, craignant des représailles nazies, faillirent s'étouffer en avalant leur *hallot*, d'autres s'échauffèrent sous leur kippa en faisant du jeune criminel un héros.

— Si tous les *yehoudim* prenaient les armes, on aurait depuis longtemps botté ce cochon d'Hitler hors d'Allemagne ! clamait l'un.

— En attendant, si j'étais toi, je chercherais une planque, lui conseillait son voisin.

Tous guettaient les réactions outre-Rhin. Qui furent immédiates : à Munich, Hesse-Cassel ou Hanovre, on conspua ces *verfluchte Jude*. Nombre d'Allemands se contentèrent de jurer un peu plus fort que d'habitude, mais les plus vindicatifs passèrent à l'action. Parmi eux, quelques-uns alpaguèrent un rabbin qui se rendait à sa synagogue, et l'obligèrent à lire *Mein Kampf* devant l'autel. Comme il s'y refusait, ils mirent le feu à sa barbe. D'autres encore s'introduisirent dans les appartements des plus fortunés et se torchèrent le cul avec la Torah, avant de saccager meubles et porcelaines. Hitler se frottait les mains : Grynszpan lui avait servi sur un plateau l'occasion d'accélérer le départ des juifs. *Gut, sehr gut !* ne cessait-il de ricaner. Cerise sur le gâteau, l'officier vom Rath eut le bon goût de succomber à ses blessures dans la foulée. Sur-le-champ, le Führer convoqua ses troupes dans le plus grand secret et fomenta, le 9 novembre, ce que, plus tard, on appellerait la *Nuit de cristal.*

Quand le jour fut tombé, encouragée par les sections d'assaut et l'entremise de Goebbels, la population se livra alors à d'immondes exactions

– comme le découvrit Rose dans les journaux du lendemain. Plus de deux cents synagogues et des milliers de commerces juifs furent saccagés à travers le pays – la jeune fille s'assit sur un banc, les jambes flageolantes. On obligea les maîtresses de maison à descendre dans les caves pour y détruire bouteilles et conserves, puis on rassembla les familles, qui dans une synagogue, qui dans un théâtre, pour les battre et les humilier – Rose frissonna. Internats et orphelinats furent mis à sac, les enragés décochant au passage un coup de pied ou une taloche aux petits encore plein de sommeil – Rose peinait à respirer. Rien ne semblait pouvoir arrêter cette furie. Sous le coup de la terreur, des centaines de Juifs se suicidèrent. Apocalyptique, la nuit s'acheva par une vague d'arrestations. La presse allemande annonçait que les prisonniers seraient déportés dans des camps, à la frontière polonaise – le journal glissa des doigts de la jeune fille. Où se trouvait Haïm à cette heure ? Et dans quel état ? Bouleversée, elle se perdit sur le chemin du retour. Et lorsqu'elle regagna enfin le canal de l'Ourcq, ce fut pour s'écrouler dans les bras de sa mère. Marguerite trancha : pas de discussion, sa fille retournerait avec eux aux Mûriers. La silhouette d'Haïm plongea alors un peu plus loin dans l'obscurité, éclat de cristal au milieu des ténèbres.

CHAPITRE 10

Où l'ombre d'un serial killer putatif
fait toujours son petit effet
sur le lecteur

Trop abasourdie pour décider quoi que ce fût, Rose se plia à l'autorité maternelle. Avant de quitter Paris, elle se rendit au Bœuf sur le Toit pour saluer ses amis. Le cabaret était en ébullition. Chacun y allait de sa théorie sur Herschel Grynszpan :

— Je te dis qu'ils fricotaient ensemble ! s'échauffait un travesti bien connu qui empestait le patchouli.

— Peut-être n'étaient-ils que de gentils camarades ? hasarda son galant, la bouche plissée en cul-de-poule, dans une moue dubitative.

— Des camarades ! partit d'un grand rire le premier. Tu m'expliqueras comment on attrape une gonorrhée rectale en se serrant la paluche...

Puis il souffla à l'oreille du blondin qu'il tenait l'information d'un de ses anciens amants, rien moins que le médecin personnel de vom Rath, feu le *nazillon avarié*.

Les cancans couvrant la musique, Rose chercha un endroit tranquille où entendre le piano. Coco lui fit signe de la rejoindre au comptoir. Redoutant des adieux trop poignants, la jeune fille l'embrassa comme si de rien n'était, et se mit à parler de la pluie et du beau temps. Il n'en fallait pas plus pour alarmer la barmaid :

— Qu'est-ce qu'il y a ? Il s'est passé quelque chose ? C'est ta mère ? Oh mon Dieu, encore un malheur !

Après l'avoir rassurée, Rose prit son courage à deux mains et lui annonça son départ imminent. Puis se répandit en sanglots. Coco l'écrasa contre ses mamelles avant de fondre en larmes à son tour. Ce ne fut bientôt qu'un concert de reniflements.

— … le retrouverai jamais !
— … tu me fais pleurer !
— … l'aime tant !
— … se retrouvent toujours…

Moysès rappliqua.

— C'est quoi ce ramdam, les filles ? Les clients veulent de la bonne humeur, pas un récital de ouin-ouin !

Il lui fallut cinq bonnes minutes pour calmer les donzelles. Tout de même, il n'y avait pas de quoi en faire un drame ! Rien n'indiquait que le gugusse fût mort ! Alors pourquoi l'enterrer avant l'heure ? Le bon côté des choses, c'était que Coco occupait le poste idéal : le moindre joueur de flûtiau finissait inévitablement à son zinc. Tôt ou tard Haïm atterrirait ici. Au lieu de chouiner, Rose serait bien avisée de leur décrire son mignon. Tout en essuyant bredi-breda ses larmes, elle chercha les mots justes :

— De grands yeux mélancoliques, noirs, des cheveux bruns, un corps fluet, le teint pâle…

Le patron soupira : à ce compte-là, tous les artistes du Pletzl feraient l'affaire.

Elle ajouta alors simplement :

— Le jour où vous l'entendrez jouer du violon, vous fermerez les yeux, et tout l'univers vous dira, *C'est lui.*

Minuit approchant, il fallut se quitter. On se prit dans les bras, pleura et pleura encore. Bouleversée, Rose ne prêta pas attention au jeune homme assis en retrait, qui l'observait en coin. Au moment où elle enfila son manteau, le mystérieux inconnu vida son verre et rabattit son panama. Et quand il lui emboîta le pas pour la talonner dans la nuit noire, elle ne s'en aperçut pas davantage.

CHAPITRE 11

Où les cocos ne sont pas tous
à la noix

À l'instant où Rose s'apprêtait à héler un taxi, l'importun l'empoigna et lui plaqua une main sur la bouche. Avant qu'elle n'eût pu hurler au secours, il la tira sous un porche. Le cœur de la jeune fille faillit lâcher. Elle tenta bien de se débattre, mais les bras de l'homme l'enserrèrent tel un étau. Des noms effroyables défilèrent dans sa tête : le Croquemitaine, Landru, Jack l'Éventreur ! Pire, le Tueur au Regard de Velours, qui défrayait tant la chronique depuis quelques années ! Elle se préparait à mourir dans d'atroces circonstances quand le kidnappeur lui expliqua avec une douceur infinie qui il était, la suppliant dans un français approximatif de ne pas avoir peur :

— Vous pas crier, moi connaître lui vous cherchez. C'est ami. Famille et lui cachés dans maison à moi. Pas papiers. Vous savoir. Peur envoyés Allemagne…

Rose comprit à moitié ce que le type baragouinait, encore trop affolée pour saisir exactement de quoi il retournait. Le jeune homme relâcha son étreinte, et elle se rasséréna quelque peu. A priori, il ne l'éventrerait ni ne l'enguirlanderait avec ses propres intestins. Elle lui fit alors signe qu'elle ne crierait pas au secours. L'inconnu la libéra puis se présenta : *Jakob*. Ses cheveux bruns couronnaient sa peau séraphique ; à la légèreté du duvet qui ourlait ses lèvres, on devinait qu'il n'avait pas plus de vingt ans. Rose se sentit définitivement rassurée : pareil visage ne pouvait mentir. Aussitôt, elle l'assomma d'un torrent de questions. Comment connaissait-il Haïm ? Où était-il ? Et surtout, allait-il bien ? L'autre posa simplement un doigt sur la bouche de la jeune fille.

— Toi parler trop. Oiseau dans main vaut mieux que deux dans arbre. Venir avec moi.

Peu rompue aux arcanes yiddish, elle écarquilla les yeux et se laissa entraîner jusqu'au Pletzl.

CHAPITRE 12

Où pour vivre heureux, vivons casher

Depuis le fameux concert, la vie n'avait pas épargné les Papernick. La fête à laquelle Rabaud avait participé leur avait été fatale : le voisinage s'était plaint pour tapage nocturne et, quelques jours plus tard, la police avait fichu toute la famille à la porte. Pendant quelques semaines, les Papernick s'étaient réfugiés dans le deux-pièces de Jakob Gozlan, un ami d'Haïm. Mais leurs visas arrivés à expiration, la préfecture avait refusé de les renouveler. La mort dans l'âme, ils avaient regagné l'Allemagne, dont ils étaient ressortissants depuis leur fuite de Pologne. Là-bas, les lois de Nuremberg les avaient soumis à d'indécentes conditions de vie. Isaac ne pouvant même plus exercer son métier de médecin. Le régime du Führer était formel : pas de torchons avec les serviettes, hors de question qu'un *Saujude* – un cochon de Juif – touchât le moindre cheveu d'un Aryen. Quant à *dowdah* Hannah, elle rentrait régulièrement de l'usine où elle faisait le ménage en pleurant. Les employés n'hésitaient plus à lui cracher au visage pour un oui pour un non. Pendant un temps, Haïm avait trouvé la force de supporter ces humiliations dans la musique. Manque de pot : une fois encore, la voisine du premier s'était plainte, elle en avait par-dessus la tête de ces juiveries. Comme son frère appartenait à la Schutzpolitzei, il leur avait bien fait comprendre : un coup de sifflet suffirait à les renvoyer en Pologne. Et là-bas… Haïm avait donc remisé son violon dans son étui. Chaque soir pourtant, il l'en ressortait pour promener ses mains sur le manche et jouer silencieusement les *Danses roumaines*. Ainsi ranimait-il, au contact du bois muet, ce jour béni où la petite pianiste l'avait foudroyé.

Car, dès le lendemain du concert, il avait absolument voulu revoir l'extraordinaire demoiselle. Seulement, Isaac avait été on ne peut plus clair : interdiction de retourner au théâtre des Champs-Élysées, encore moins d'aller fureter autour du Conservatoire. En cherchant à les acheter, le directeur avait insulté la musique. Pas question d'approcher ce goy ou quiconque le côtoyait. Partagé entre son amour pour Rose et sa loyauté envers son père, et tout gentil garçon qu'il était, Haïm s'était contenté de chérir le souvenir de la belle.

Un poisseux matin d'octobre, leur Schupo de voisin avait apporté un ordre d'expulsion. La famille devait se rendre au commissariat pour en savoir plus. Isaac avait entendu dire que là-bas, les policiers confisquaient les passeports. Qu'ils regroupaient les familles et les faisaient monter de force dans d'étranges wagons. Le père n'avait pas tergiversé : à la nuit tombée, les Papernick avaient fui sans un pfennig en poche. On avait d'abord rejoint la Belgique à pied, puis franchi clandestinement la frontière française. À Paris, Haïm avait contacté Jakob Gozlan. Celui-là même qui s'apprêtait à introduire Rose dans son appartement.

CHAPITRE 13

Où l'on s'est vu et l'on s'est reconnu

Maintenant qu'elle se trouvait sur le pas de la porte, Rose vacillait. L'instant était si fou qu'elle doutait de sa réalité. Des vers qu'un poète aux yeux hypnotiques avait récités un soir au Bœuf sur le Toit lui revenaient en tête. Les mots traversaient son esprit comme des fantômes sillonnent un corridor vide.

J'ai tant rêvé de toi que tu perds ta réalité.

La jeune fille frémit.
Elle ne savait plus s'il était l'heure de retrouver celui qu'elle croyait à jamais perdu.

Est-il encore temps d'atteindre ce corps vivant
Et de baiser sur cette bouche la naissance
De la voix qui m'est chère ?

Jakob Gozlan ouvrit la porte. Rose demeura sur le seuil, muette, incapable du moindre mouvement, transie à l'idée que son vœu le plus cher se réalisât.

J'ai tant rêvé de toi que mes bras habitués
En étreignant ton ombre
À se croiser sur ma poitrine ne se plieraient pas
Au contour de ton corps, peut-être.

Faire demi-tour ? Oui. Et garder le rêve au creux de ses paupières, le chérir comme un murmure, à l'abri dans ses paumes.

J'ai tant rêvé de toi qu'il n'est plus temps
Sans doute que je m'éveille.

Elle dormirait ainsi, des années durant, le souvenir d'Haïm contre sa peau.

J'ai tant rêvé de toi, tant marché, parlé,
Couché avec ton fantôme
Qu'il ne me reste plus peut-être,
Et pourtant, qu'à être fantôme
Parmi les fantômes et plus ombre
Cent fois que l'ombre qui se promène
Et se promènera allégrement
Sur le cadran solaire de ta vie.

Rose allait défaillir, sa vue brouillée par l'émotion. Quant à Haïm, il lisait dans un fauteuil et n'avait pas prêté attention au bruit de la clef dans la serrure.

— Eh bien, Jakob, tu ne nous présentes pas ton amie ? demanda Isaac, apercevant la jeune femme.

Haïm se retourna. Et blêmit. Face à lui, Rose, pas moins livide. Tous deux s'avancèrent, fantômes éveillés, approchèrent leurs mains, incrédules, grelottant, ils brûlaient – de chaud, de froid –, fétus de paille, et lorsque enfin leurs doigts se lièrent, la lune, posée au-dessus des toits, dessina un sourire argenté. Jakob entraîna Isaac et Hannah à l'extérieur.

Ce fut encore chancelante que Rose rentra en pleine nuit ; elle réveilla Marguerite sans lui laisser voix au chapitre.

— Maman, nous emmenons Haïm et sa famille aux Mûriers.

CHAPITRE 14

Ou l'attaque des mandibules

Pendant ce temps, les travaux d'Audrain avaient avancé à un rythme soutenu. Si bien qu'il songeait à revenir au bercail. La lettre qui lui apprit la mort d'Eugène le conforta dans cette perspective. Quel besoin de continuer à transpirer sang et eau pour rédiger son manuel d'éthologie ? Pourquoi ne pas ordonner gentiment ses notes aux Mûriers tout en sirotant, aux côtés de Marguerite, des ballons d'Aïthops Oinos ? C'est que le mal du pays commençait à se faire sentir. Du reste, inutile de se le cacher : Audrain en avait ras le bonbon des termites ! Maintenant qu'il avait saisi le processus d'adaptation à la chaleur, qui provoquait leur dépigmentation, la chose avait perdu de son piquant : on n'avait ni plus ni moins affaire à une énième illustration de la théorie darwiniste de l'évolution. Or, le concept avait fait son temps. La mode était désormais aux monstres préhistoriques : le monde de la science se pâmait devant un poisson géant qu'une certaine Marjorie Courtenay-Latimer avait exhumé du Crétacé. La bêcheuse pérorait avec son spécimen de cœlacanthe remonté dans les filets d'un pêcheur sud-africain. Ce n'était pas avec son refrain évolutionniste qu'Audrain détournerait l'attention de ses collègues de cette foutue poiscaille géante. Cependant, ils allaient voir ce qu'ils allaient voir : notre explorateur revenait avec une bombe !

Car les longs mois voués à observer la colonie des termites n'avaient pas été totalement vains. À force de ruisseler sous le soleil de plomb, Audrain avait repéré chez les blattoptères un comportement des plus singuliers. Pour construire leur termitière, loin de se contenter d'une distribution sociale des rôles – comme chez les fourmis ou les abeilles –, les insectes procédaient selon une méthode inédite. Un premier termite déposait d'abord une boulette d'argile quelque part, au petit bonheur la chance. Un autre arrivait, qui larguait la sienne à l'endroit choisi par le premier. Et ainsi de suite jusqu'à ce qu'un immense entrelacs de piliers, tunnels, arches et chambres édifiât la termitière. Rien ne laissant présumer que les insectes communiquassent, comment expliquer alors ces cathédrales de terre érigées en commun ? Notre savant avait émis l'hypothèse suivante : les arthropodes incorporaient à l'argile une substance qui attirait leurs congénères. Une sorte de langage chimique. Sans le savoir, et bien avant Martin Lüscher, il venait de découvrir les phéromones. Audrain n'en doutait pas : il raflerait le prix Gadeau de Kerville de la Société entomologique de France ! À son retour, le petit gardien de zoo, devenu maître des mandibules, reléguerait ses confrères au rang de misérables empailleurs de sauterelles.

Le départ fut fixé au mois suivant. Audrain plia bagage au lendemain d'une fête homérique organisée par Battisti et Saba, négligeant dans son excitation certaines vérifications d'usage.

Le 20 mars 1939, alors qu'il survolait la mer Rouge après un décollage tout à fait honorable, l'archipel des Dahlak s'étirant derrière lui en pointillés piquetés dans l'immensité bleue, un drôle de cliquetis percuta son oreille. Un minuscule bout de bois s'était décroché de l'hélice et avait frappé la cabine de plein fouet. C'est à peine si Audrain s'alarma qu'un deuxième éclat se détacha. Une minute suffit à l'hélice pour entièrement se déliter, rongée qu'elle était jusqu'à l'os par les termites. Notre zoologue perdit dans un premier temps le contrôle, puis, lorsque l'avion s'écrasa trois cents mètres plus bas dans les flots turquoise, la vie.

Il faudrait un mois pour qu'un bout d'aile du Fox Moth s'échouât sur une grève de Dahlak Kebir, faisant comprendre à Battisti et Saba que leur ami n'était jamais arrivé à bon port. On ne retrouva rien du corps – les requins de la région n'étant, pas plus qu'ailleurs, végétariens.

CHAPITRE 15

Où la somme des contrariétés des uns crée l'équilibre de tous

Les squales avaient eu le loisir de digérer dix fois notre savant quand Battisti et Saba se rendirent compte qu'il était arrivé malheur. Et la missive dans laquelle ils prévinrent Marguerite mit à peu près le même temps à parvenir en France.

Dans cet intervalle, la vie s'était organisée aux Mûriers. Comme les Papernick n'étaient pas en règle, on resta discret. À qui posait des questions, Marguerite racontait qu'il s'agissait de cousins éloignés d'Eugène. Ne voyait-on pas la ressemblance ? Seul le fils Malbec parut sceptique. Au domaine, Jacques les accueillit avec chaleur, alléguant que des bras supplémentaires étaient toujours les bienvenus. L'on sentit néanmoins rapidement qu'il en pinçait pour *dowdah* Hannah. Celle-ci resta de marbre face aux œillades du mécano. Comment eût-il pu en aller autrement ? Jacques était goy, donc infréquentable. Car Hannah était plus confite de dévotion que le saindoux de graisse. À la vue de la moindre rondelle de saucisson, elle psalmodiait le Deutéronome, dont elle usait comme d'un antidote au pourceau. Au début, Marguerite se contint de rire. Puis, les lubies d'Hannah ne connaissant aucune limite, l'impatience prit le dessus : pour préparer le plus simple des plats sans impair, il lui eût fallu lire le Lévitique de A à Z. L'emmerdeuse pouvait bien faire shabbat toute la semaine, Marguerite rendait son tablier.

Heureusement, Isaac était plus accommodant. Partant du principe qu'à cheval donné on ne regarde pas les dents, il se montrait reconnaissant en toute circonstance. L'orthodoxie de sa sœur – qui frôlait à ses yeux l'impolitesse – le couvrait de honte. Un jour, alors qu'Hannah reprochait à Jacques de manger du camembert après une entrecôte – le *midrash* interdisant qu'on cuisinât le chevreau dans le lait de sa mère –, Isaac sortit de ses gonds. C'en était trop ! Leurs parents ne les avaient pourtant pas élevés comme des *haredim* ! Finirait-elle par corriger Érasme parce qu'il boulottait des souris ? Comme il tapait du poing sur la table, Jacques le supplia de se calmer : ce n'était pas grave, il aimait qu'Hannah prît soin de lui. Marguerite faillit s'étouffer : son imbécile de frère croyait donc que la bigote se préoccupait de sa santé ? Elle en était certaine : dans un incendie, la dévote aurait sauvé le Talmud plutôt que son benêt de jumeau.

Quoi que sa sœur en pensât, Jacques n'en démordait pas : il admirait la volonté d'Hannah, son intransigeance. Et dans l'espoir de lui plaire, il voulut lui prouver sa propre détermination : bientôt, il ne toucha plus aux traditionnelles andouillettes du dimanche. Marguerite s'en alarma :

— Quelque chose ne va pas ?

— Du tout.

— Alors goûte-moi ces merveilles ! Le père Convers les a rapportées de Troyes. Elles frétillent dans la poêle !

Jacques repoussa l'assiette. D'un air triomphal, *dowdah* Hannah la ramena :

— Le porc est interdit dans la *kashrout*. C'est un aliment impur, *parce qu'il a l'ongle fendu, mais ne rumine point !*

Marguerite lui eût volontiers fourré ladite andouillette là où elle pensait. Toutefois, si Jacques aimait qu'on le piétinât, c'était son problème – d'autant plus que pour séduire sa punaise de sacristie, il avait arrêté de boire.

Cela méritait bien que notre héroïne fît le dos rond.

Trop heureux de s'être retrouvés, Rose et Haïm ne prêtaient guère attention à ces discordes domestiques. Du matin au soir, ils envahissaient la maison de notes qui s'échappaient comme jadis les papillons de la magnanerie. Si chacun avait sa propre chambre, Marguerite soupçonnait sa fille de se glisser dans celle du jeune homme à la faveur de la nuit. Là encore, elle ne dit rien : le respect des convenances était le corset de la raison. Cahincaha, la vie s'organisait donc aux Mûriers, chaque membre trouvant peu à peu sa place.

La lettre qui arriva des Dahlak le 23 mai 1939 bouleversa cet équilibre précaire. Dès les premières lignes, Marguerite s'évanouit.

… malheur terrible, Audrain a péri dans un accident d'avion. Ni son corps ni le dossier dans lequel était consignée une découverte révolutionnaire n'ont pu être repêchés.

Désormais, les documents reposaient dans les profondeurs du golfe d'Aden et servaient vraisemblablement de repas aux éponges et polypes qui en tapissaient le fond.

— Voilà ce qui s'appelle une expédition tombée à l'eau, feula Érasme, qui n'avait jamais complètement pris son maître au sérieux.

CHAPITRE 16

Où, bien que mourante,
la trisaïeule ne se rend pas

Les semaines qui suivirent furent les plus sombres de l'existence de Marguerite. Depuis le départ d'Audrain, elle s'était habituée à l'éloignement, certainement pas à l'absence. La vie lui sembla soudain absurde et le printemps insolent. Pour la première fois, son esprit fut incapable de contrer l'abattement. On ne la reconnaissait plus : elle sermonnait Rose qui osait jouer du piano, jetait au feu les bouquets d'Églantine, leur trouvant un parfum sépulcral. Jacques s'affola : le deuil de Marguerite prenait la forme d'un renoncement à tout ce qu'elle avait été. Une guerre à la vie. Isaac le rassura : la révolte était une étape nécessaire à l'acceptation. On devait seulement veiller à ce que Marguerite mangeât et dormît suffisamment.

— Le temps fera son œuvre, conclut-il avec sagesse.

— Et Yahvé l'aidera, ne put s'empêcher d'ajouter *dowdah* Hannah.

— Quelle folle de la messe, en profita Érasme pour contrepéter.

Jacques lui décocha une taloche : il ne supportait pas que l'on brocardât sa bien-aimée. Le chat valdingua. Désormais sobre, son maître avait recouvré toute sa force, sans parvenir à toujours la maîtriser. Plus affairé que jamais, il sarclait, buttait, enroulait les sarments, griffonnait. À midi, quand il revenait des vignes, Hannah l'accueillait avec des plats sans cesse renouvelés. Depuis que Marguerite avait déserté la cuisine, la bigote s'en donnait à cœur joie : les nuages orientaux qui s'échappaient des fourneaux exhalaient tantôt le cumin des caviars d'aubergine, tantôt le *matza* grillé. Pour un peu, Jacques se serait converti.

— Mon bout de zob pour un *tcholent* ! tonitruait-il lorsque Hannah le servait, outrée par la crudité du gaillard.

Il en était un autre que les fumets des plats ne laissaient pas indifférent : le fils Malbec, qui les trouvait trop épicés pour être complètement honnêtes. Il fureta donc de plus en plus autour du mas, sans jamais rien découvrir de concluant.

Les mois passèrent, et Marguerite continua à errer sans but dans le domaine – quand elle ne végétait pas dans son lit. Lorsqu'une taupinière émergeait d'entre les vignes, elle s'effondrait en pleurs, se souvenant du jour où Audrain lui avait appris que l'animal pouvait pousser vingt-cinq fois son poids. Si une mésange traversait le jardin, elle agitait les bras en l'air : feu son mari les appelait *les petites tueuses*, capables qu'elles étaient de trucider d'autres passereaux pour déguster leur cerveau. De soupirs en sanglots, l'été succéda au printemps. Et lorsque les moissons approchèrent, Rose ne put plus cacher son ventre. Ne sachant comment annoncer la nouvelle à sa mère, elle balançait entre la joie et l'appréhension.

— Le temps malgré tout trouvera la solution malgré toi, lui souffla Jacques, constatant le désarroi de sa nièce.

Quelques jours plus tard, la jeune femme se décida à aller réveiller Marguerite, qui tardait à venir déjeuner. S'asseyant au bord du lit, elle prit la main de sa mère et la posa sur son abdomen. À moitié endormie, notre héroïne le caressa machinalement, comme si elle flattait le flanc d'une pouliche. Au bout d'un moment, Rose perçut un soubresaut sous son nombril. Que Marguerite sentit aussi, car elle se releva brusquement et planta ses yeux dans ceux de sa fille. Une sorte d'éclair vivace et malicieux chassa sitôt le gris de son regard. Rose eut envie de pleurer de bonheur : sa mère avait compris. Mieux encore : d'un coup d'œil, elle venait de lui donner sa bénédiction. Elles se serrèrent longuement, puis Marguerite murmura à l'oreille de la future maman :

— Si ton père était encore là, il te dirait que la girafe porte son petit une quinzaine de mois. Heureusement, tu n'es pas un ongulé : je suis bien trop pressée de rencontrer ton enfant ! Qui d'autre que moi lui racontera ce que son grand-père n'aurait pas manqué lui apprendre ?

Ainsi Marguerite revint-elle parmi les vivants.

CHAPITRE 17

Ou le secret de Polichinelle

Avant même que notre héroïne eût complètement recouvré le goût de la vie, la guerre s'annonçait tel un convive que l'on n'a pas invité.
Le 1er septembre 1939, la Wehrmacht envahit la
Pologne. Deux jours plus tard, la France déclara
la guerre à l'Allemagne.

Les premiers temps, le conflit n'affecta pas
directement les Mûriers. Avec sa jambe de bois,
Jacques n'était plus mobilisable ; quant à Isaac et
Haïm – qui n'existaient légalement pas –, ils se
trouvaient hors jeu. Tous les matins, Marguerite
allait chercher les journaux au village et l'on prit
l'habitude de se réunir au petit-déjeuner pour
une revue de presse. Le contraste entre l'odeur
douillette du thé et la teneur des articles décri-
vant cette drôle de guerre laissait songeur.

Marguerite restait néanmoins sur le qui-vive :
les Papernick étaient juifs, tout portait à croire
qu'on devait se montrer extrêmement prudent.
Aussi fut-il convenu qu'aucun d'eux ne sortirait
plus. Pour la troisième fois de sa vie, Haïm dut
arrêter de jouer du violon. Tante Hannah ne
comprenait pas ce qui leur arrivait : comment
Dieu permettait-il que s'abattît sur eux pareil
châtiment ? Elle qui avait suivi tous ses préceptes
à la lettre ! Érasme fit insidieusement tomber
Le Livre de Job à ses pieds : la bigote pourrait

ainsi méditer sur le silence du Tout-Puissant. Remarquant son manège, Marguerite lui tapota gentiment le crâne. Malgré l'âge, l'esprit du vieux raminagrobis ne faiblissait pas – l'une des raisons de son succès auprès des minettes alentour. Le fils Malbec rapportait d'ailleurs régulièrement le matou par le collet, en grognant qu'il ne voulait plus le voir tourner autour de sa Ficelle. Chaque fois, les Papernick couraient se cacher au premier.

Un dimanche, rebelote : Malbec se tenait sur le perron, Érasme dans une main, un saucisson dans l'autre. Il affichait ce jour-là une humeur on ne peut plus joviale :

— Et si on faisait un peu mieux connaissance, proposa-t-il d'une voix mielleuse. On ne se parle jamais assez entre voisins !

Devant la mine perplexe de Marguerite, il força quelque peu le passage, jeta çà et là des regards inquisiteurs avant de s'attabler dans la cuisine. La maîtresse de maison lui servit de mauvaise grâce un verre d'Aïthops Oinos et fit en sorte d'abréger cette visite de courtoisie qui n'en avait que le nom. Quand enfin l'importun se décida à s'en aller, Marguerite souffla un grand coup. La chose était claire : des précautions supplémentaires s'imposaient. Se réfugier à l'étage ne suffirait plus pour protéger les Papernick.

Ce soir-là, on soupa en silence. Mais, au dessert, Jacques se leva d'un bond :

— Une double cloison ! Il faut construire une double cloison !

Le projet les occupa deux bonnes semaines, pendant lesquelles tout fut mis en œuvre pour que l'on crût la famille d'Eugène partie. Marguerite alla ensuite boire une Suze au café. Au détour de la conversation, elle soupira ingénument. Quel crève-cœur, ce départ des cousins d'Eugène… Plus curieuse qu'une fouine, la patronne ouvrit grand ses esgourdes. Marguerite soupira derechef. Eh oui, les hommes n'avaient pas échappé à la mobilisation… L'autre, sentant bien que ce n'était pas tout, lui versa une lichette de plus, histoire de lui donner du cœur. Marguerite se racla la gorge et, sur le ton de la confidence, pria expressément la patronne de tenir sa langue – la situation était suffisamment embarrassante pour qu'on n'alertât pas tout le canton. La tôlière dodelina vigoureusement de la tête. Dame, cela coulait de source. Et elle avança sa chaise.

Marguerite se tordit les mains de honte. C'était que… Avant de s'en aller, le fils du cousin leur avait offert un cadeau sacrément gênant. L'autre n'y tenait plus. Depuis, la petite grossissait comme une baudruche. Marguerite avait déballé ça d'une traite, la mine piteuse. En face, sous ses airs compatissants, la patronne jubilait. Notre héroïne baissa le regard. L'aveu lui avait tellement coûté qu'elle n'avait même plus la force de finir son verre, il valait mieux qu'elle rentrât. Et elle se redressa, ployant sous le joug de l'infamie, tout en rappelant une dernière fois la confidentialité de ses propos.

L'autre lui fit le signe entendu : motus et bouche cousue.

Une heure plus tard, la femme du charcutier était au courant, qui à son tour vendit la mèche à sa belle-sœur, si bien que le lendemain, tout le village était au parfum : la petite Rose était en cloque, et on n'était pas près de revoir celui qui l'avait engrossée.

Les Papernick seraient tranquilles pour un moment.

CHAPITRE 18

Où les bruits de bottes se rapprochent

Lassés de jouer aux cartes à la veillée, on chercha quel prénom donner à la petiote qui allait naître. Car Églantine l'avait certifié : ce serait une fille – le ventre de Rose s'étalait sur toute sa largeur, il ne pouvait en être autrement. Et puisque, de mémoire d'Aghulon, les demoiselles avaient invariablement porté des noms de fleur, on se lança dans une liste. Jacques proposa Coquelicot, mais les futurs parents firent la moue. *Dowdah* Hannah prêcha pour Raizel ou Irit – *Rose* et *Jonquille* en hébreu –, occasionnant un échange de regards gênés. La tante ne semblait pas comprendre en quoi sa suggestion posait problème. Marguerite se dévoua pour crever l'abcès :

— Enfin, Hannah, auriez-vous oublié que nous sommes en guerre contre les nazis ? Autant appeler tout de go le bébé *Fleur de Judée* !

La tante prit la mouche. C'était toujours comme ça avec eux. Dès qu'il était question de judéité, ils montaient sur leurs grands chevaux. Jacques posa sa main sur la cuisse de l'outragée :

— Si vous acceptiez de m'épouser, tenta-t-il de dédramatiser, je vous promets que nous pourrions baptiser notre fille Jehova.

Tout le monde rit, sauf *dowdah* Hannah, qui s'écarta du pauvre bougre, lèvres pincées.

— Encore faudrait-il que la morue n'ait pas dépassé la date de péremption, en profita pour miauler Érasme, entre ses crocs.

Marguerite étouffa un pouffement.

Finalement, la petite Camélia Papernick vit le jour le 16 mars 1940, fraîche et rose tel un bouton de fleur, sous la main experte d'Isaac et l'œil attendri de Marguerite. Les deux aïeux, penchés sur le landau, formaient un curieux couple de grands-parents.

Chacun trouvait chez l'autre un appui solide, une complémentarité respectueuse, leur donnant de nouveau foi dans une vie qui leur avait pourtant arraché leur moitié respective. Ainsi la guerre rapprochait-elle les êtres, formant des duos plus ou moins incongrus, réunis autour d'un bébé qui allait grandir au rythme des bruits de bottes.

Car ceux-ci se faisaient de plus en plus menaçants : la France multipliait les camouflets

– débandade de Sedan, fiasco de l'opération Dynamo, exode vers le Sud, qui saignait le Nord telle une hémorragie. Si bien qu'au mois de juin, quand Camélia commença à gazouiller, l'on fut partagé entre l'envie de pleurer de joie et celle de pleurer tout court : la petite serait élevée dans un pays que Pétain, par l'armistice de Rethondes, venait de livrer en partie aux Wisigoths.

Heureusement, les Mûriers restaient en zone libre. Mais, on le sentait, il ne s'agissait là que d'un répit.

Et en effet, les noires années de l'Occupation s'abattirent bientôt sur tout le territoire. Le retour à la morale orchestré par Vichy n'en fut qu'une prémisse : rétablis, les délits d'opinion, interdit, le droit de grève, muselées, les revendications syndicales, et cætera, et cætera.

— Pourquoi ne pas bannir le pantalon pour les femmes, tant qu'on y est ! s'indigna Rose.

— Maréchal Putain, feula Érasme depuis son panier.

Hélas, au regard de ce qui allait suivre, ce n'était encore que roupie de sansonnet.

Un jour qu'elle rentrait du village, Marguerite jeta rageusement le journal sur la table. La loi du 4 octobre 1940 prévoyait d'interner tous les juifs d'origine étrangère dans des camps. Dès lors, les Papernick ne quittèrent plus leur planque derrière la double cloison. Le soir, on s'y réunissait pour la veillée. Quand la BBC n'était pas allumée, on se racontait des histoires. Prenant un ton mystérieux, Isaac déroulait la légende du Golem, qu'il dépeignait sous les traits d'un affreux soldat prussien. Marguerite, quant à elle, piochait dans l'inépuisable folklore que Violette lui avait jadis transmis. Par-dessus tout, elle aimait chanter la lutte des camisards face à Louis XIV – en ces mois de soumission, l'épisode avait de quoi vous redresser la colonne vertébrale. Ainsi, malgré l'exiguïté de la cachette, les voix peuplèrent l'espace, ouvrirent des horizons, permettant aux Papernick d'oublier, le temps d'une fable, leur réclusion dans dix mètres carrés, et à tous, la monstruosité de la période.

CHAPITRE 19

Où Malbec entre en piste

Malheureusement, les récits ne parvinrent bientôt plus à couvrir le vacarme des bottes allemandes. La Waffen SS finit par envahir Alès. Les soldats s'emparèrent du fort Vauban, dont ils occupèrent le premier étage. Chez les gens du coin, réputés proches du Parti communiste, la prudence fut de mise : depuis l'arrivée des Fritz, tout quidam un tant soit peu suspect aux yeux de la Gestapo terminait les pieds suspendus au fond du puits de Célas. De quoi doucher les ardeurs des plus téméraires. Nombre d'entre eux se regroupèrent quand même dans les maquis. Lesquels poussèrent à la vitesse des champignons sur le mont Aigoual. Acquise à la cause des rebelles, Marguerite ne se rapprocha d'aucun mouvement en particulier, préférant les approvisionner tous en Aïthops Oinos. Il faisait plaisir à voir, le visage de ces bonshommes quand elle les livrait. Et plus encore lorsque notre héroïne lançait l'une de ces saillies dont elle avait le secret :

— Vous pouvez y aller, les gars, c'est du français. Ce bon vieux Marc Twain le disait déjà : le vin allemand se distingue du vinaigre juste par l'étiquette !

À l'inverse, la Milice séduisit quelques gagne-petit, subjugués par la puissance de l'organisation hitlérienne. À commencer, sans surprise, par le fils Malbec, qui s'engagea dans la Franc-Garde, arborant fièrement le gamma brodé à son béret. Comme il martelait le pavé de ses bottes cirées ! Toutefois, plutôt que de faire oublier sa petite taille, ses talons soulignaient son arrogance de roquet. Lui n'y voyait que du feu. Une seule chose lui importait : ceux qui l'ignoraient hier courbaient aujourd'hui l'échine. Alors il fit du *Chant des cohortes* son hymne de revanche : la Milice était devenue sa vie, les Allemands sa famille.

Rien d'étonnant à ce que son premier souci fût d'aller chercher des noises aux Mûriers. Seulement, après un rapide examen, Malbec dut en convenir : le casier de Marguerite était aussi net qu'un sou neuf. Il fulminait. D'autant que l'état-major allemand goûtait fort le jaja de la pétasse : chaque mois, un kapo en réquisitionnait une caisse pour le commandant. Le supérieur biberonnait le nectar en écoutant du Wagner. Les incessantes récriminations du petit Français contre la *Frau* Piclet ne tardèrent par conséquent pas à lui échauffer les oreilles :

— Herr Malbec, si fou ne troufé pas schnell de goi justivier fo zaccusazions, fou defrez répondre de vos brobos calobniateurs ! menaça l'officier.

Cela n'émoussa en rien la hargne du corniaud, tant s'en faut : pendant des semaines il éplucha les archives, courut de registre en registre, décacheta les plis à destination des Mûriers, et fouina dans le passé de Marguerite, guettant le moindre faux pas, le plus infime des impairs qui eût pu confondre cette salope. Au mois de décembre 1943, il n'avait toujours rien à se mettre sous la dent.

Un soir, néanmoins, il surprit Érasme en train de se frotter à Ficelle. La chatte miaulait à la lune. La goutte d'eau fit déborder le vase. Ni une ni deux, Malbec attrapa une pelle et coursa le vieux matou. Au moment où il s'apprêtait à abattre l'outil, le félin se carapata à travers la haie des Mûriers pour s'engouffrer dans la cave. Le milicien remarqua alors de la lumière. La nuit était suffisamment avancée pour que l'on pensât chacun au lit. Or, un rai jaune s'échappait de l'entrée, où des ombres s'activaient. Malbec se cacha derrière un thuya. Au bout de quelques minutes, une silhouette sortit, suivie d'une autre. Malgré la pénombre, le fourbe n'eut aucun mal à reconnaître Marguerite, en compagnie d'un homme qu'il ne parvint pas à identifier. Le type chargea trois caisses à l'arrière d'une fourgonnette, en échange de quoi il tendit quelque chose à la suspecte. Les mots se bousculèrent dans l'esprit du collabo : trafic, marché noir, Résistance… Quoi que ce fût, ces deux-là n'étaient pas recta. À la lueur des feux arrière, il mémorisa le numéro d'immatriculation.

Dès le lendemain, il fit des recherches. Bingo ! La voiture appartenait à un certain Marius Meynadier, bien connu pour grenouiller dans une loge du nom de Liberté. Malbec buvait du petit-lait. De même que les résistants, les communistes, les homosexuels ou les marginaux, les francs-maçons étaient la bête noire des Allemands. La garce allait payer !

CHAPITRE 20

Où la Waffen SS ne circule pas
en traîneau

C'est ainsi qu'en ce mois de la Nativité, les habitants des Mûriers reçurent une visite autrement moins réjouissante que celle du Père Noël. En guise de traîneau, les tractions avant de la Gestapo encerclèrent la maison pendant que des miliciens – le fils Malbec en tête – tambourinaient à la porte. Quand la horde en uniforme envahit le hall, le cœur de Marguerite faillit sauter. Elle essaya de dissimuler au mieux sa peur en affichant un sourire affable, *Que ces messieurs veuillent bien se donner la peine d'*... Lesdits messieurs n'attendirent pas la fin de sa phrase pour investir le rez-de-chaussée. Après avoir plus que sommairement expliqué de quoi il retournait, ils saccagèrent les pièces. L'officier qui dirigeait l'opération demanda que tous les habitants se regroupassent en bas. Tirées de leur sommeil, Rose et Églantine descendirent en chemise de nuit. Des soldats ramenèrent Jacques de l'appentis en se moquant de son visage disgracieux. *Eine Feldgraue* – un de ces vieux poilus –, se gaussèrent-ils en le poussant du bout de leur fusil. Marguerite fit discrètement signe à son frère de rester tranquille. Affichant son plus plaisant minois, elle conjura le gradé de laisser sa petite-fille au lit – l'enfant venait tout juste de s'endormir à l'étage. Ainsi espérait-elle naïvement tenir les Allemands éloignés de la cachette des Papernick. Mais un sous-fifre se mit à brailler : la zalope avait-elle les oreilles mal nettoyées ? Le commandant avait dit, *Tout le monde !* À moins que la gamine ne fût un goret ou un chien, elle devait être là dans la minute ! Rose grimpa chercher Camélia et en profita pour gratter les trois coups convenus contre la cloison. Surtout, ne pas bouger ! Tremblante, elle prit la petite encore ensommeillée dans ses bras.

Pendant ce temps, l'officier avait sommé Marguerite d'expliquer ce qu'elle faisait avec le dénommé Marius Meynadier, le soir du 16 décembre. Notre héroïne comprit en une fraction de seconde : les Fritz n'étaient pas là pour les Papernick, sûrement qu'ils ignoraient jusqu'à leur existence. Le fils Malbec avait dû fouinasser. Il avait sans doute surpris l'une de ses transactions avec Marius, qui dirigeait l'un des réseaux qu'elle fournissait. Auquel cas, les Allemands allaient faire chou blanc : elle veillait à falsifier son carnet de compte chaque fois que cela s'avérait nécessaire – les caisses devenaient des bouteilles, de sorte que l'approvisionnement du mont Aigoual pouvait aisément passer pour de la consommation personnelle.

— Que fous foulait ce *Herr* Mariuz Meynadier, puisgue zé bien de lui gue nous parlons ? insista l'officier, l'œil sournois.

— Le Marius ? C'est l'un de nos plus vieux habitués ! La famille Meynadier habite les bords du Gardon, il suffit d'une mauvaise pluie pour que leur cave prenne l'eau...

— *Schnell bitte !* la coupa l'Allemand en fronçant les sourcils.

— Eh bien, je lui ai simplement vendu trois bouteilles pour Noël.

— Addendez, addendez… *Herr* Malbec m'a barlé de drois gaisses de vin, gontrevenant gravement au razionnement ! s'étonna l'officier.

— Que nenni ! s'exclama le plus naturellement du monde Marguerite. Vous n'ignorez pas qu'avec les ravages de la guerre, les routes sont terriblement abîmées. J'ai tout empaqueté avec soin dans une caisse pour éviter une catastrophe. Un litre est un litre, mon cher ! D'autant plus que nous ne produisons pas de la piquette !

Sur ce, elle servit un verre à l'Allemand.

— Jugez-en par vous-même, lui intima-t-elle.

Le naturel de Marguerite fit mouche, et le Fridolin mordit au boniment. Elle en profita pour lui porter le coup d'estoc en sortant son carnet de compte. Rapide coup d'œil de l'officier : la facture était bel et bien au nom de Marius Meynadier, elle mentionnait trois bouteilles de vin rouge, ni plus ni moins. Ce foutu Malbec leur avait fait perdre leur temps. En deux ordres secs, le Fritz ordonna le rassemblement de ses hommes. Le remue-ménage réveilla Camélia, assoupie sur l'épaule de sa mère. La vue de ces inconnus bardés d'armes la terrorisa. Rose eut beau lui murmurer de rester calme, au moment où les Allemands allaient franchir la porte, la petite appela son père en hurlant :

— Papa ! Papa !

Le fils Malbec fit volte-face.

CHAPITRE 21

Où les Fritz liquident le cat

Les Allemands aussi s'arrêtèrent. Malbec fonça sur Rose. Jacques recula imperceptiblement vers la cheminée pour saisir dans son dos le manche du tison. Marguerite observait la scène, impuissante. Églantine quant à elle, absorbée qu'elle était dans la contemplation du cuir rutilant des bottes allemandes, semblait absente, comme à l'accoutumée, et ignorait les cris déchirants de son arrière-petite-fille :

— Papa ! Je veux Papa ! s'époumonait Camélia, qui aurait filé au premier étage si sa mère ne l'avait fermement retenue par la main.

Alors, pour couvrir ces suppliques qui trahissaient les siens, Érasme se mit à miauler. Un miaulement si perçant qu'il en devint douloureux, rendant la tension dans la pièce insoutenable. Au point que l'officier nazi lui décocha un violent coup de botte.

— Décache, zatané *Katze* ! beugla-t-il, poussé à bout.

Érasme atterrit deux mètres plus loin, aux pieds du fils Malbec. Un curieux sourire se dessina sur le visage du salopard, mélange de jouissance et de cruauté. Puis l'ignoble individu écrabouilla, de ses talons cirés, le crâne du chat. Un filet de sang coula de la petite gueule entrouverte. Immédiatement, des larmes de rage

300

brûlèrent les yeux de Marguerite ; les doigts de Jacques se cramponnèrent au tison. Le frère et la sœur se jaugèrent.

Camélia profita de cet instant d'épouvante pour échapper à sa mère et courir à l'étage. Personne n'eut le temps ni le réflexe de la rattraper – chacun trop abasourdi par la barbarie de ce qui venait de se commettre. En haut, la gamine cogna contre l'étagère qui masquait la double cloison, martelant les livres de ses poings potelés.

— Papa ! Papa ! implorait-elle.

L'officier grimpa les marches quatre à quatre, suivi par le reste de l'assemblée. La catastrophe semblait inéluctable. Alors, sans qu'on l'eût sentie venir, Églantine débarqua sur le palier en riant. On pria pour que ce nouvel accès de folie ne précipitât pas la débâcle, et c'est l'estomac noué qu'on assista à cette curieuse scène : sans se départir de sa bonne humeur, la vieille femme s'avança vers l'officier. Qui, interloqué, la laissa approcher. Tous les regards étaient suspendus à la quadrisaïeule, qui toisait l'Allemand avec superbe. Même Camélia s'arrêta de pleurer. Puis, d'une voix qu'on ne lui connaissait plus aussi posée depuis des lustres, Églantine prononça ces mots :

— Tout ceci est ma faute, cher monsieur. J'avais promis à Camélia de lui raconter l'histoire du père Noël, puis j'ai oublié. À mon âge, vous savez...

Et l'aïeule saisit un album illustré sur l'étagère que la gamine avait malmenée – une traduction de *La Nuit avant Noël*, de Clement Clarke Moore. Enfin, entraînant son arrière-petite-fille par la main, elle regagna le rez-de-chaussée, s'assit tranquillement dans un fauteuil du salon et feuilleta le livre jusqu'à une page où le père Noël conduisait son traîneau.

— Le voilà ton papa, papa, papa Noël ! s'amusa-t-elle en singeant l'enfant.

Attirée par la couverture rouge et dorée, Camélia avait grimpé sur les genoux de la matriarche. Qui commença la lecture, comme si les Allemands, à leur tour descendus, n'existaient pas. L'officier poussa un soupir désabusé, se retourna vers Malbec et le fusilla du regard.

CHAPITRE 22

Où ci-gît Allais sans retour

Après le départ des soldats, plus personne n'osa bouger. Rose pleurait en silence, tandis que Jacques hurlait, la tête enfouie dans ses mains. Éblouie par le courage de sa mère, tout autant qu'anéantie par la cruauté de Malbec, Marguerite se jeta dans les bras d'Églantine. Derrière la cloison, Isaac s'inquiétait :

— Par pitié, dites-moi que tout va bien !

On le rassura, puis le pressa de sortir : peut-être pouvait-il faire quelque chose pour

Érasme ? Malheureusement – la résurrection n'étant pas l'apanage de la médecine –, Isaac n'eut d'autre choix que de constater la mort du pauvre chat.

Le lendemain, Jacques creusa une tombe à côté de celle de Socrate. Les jumeaux répandirent une bouteille d'Aïthops Oinos sur le cercueil. Rose reniflait chaque fois que Camélia lui demandait quand Érasme reviendrait. On resta de longues minutes, planté devant la stèle. Jusqu'à ce que Marguerite tiquât : le gris du granite paraissait tellement triste comparé aux excentricités de feu leur ami. Il manquait un je-ne-sais-quoi – un détail, une touche de fantaisie – qui rappelât le génie bouffon d'Érasme.

— Une épitaphe ! s'écria Rose, en essuyant ses larmes.

C'est qu'elle l'avait pratiqué, son brindezingue de compagnon. Comme ils avaient arpenté la ville ensemble, quand tous deux vivaient à Paris ! Comme elle les connaissait, ses coins préférés ! Les estaminets bien sûr, les curiosités – la pagode chinoise de Ching Tsaï Loo, rue de Courcelles, le plus vieux graffiti de la capitale, place des Vosges, la porte de l'immeuble Lavirotte, sur laquelle on devinait un phallus… – et, par-dessus tout, les cimetières ! Ils avaient passé un temps infini à flâner au columbarium de Saint-Ouen, entre les tombes du Calvaire ou dans les allées du Père-Lachaise. *Des promenades édifiantes !* se plaisait-il à dire, où l'on pouvait dresser un état des lieux en attendant d'investir son logis éternel. L'une de ces musardises leur donna l'idée de chercher la sépulture d'Alphonse Allais : il se disait que le maître avait fait graver à son frontispice, *Ci-gît Allais. Sans retour.* Mais ils ne trouvèrent rien.

— Quel mauvais goût, pour un prodige du rire, de quitter la vie sans jeu de mots, s'était désolé le chat.

Le turlupin avait alors égrené toutes sortes de calembours qui pussent, le moment venu, célébrer son existence. Rose se souvenait de certains : *Ce sera ma dernière concession !* ou *Moi qui voulais une bière…* Leur choix s'arrêta sur cette ultime pirouette : *De ma vie, je fus un chat frivole, aujourd'hui, j'ai gagné en profondeur.*

CHAPITRE 23

Ou les petits arrangements avec Dieu

Pendant ce temps, *dowdah* Hannah ne tenait plus en place derrière la double cloison. La veille, commotionnée par la peur, elle avait fait ce serment idiot : s'ils en réchappaient, elle épouserait le premier homme qui se présenterait à sa vue. Or, c'était Jacques qui, après le départ des Allemands, avait ouvert la porte… Voilà qu'elle se retrouvait dans de beaux draps ! Mais un engagement étant un engagement – spécialement devant Dieu –, elle ne pouvait revenir sur sa parole. Raison pour laquelle elle tournicotait dans les dix mètres carrés, cherchant une issue au pétrin dans lequel elle s'était fourrée. Isaac la regardait s'agiter, éberlué.

— Va donc aux toilettes si tu as une envie pressante ! finit-il par lui lancer, agacé.

— Suis-je trop jeune ou plus assez pour que tu me dises quand aller au petit coin ? le rabroua-t-elle.

Il haussa les épaules.

— Si tu n'as pas trouvé de mari, c'est à cause de ton mauvais caractère, lui décocha-t-il, en guise de représailles.

— Eh bien, figure-toi que cela risque de changer…

— Ton mauvais caractère ? ironisa le frère.

— Le célibat.

Isaac en fut estomaqué. Il allait demander des explications quand Hannah lui signifia de la boucler. Elle avait à réfléchir, qu'on la laissât en paix. Reprirent alors ses incessantes allées et venues. Soudain, le visage de la vieille demoiselle s'éclaircit. Certes, elle avait promis d'épouser Jacques s'ils en réchappaient. Cependant, rien ne permettait encore de les affirmer tirés d'affaire ! Ainsi la bigote en vint-elle à entretenir une certaine ambiguïté avec l'espoir d'une victoire contre les Allemands.

Au rez-de-chaussée, assise près de la cheminée, Églantine se demandait qui diable faisait les cent pas là-haut. L'héroïne de la veille avait miraculeusement recouvré ses esprits, comme si la peur avait reconnecté ses circuits. Seulement, telle la soldatesque après la bataille, ce baroud d'honneur l'avait lessivée. Marguerite lorgnait avec inquiétude les cernes sous les yeux de sa mère. À peine venait-elle de la retrouver en pleine possession de ses moyens qu'il lui semblait devoir se préparer à lui dire au revoir. Elle la supplia de tenir le coup. De bonne grâce, la vieille femme promit :

— Jusqu'au printemps au moins, sourit-elle, fatiguée.

CHAPITRE 24

Où la quadrisaïeule ne connut pas le joli mois de mai

Hélas, du printemps, Églantine ne cueillit que les premières primevères, s'éteignant trop tôt pour voir s'épanouir les lilas. La veille de sa mort, l'esprit de la pauvre femme s'était de nouveau affolé. Elle avait impérativement voulu mettre la main sur les giroflées cueillies le jour où Barthélémy l'avait embrassée pour la première fois. Marguerite avait tendrement posé son bras sur le sien. Ne se souvenait-elle pas les lui avoir confiées quand elle était partie pour Paris ? Sa mère avait secoué la tête. Alors, Marguerite avait rapporté la boîte en fer rouge, à l'intérieur de laquelle elle conservait précieusement – parmi tous ses trésors – le bouquet fané. Après avoir humé les pétales, Églantine avait eu ces mots terribles : les fleurs exhalaient la poussière, il était temps pour elle de rejoindre Barthélémy.

Maintenant qu'elle reposait sur son lit, les lèvres entrouvertes, on eût pu croire qu'elle donnait à son mari un baiser de retrouvailles. Marguerite tressa les cheveux de sa mère avec des brins de muscaris et déposa une poignée de giroflées séchées sur sa poitrine. On pleura chaudement la vieille femme, puis lui dressa une stèle à côté de celles de Barthélémy, de Socrate et d'Érasme. Bien entendu, sa tombe fut quotidiennement fleurie.

Le chagrin réveilla les vieux démons de Jacques. Le matin, la soif étrillait son gosier. Le midi, elle lui serrait la gorge. Et le soir, alors qu'il se sentait plus sec qu'une trique, elle l'empêchait de dormir. Mais il tint bon, tenaillé par un feu plus tenace encore : de ses orteils à la racine de ses cheveux, il désirait *dowdah* Hannah. Et même s'il savait cet amour impossible – la tante eût préféré embrasser le groin d'un porc –, Jacques resta sobre. Dès les premiers rayons du soleil, il s'abîmait quotidiennement à la tâche – dans les vignes, au garage, à la cave, au jardin –, tordant sans relâche le cou à son envie de boire.

Un jour qu'il déboulait mal réveillé dans la cour, un chat bondit hors du tonneau qui marquait l'entrée du chai. La bestiole déguerpit à toutes pattes et Jacques crut reconnaître Ficelle.

Le vigneron se frotta la barbe. D'habitude, la minette se montrait cajoleuse, grappillant caresses ici, rogatons de repas là. Le lendemain, même topo. Et ainsi de suite jusqu'à ce que Jacques, intrigué, en touchât un mot à Marguerite.

— Qu'est-ce qu'elle a, la Ficelle, à fuir comme ça ?

D'abord, sa sœur haussa les épaules : elle n'avait rien remarqué. Puis, tout bien considéré, un détail lui revint :

— L'autre soir, quand je suis allée chercher une bouteille pour le dîner, elle s'est effectivement carapatée en me voyant.

Le frère et la sœur demeurèrent silencieux. Qui donc savait ce que le fils Malbec avait pu faire à la féline pour qu'elle devînt si peureuse ? La rumeur racontait que sa mise à pied l'avait rendu fou. Loin de le plaindre, Marguerite redoutait qu'il se fût vengé sur l'animal. Pour en avoir le cœur net, elle grimpa dans la Martinette. S'il y avait quelque chose à apprendre, c'était au café du Commerce.

CHAPITRE 25

Où Malbec est au fond du trou

— Ça fait longtemps qu'on le voit plus le fils Malbec…

La remarque suffit à lancer la patronne. Qui

hocha la tête d'un air entendu, et fit signe à Marguerite d'approcher. On n'était pas près de le revoir celui-là… Les faits, elle les tenait de son mari, qui n'avait jamais piffré l'odieux personnage. Encore moins depuis que ce fumier s'était enrôlé dans la Milice. Non que le tenancier fût spécialement humaniste, mais le climat de défiance imposé par Vichy faisait du tort à la clientèle.

— Et quand on s'attaque au client, on vous chatouille le boursicot, ce qui met la rate au court-bouillon à mon Dédé !

La patronne se racla la gorge. Un soir, ledit Dédé avait rameuté le boucher, le boulanger et le fromager autour d'une Suze. Ils avaient imaginé des représailles. Oh, pas grand-chose… Juste une *petite correction*, histoire de rappeler au chefaillon qui portait la culotte dans le village. Seulement, le couillon s'était fait virer entre-temps. Décontenancés, les gars s'étaient gratté le crâne. Devaient-y ou devaient-y pas cogner ? Comme aucun n'avait su répondre, les choses avaient traîné, et on avait fini par oublier l'affaire.

Un après-midi cependant, le fils Malbec avait poussé la porte du café. Il était d'une humeur de chien. Un litre de pastis y était passé. Il s'était montré de plus en plus ordurier, et Dédé l'avait fichu à la porte. Tenant à peine debout, Malbec avait continué à insulter ceux qui croisaient son chemin. Avant d'entrer dans la boulangerie. Où il s'en était pris à la femme du boulanger, tandis que celui-ci faisait sa tournée. Au dîner, elle avait pleurniché sans toucher à son assiette puis, au moment du coucher, avait expédié son mari sur le canapé. Sans autre explication que, *Va demander au fils Malbec, il te dira pourquoi.* Or, qui chatouille le cul de la vache doit craindre la corne du taureau : le lendemain, le patron avait cuisiné son mitron pour en savoir davantage. Gêné, l'apprenti avait rapporté la scène :

— Il a… Comment dire… Mis sa main là où je pense…

Les narines du boulanger s'étaient dilatées.

— Et puis… Non, je peux pas continuer ! Enfin, vaut mieux pas… avait bredouillé le garçon, terrorisé par les veines qui gonflaient au front de son patron.

— Tu vas te mettre à table ou je sors les couverts !

Alors, blanc comme un linge, le mitron avait craché le morceau :

— Eh bien, il lui a dit qu'il lui fourrerait sa baguette entre les miches avant de lui ramoner son four de cocue.

— Son four de cocue ?

Le sang du boulanger n'avait fait qu'un tour. Ce maudit Malbec n'avait donc pas pu s'empêcher de baver ? L'ordure la méritait, sa branlée. Sans tarder, le commerçant avait rameuté ses compères. On s'était muni de fourches et de bâtons, et rué chez le scélérat. Les gars avaient eu beau retourner la maison, de la cave jusqu'au grenier, Malbec demeurait introuvable. Chou blanc. La fièvre tombée, on avait pris la mesure du cloaque : des tas d'immondices jonchaient le plancher, témoins de longues semaines de déshérence. Entre deux cadavres de bouteilles, gisait celui de Ficelle, éventrée par un tesson. *Salopard !* avait craché Dédé. Vu l'état de la charogne, le forfait ne datait pas de la veille. Comble de l'horreur, les types avaient remarqué des boules de poils toutes sèches autour de la bête. Nul doute : des chatons. Marguerite eut un haut-le-cœur. La patronne fit signe que ce n'était pas tout : après avoir fouillé l'intérieur de la ferme, ils avaient passé le jardin au peigne fin. Là encore, le fils Malbec semblait s'être évaporé.

— Il faut signaler sa disparition à la gendarmerie ! s'exclama naïvement Marguerite.

La tenancière plissa les yeux. Pas la peine… Une drôle d'odeur remontait du puits. En bons chasseurs qu'ils étaient, les hommes ne s'y étaient pas trompés : ça puait le cadavre à plein nez. Marguerite se retint de vomir et supplia la patronne de lui épargner les détails. Un brin frustrée, la commère résuma la situation : le corps de Malbec était tellement enflé qu'il bouchait le trou ; mais au sommet de la baudruche, les types y mettaient leur main à couper, c'était bien sa petite gueule de crevard. À l'heure qu'il était, l'ordure pourrissait toujours là-bas. Marguerite se leva précipitamment et courut aux toilettes.

CHAPITRE 26

Où le petit bal n'est pas perdu

Notre héroïne rentra l'estomac noué et ne put s'empêcher, en longeant la propriété de Malbec, de jeter un œil écœuré au puits. Soudain, un chat déguerpit dans la haie. Marguerite aperçut clairement l'extrémité blanche de ses pattes avant et de sa queue. À coup sûr, il s'agissait du grippeminaud qui traînait près du chai. Et, si ce n'était pas cette pauvre Ficelle, étripée par l'horrible tortionnaire, qui donc était-ce ?

Le soir, Marguerite bouda le pot-au-feu. Tout le monde lui trouva grise mine. Le lendemain, elle se rendit au commissariat, suggérant sobrement aux gendarmes d'aller faire une ronde chez Malbec : en taillant la haie, elle avait remarqué une odeur bizarre. Sur le chemin du retour, elle évita le café du Commerce : elle avait eu son content de dégueulasseries.

Pourtant, les nouvelles qui agitèrent bientôt le troquet furent d'excellent augure. Les Teutons commençaient à essuyer des revers. On échangea d'abord les informations sous cape, puis, les déboires des Allemands se multipliant, on les commenta plus ouvertement. Les maquisards malmenaient les Schleus – vol de dynamite, cargaisons détournées, trains qui sautaient. Ça sentait bon. Et sentit meilleur encore ce fameux mardi de juin, quand la nouvelle se répandit telle une volée d'étourneaux : les Alliés avaient débarqué en Normandie ! Aux Mûriers, on se serra dans les bras mais personne ne sauta de joie. Il fallait garder la tête froide, les panzers allemands étaient toujours en ville. Et cela prendrait presque deux mois pour que les Fritz quittassent définitivement le fort d'Alès.

Ce jour venu, pour les Papernick, la Libération ne fut pas un vain mot : lorsqu'ils s'extrayèrent de leur cachette, Isaac, Haïm et Hannah titubèrent comme des papillons qui se cognent aux fenêtres. La glorieuse lumière d'août 1944 les aveugla, et ils mirent un moment à se réaccoutumer à l'immensité du ciel. Une fois leurs jambes bien dégourdies, ce fut une véritable poussée de sève. De nature réservée, Isaac laissa ses émotions le déborder ; il hurla de bonheur, attrapa Marguerite par la taille et la fit voltiger dans les airs.

— *Evenou shalom alerhem*, chanta-t-il, tout en riant à gorge déployée.

Marguerite lui répondit de bon cœur, et l'on eût pu croire, l'espace d'un tournoiement, à un couple fêtant la victoire – unique occasion de leur vie où ils se permettraient pareille licence. Haïm, quant à lui, flanqua Camélia dans les bras de Rose et se jeta sur son violon. Il ouvrit l'étui tel un homme plonge ses mains dans l'eau après avoir traversé le désert. Ses doigts retrouvèrent vite leur allant, et l'on dansa en farandole sur ses airs pétulants. Marguerite sortit la nappe, le pâté en croûte, et accrocha des lampions aux branches des mûriers. La fête dura tard dans la nuit. Tout le monde affichait un visage radieux.

Excepté Hannah. Depuis l'annonce de la retraite des soldats allemands, elle ne partageait pas la liesse générale. Inquiet, Jacques lui lançait des œillades en catimini. La voir si sombre en ce jour de victoire lui gâchait son plaisir. Tandis qu'il lorgnait la tante, Marguerite le chiquenauda, *Qui ne tente rien n'a rien, non ?* Alors, timidement, l'ancien combattant s'avança au-devant de la revêche et, d'un geste maladroit, l'invita pour une valse. Contre toute attente, elle saisit sa main. Il en resta pétrifié. Malhabiles, et un peu embarrassés, ils esquissèrent un pas de deux. Jacques n'aurait jamais cru tant de bonheur possible. Il n'était pourtant pas au bout de ses surprises ! Alors qu'il piétinait allègrement la robe de sa cavalière avec sa jambe de bois, elle se rapprocha.

— J'ai quelque chose à vous demander, s'obligea-t-elle à murmurer, tenue par le serment qu'elle avait fait.

— De vous laisser tranquille ? la devança-t-il, certain qu'un si beau rêve ne pouvait durer.

— Accepteriez-vous de m'épouser ?

À ces mots, Jacques s'évanouit. Marguerite dut lui administrer une bonne paire de claques pour qu'il reprît ses esprits.

CHAPITRE 27

Où il est question de papillote et de pénis, nullement de pénis en papillote

Jamais personne ne comprit vraiment le revirement de *dowdah* Hannah, et jamais elle ne s'en ouvrit à quiconque. Quelles que fussent ses motivations, on décida d'un mariage à l'été suivant. Auparavant, Jacques devait se convertir. Or le chemin était ardu, et la pente raide : devenir *guer* relevait du parcours du combattant. Une année ne serait pas de trop pour amadouer le rabbin et lui prouver que notre pénitent de soûlard connaissait le Talmud aussi bien qu'un moteur de Peugeot. Sans démériter, il potassait les *mitzvot*, remâchant les préceptes énumérés par Maïmonide.

— *Ne pas tirer bénéfice d'un taureau condamné… à la… la lapidation…* ânonna-t-il ce soir-là.

— Et s'il meurt sous les banderilles d'un toréador ? l'asticota Marguerite qui trouvait tout cela absurde.

— C'est également proscrit, lui répondit Hannah sans sourciller. Le cas est évoqué dans le *Sefer Hamitzvot*, où il est précisé qu'il est interdit de manger la chair d'un animal mortellement blessé. Maintenant, chéri, je vous prie de continuer.

— *Donner au Cohen l'épaule, deux joues et l'estomac des animaux abattus. Briser la nuque de l'âne si son propriétaire n'a pas l'intention de le racheter,* reprit-il, inlassablement.

Car notre bonhomme était prêt à tout pour persuader le rabbin de défendre son mariage devant le Beth Din. Si le guide spirituel convainquait le tribunal religieux, tout serait arrangé : Jacques pourrait enfin prendre un nom juif, se faire circoncire et convoler avec *dowdah* Hannah. Marguerite était abasourdie. Cette histoire lui semblait proprement aberrante : son frère avec cette pimbêche, son frère avec un nom juif et – *last but not least* – son frère sans pénis.

— Sans prépuce ! pinailla Hannah, qui aimait l'exactitude.

Un dimanche matin, le rabbin toqua pour la troisième fois depuis le début de la semaine à la porte. Marguerite vit rouge. Feignant d'ignorer l'accueil on ne peut plus glacial, le religieux s'enquit des deux tourtereaux :

— Hannah et Jacob sont-ils là ?

— Mon frère s'appelle Jacques ! J-A-C-Q-U-E-S ! épela-t-elle en plantant le visiteur sur le pas de la maison.

Et elle fila vers les vignes. Si elle entendait une fois de plus parler de *zivoug* ou de *brit milah*, elle arracherait les papillotes du vieil homme avec ses dents.

CHAPITRE 28

Où le cynisme est un onanisme

On l'aura compris, ce n'était pas le mariage entre Jacques et *dowdah* Hannah qui tapait sur les nerfs de Marguerite – au contraire, l'idée que son frère connût l'amour la réjouissait au plus haut point –, mais tout ce tralala… Elle avançait, pestant entre les travées et, parvenue aux limites du domaine, donna un vigoureux coup de pied dans un caillou. Qui finit dans la rivière en contrebas, ce que Marguerite déduisit du sonore plouf, suivi d'une protestation immédiate :

— M'enfin, vous ne pouvez pas faire attention !

Craignant d'avoir manqué assommer un quidam siestant au bord de l'eau, elle s'avança timidement. De quidam, il n'y avait point. Seul un chat s'ébrouait, le poil mouillé, sur une pierre chaude. Et pas n'importe quel matou : le fameux, qui rôdait autour des Mûriers depuis un petit moment. Notre héroïne descendit en vitesse le talus et se posta au-dessus de lui. La copie conforme de Ficelle, en deux fois plus maigre. L'animal la toisa.

— Ôte-toi de mon soleil, ordonna-t-il.

Prise de court, elle ne bougea pas d'un pouce.

— Es-tu parfaitement impolie ou mal embou-chée ? feula-t-il, en se déplaçant pour rester dans l'axe de la lumière.

L'effet de surprise estompé, Marguerite s'anima

d'un soudain espoir. Se pouvait-il que le félin fût le fruit des amours d'Érasme et de Ficelle ? Enthousiaste, elle se présenta :

— Marguerite Piclet, pour vous servir !

— C'est gentil, mais en digne ascète, je ne vais jamais au restaurant, se détourna le chicaneur.

La bestiole semblait plus que retorse.

— Vous n'êtes pas sans savoir qu'il s'agit d'une expression, poursuivit prudemment notre héroïne.

— Je ne suis pas sans savoir, non, mais l'expression est à la réalité ce que le maquillage est à la femme : un trompe-couillon.

Le doute n'était plus permis : ce chat ne pouvait qu'être le fils d'Érasme. Ayant copieusement pratiqué le père, elle décida de prendre le raminagrobis à son propre jeu :

— Soit. Alors sans mascara ni rouge à lèvres, qui êtes-vous ?

— Diogène, et je ne suis pas là pour vous servir.

À compter de cet épisode, si le philosophe mal luné continua à garder ses distances, on put tout de même l'approcher. Lorsque Marguerite le questionna sur ses origines, il nia immanquablement l'évidence, dégoisant un tas de sornettes plus farfelues les unes que les autres : un jour il était le fils d'un banquier grec, un certain Ikésios, emprisonné à Sinope pour avoir imprimé de faux billets, un autre, il était né d'un chien. Il déclara également descendre de Zeus. Il n'en fallut pas plus à notre héroïne pour cerner le gaillard : un emmerdeur, cynique et intelligent. Quoiqu'il fût invivable, elle apprit à l'apprécier. Sauf quand il s'adonnait à cette fâcheuse habitude de se masturber en public.

— Plût au ciel de se frotter ainsi le ventre pour ne plus avoir faim ! clamait-il à qui pouvait le comprendre.

Camélia réussit là où tout le monde avait échoué : elle amadoua le félin. Bientôt, la gamine et le chat furent inséparables. Il n'était pas rare qu'elle disparût des journées entières et qu'on finît par la retrouver enfermée avec Diogène dans son tonneau, devant le chai. De quoi ils discutaient, nul ne le saurait jamais.

CHAPITRE 29

Où Marx la menace

À grandir aux côtés de ce maître *ès* insolence et misanthropie, la petite Camélia se forgea un caractère bien trempé. Telle un sniper, elle domina rapidement l'art de la repartie, justifiant ses facéties par son dégoût du genre humain. *Dowdah* Hannah ne supportait pas cette mauvaise graine. Chaque Hanoucca, l'effrontée partageait sans vergogne du cochon avec cet affreux chat de gouttière. Il arrivait même qu'elle soufflât les bougies de la *menorah* en entonnant des chants grivois. Comble de la folie, l'impertinente s'adressait au félin comme s'il était doté de la parole. Soi-disant qu'il l'aidait à faire ses devoirs. Hannah se résolut à solliciter le rabbin, persuadée que le Malin possédait sa petite-nièce.

Le prêtre se montra formel : le mauvais œil avait en effet frappé Camélia. Pas étonnant, persifla la superstitieuse. Rose et Haïm négligeaient l'instruction religieuse de leur fille comme une vieille chaussette. Pire, ils la confiaient dès que possible aux bons soins de Marguerite. Alors... Une polissonne, élevée par une écervelée, le ver était plutôt deux fois qu'une dans la pomme ! Pour tenter de contrer l'*Ayin Hara*, Hannah alluma des bougies partout dans les Mûriers, disposa du sel aux quatre coins de la maison, brûla de l'encens sur du charbon et psalmodia des prières. En vain. Camélia poussait tel le chiendent. La bigote soupirait. Ah, si elle avait pu, elle leur aurait montré ce que c'était que d'éduquer de beaux enfants, sains de corps et d'esprit !

Marguerite la laissait dire, trop heureuse de passer du temps avec son Méchant joyau, ainsi qu'elle surnommait sa petite-fille. Car c'était elle qui s'occupait de la gamine pendant que Rose et Haïm parcouraient le monde, de concerts en galas. À cet égard, la vieille femme essuya quantité de remontrances de la part de l'institutrice. Rendez-vous après rendez-vous, la vipère brossait un portrait toujours plus noir de Camélia. À l'issue d'une convocation mémorable, la bégueule chapitra la grand-mère :

— Votre progéniture a de sérieux problèmes,

Madame Piclet. Elle refuse de réciter ses tables de multiplication et soutient qu'un mathématicien est plus bête qu'un âne parce qu'il sait tout du soleil mais ignore l'herbe sous ses pieds ! Quel toupet !

Marguerite l'écoutait, sourire en coin. Elle connaissait la suite par cœur. La maîtresse parlerait de l'autorité qui se perdait, du mauvais esprit qui était le terreau des mauvaises mœurs, affirmerait qu'il était urgent de réagir, sans quoi Camélia deviendrait marxiste, ce qui ne convenait pas aux jeunes filles de bonne famille. À ce train-là, la petite crapule aurait tôt fait d'attraper une syphilis ou un herpès mal placé. Sachant l'enseignante intarissable sur le sujet vénérien, Marguerite se débrouilla pour l'interrompre avant qu'elle n'en arrivât au chancre mou.

— Je peux vous l'assurer, Camélia connaît ses tables de multiplication par cœur.

Sur ce, elle invita la gamine à montrer ce dont elle était capable :

— Une fois une bigote égale tante Hannah, deux fois deux bigotes, quatre crétines, trois fois deux crétines, six nonnes…

L'institutrice se décomposa.

— Jésus Marie Joseph, c'est du vice ! se signa-t-elle.

— Tout de même, l'admonesta Marguerite, nous sommes dans une école publique !

Le rendez-vous s'acheva comme tous les précédents : la maîtresse menaça de dénoncer la famille aux services de protection de l'enfance, tandis que Marguerite lui claquait la porte au nez.

Toute sa scolarité, Camélia rapporterait des zéros pointés, bien que le style de ses compositions – un tantinet sardonique – fût brillant.

CHAPITRE 30

Où la tempérance n'est pas un trust de Dieu

Pendant ce temps, loin d'imaginer les polémiques que provoquait leur fille, Rose et Haïm sillonnaient le monde de cocktails en salles de concert. Depuis la Libération, les directeurs des plus grands théâtres s'arrachaient les Papernick – le couple s'était marié en septembre 1944, damant le pion à Jacques et Hannah en signant devant le maire à la barbe du rabbin ; Marguerite avait jubilé, Hannah fait la gueule.

Chaque fois qu'ils partaient en voyage, les bourlingueurs envoyaient une carte postale des salles illustres où ils jouaient – Covent Garden, Carnegie Hall, la Fenice, Gewandhaus… Camélia les épinglait sur un planisphère, qui bientôt fut envahi. La gamine passait des heures devant les photos, se figurant ses parents ici ou là. Pour rien au monde elle ne l'aurait avoué, mais ils lui manquaient terriblement. Heureusement, elle avait sa grand-mère. Et Diogène : souvent le chat se glissait dans sa chambre et se roulait en boule contre elle. Ensemble, ils écoutaient les derniers enregistrements des célébrités. Depuis le rez-de-chaussée, Hannah se plaignait que la musique fût trop forte. Aussitôt, Camélia augmentait le volume.

Les parents rentraient systématiquement les bras chargés de cadeaux : des souvenirs bon enfant, bien sûr – nougat tendre de Venise, parapluie et thé Fortnum & Mason *from London*... mais aussi des objets plus étranges, qui venaient agrémenter le cabinet de curiosités de leur fille. Laquelle collectionnait, à côté de son lit, dans une armoire fermée à double tour – plaisamment appelée son *memento mori* –, de drôles de bibelots : petit crâne d'écureuil, mues de cigale, fossiles en tout genre, etc. À la suite d'un récital à New York, Rose avait offert à Camélia un caillou ramassé sur la tombe de Rachmaninov. De retour d'Athènes, Haïm avait sorti de ses bagages un tesson déniché chez un antiquaire – soi-disant prélevé sur la jarre à l'intérieur de laquelle Diogène de Sinope avait gîté.

Il n'était pas rare que le couple revînt accompagné d'amis – artistes en mal d'inspiration, qui n'attendaient qu'une chose : se ressourcer au vert. Les Mûriers constituaient un repli idéal, et il en fut plus d'un qui tomba sous les charmes – même fripés – de Marguerite. Car notre héroïne excellait dans l'art de recevoir, fidèle à ce qu'Eugène lui avait enseigné :

de la générosité, toujours de la générosité, dans les verres, les assiettes et l'humeur. Ainsi dînait-on d'une cuisine simple mais pleine de saveurs – pains d'épice et madeleines enfournés dès que les rôtis sortaient du poêle –, et les crus choisis avec soin et fantaisie sublimaient chaque repas. Ce petit grain de folie se retrouvait dans la décoration des Mûriers : les toiles rustiques côtoyaient le liberty, un coussin à pois ornait un fauteuil à rayures. La maison bénéficiait donc d'un charme fantasque, qui rendait les invitations d'Haïm et de Rose fort courues.

Le matin, chacun se levait quand bon lui semblait – une cafetière était maintenue en permanence au chaud. On petit-déjeunait copieusement avant de vaquer à ses occupations, tandis que les noctambules finissaient leur nuit alanguis sur des nattes en été, des méridiennes au coin de la cheminée en hiver. Il faisait bon vivre, et le week-end, les huîtres de midi appelaient un pichet de vin blanc, qui entraînait un poussecafé, après quoi on avait forcément envie de danser. Rose et Haïm ne rechignaient jamais à jouer, et la fête se poursuivait invariablement jusqu'à des heures indues. Calfeutrée sous son édredon, des boules Quies fourrées dans les oreilles, Hannah enrageait. Ces hippies la tueraient. Le lendemain, elle descendait dès potron-minet en faisant claquer ses talons et, devant la table qui n'avait pas été débarrassée, vociférait :

— Isaac ! Isaac !

Son pauvre frère rappliquait, les yeux pleins de sommeil.

— Mais fais quelque chose, enfin, c'est shabbat ! s'indignait-elle devant les restes.

— Hannah, ils ne sont pas juifs… soupirait-il.

— Tais-toi, tu es devenu un goy ! l'invectivait-elle en le soupçonnant de renier ses principes pour plaire à Marguerite.

Accusation injustifiée : en homme placide qu'il était, Isaac cherchait seulement, dans une cohabitation conciliante entre tous, la paix à laquelle il aspirait. S'il n'avait tenu qu'à lui, jamais il ne se serait entouré de tous ces noceurs. Puisqu'ils étaient là, il se contentait d'apprécier leur compagnie. Du reste, cette bohème se révélait souvent divertissante. Et quand la société le fatiguait, le vieux médecin prenait poliment congé pour aller jardiner ou lire dans sa chambre.

Chaque fois, Marguerite le regardait s'éclipser avec tendresse. Elle aimait sa force tranquille. Toutes ces années, une confiance et une amitié mutuelles étaient nées entre eux. Nonobstant, ils continuaient de se vouvoyer. L'âge leur permettait de jouir de repas partagés, de rires et d'ivresse au-delà d'hypothétiques plaisirs de la chair.

Cela, Hannah ne pouvait le concevoir, persuadée que son frère et cette écervelée n'avaient qu'une envie : forniquer. Pour elle, la religion seule avait le monopole de la retenue.

CHAPITRE 31

Où le camélia serait une erreur,
pas de la nature

Un beau matin, on vit débarquer dans la cour un vieil homme fort distingué, portant nœud papillon et lunettes rondes.

— François Chassignol, botaniste, se présenta-t-il.

Il était désolé d'arriver à l'improviste, mais ses recherches de terrain l'avaient mené dans le coin, et il n'avait pas résisté à la tentation de venir rendre visite aux Mûriers. Dans le temps, il avait en effet correspondu avec un certain Barthélémy Aghulon, qui l'avait aidé à l'élaboration d'un herbier cryptogamique. Au crépuscule de sa vie, il considérait encore la pébrine comme une maladie passionnante, et l'aide du scientifique providentielle. La maison appartenait-elle toujours à la famille Aghulon ? Marguerite sourit et le pria d'entrer. Il prendrait bien le thé avec la fille et l'arrière-petite-fille de son ancien correspondant ?

On s'assit dans le jardin, autour de la table en fer forgé. Après le goûter, l'aïeul voulut faire un tour du domaine et demanda à Camélia de lui donner le bras.

— L'appui d'une demoiselle est plus aimable que celui d'une canne.

De mauvaise grâce, l'adolescente conduisit le patriarche vers les mûriers.

Volubile, le savant ne fit pas cas du mutisme de son escorte. Il progressait à l'ombre des feuillages, évoquant les sujets qui l'avaient occupé sa vie durant : la mort tragique d'un chardonneret, un houx commun à fruits jaunes, la fasciation chez l'asperge, la maladie du balai de sorcière, une noix incluse dans une autre, les vers des fruits… Plus la liste s'allongeait, plus la curiosité de Camélia était piquée. Sous le tweed suranné du vieux monsieur, sourdaient une douce fantaisie, un commerce intime avec les plantes, le silence et l'invisible. Légèrement essoufflé, il dut faire une pause et pria l'adolescente de l'excuser. Elle secoua la tête. Qu'il ne s'en fasse pas – un excès de bienveillance étonnant pour notre atrabilaire. L'octogénaire se tourna alors vers elle :

— Vous vous appelez bien Camélia, n'est-ce pas ?

Nouveau mouvement de la tête.

— Savez-vous qu'il s'agit d'une fleur fort curieuse, dénuée de tout parfum ?

L'adolescente fit la moue, d'un air de dire, *Merci pour la comparaison !* Son interlocuteur n'y prêta pas attention.

— Sa patrie se situe en Extrême-Orient, où croissent plus de deux cents espèces. L'une d'elles, le *Camellia japonica*, était même l'emblème des samouraïs, qui voyaient en elle le symbole de la fugacité de la vie.

La jeune fille releva le menton tout en cherchant à masquer son intérêt.

— Quant à l'arrivée de la fleur en Europe, c'est une drôle d'histoire. Le fruit d'une erreur. Ou d'une escroquerie...

Là encore, Camélia bisqua – le parallèle n'était pas glorieux. Et là encore, le vieux monsieur ignora ses humeurs.

— Figurez-vous, jeune demoiselle, qu'au XIXe siècle, les compagnies de navigation anglaise et française se disputèrent la primauté de l'introduction de la culture du thé – qui vient du *Camellia sinensis* – dans leurs colonies respectives. À la clef : la fortune assurée. Seulement, pour nous, il y eut un hic. Les marchands arborant pavillon tricolore rapportèrent non pas l'arbre à thé tant convoité, mais un simple *Camellia japonica,* une espèce très proche, dont hélas on ne peut obtenir la moindre saveur. S'étaient-ils trompés en subtilisant la plante dans les jardins de l'Empereur ? Avaient-ils été mystifiés par les Chinois ? Toujours est-il que le camélia, dès son arrivée dans l'Hexagone, déçut sévèrement nos compatriotes.

L'adolescente opina du chef, visiblement d'accord avec ce qu'elle venait d'entendre :

— Demandez à ma grand-tante : à l'image de la fleur qui a donné mon prénom, je suis quelqu'un de très décevant !

François Chassignol sourit avec franchise. Il n'en croyait pas un mot.

— Le camélia est une variété singulière, qui attend l'hiver pour fleurir. Vous n'êtes qu'au

printemps de votre vie, souffla-t-il, malicieusement.

Étrangement, notre éternelle emmerdeuse
ne se rebiffa pas. Elle se contenta de scruter le
vieux botaniste, comme si elle cherchait à savoir
jusqu'où elle pouvait lui faire confiance. Puis, de
but en blanc, l'invita à la suivre :

— Venez, j'ai quelque chose à vous montrer.

Ainsi François Chassignol fut-il l'un des rares
autorisés à découvrir son *memento mori*. Qu'il
explora avec le plus grand intérêt, commentant
chaque objet, du plus commun au plus farfelu,
d'un ton sérieux mâtiné de poésie. Sous sa moue
renfrognée, Camélia muselait un irrésistible
enchantement.

Quand le vieillard prit congé, elle l'accom-
pagna au portail et y demeura jusqu'à ce que
l'automobile eût disparu au bout du chemin.

Le mois suivant, l'adolescente reçut un pli de
Bourg-le-Comte. Entre deux feuilles de papier
coton, elle découvrit un magnifique spécimen
de *Camellia japonica* séché, accompagné de ces
mots :

Quand l'hiver s'épanouit.

Des années plus tard, en février 1960, lorsque
la nouvelle de la mort du gentil botaniste parviendrait aux Mûriers, Camélia courrait s'enfermer dans sa chambre. Personne ne la verrait
pleurer sur la vieille fleur. Sauf Marguerite,

qui serait autorisée à entrer pour consoler son Méchant joyau.

CHAPITRE 32

Où San Francisco les éveille

De petits bonheurs en grands chagrins – et parfois l'inverse –, arriva, sans qu'on eût eu le temps de la voir venir, la septième décennie de Jacques et Marguerite.

Rose et Haïm avaient fêté Noël aux Mûriers, puis filé à San Francisco où ils étaient la tête d'affiche du concert pour le réveillon du Jour de l'an. Là, leur interprète, un jeune étudiant en musicologie, leur conseilla d'assister au récital donné par un certain Terry Riley. Les époux Papernick n'avaient jamais entendu parler du bonhomme. L'interprète insista et leur proposa même de leur dégoter des places : il lui paraissait inconcevable que l'on passât à côté du pape de la musique minimaliste. Il n'en fallait pas davantage pour attiser la curiosité de Rose et d'Haïm. Voilà comment ils assistèrent à l'un des *all night concerts* du Californien.

L'artiste improvisa, de la tombée de la nuit au petit matin, sur un vieil harmonium rafistolé à l'aide d'un moteur d'aspirateur, tout en embouchant par alternance un saxophone couplé à un enregistreur magnétique. Le public, majoritairement chevelu, était venu avec hamacs, sacs de couchage et oreillers pour écouter les boucles du *tape-delayed* jusqu'au lever du soleil. Nos deux virtuoses furent foudroyés. À la fin, ils supplièrent le jeune interprète de leur présenter le maître. Cette rencontre bouleversa leur conception de la création.

Deux mois plus tard, Rose et Haïm regagnèrent les Mûriers avec cette unique idée en tête : pousser plus loin encore les frontières de la musique minimaliste. Jusqu'à la rendre concrète. Ainsi aménagèrent-ils un coin du garage en studio. Haïm était formel : il avait consacré la première partie de sa vie au klezmer – l'« instrument du chant » –, il vouerait la seconde au « chant de l'instrument ». Leur quête ? Capter la mélodie intérieure des objets. Le projet d'enregistrer l'harmonie intime d'un cendrier ou d'un ours en peluche pouvait paraître fou, mais il ne leur en semblait que plus beau.

Nos deux prodiges collaborèrent avec des spécialistes pour le moins inattendus : plombiers, fine fleur de la physique, usineurs de précision, experts en décolletage, bidouilleurs d'oscilloscope, qui croisèrent maints apôtres du rock progressif tout de cuir vêtus ; on hébergea même un brahmane indien qu'Hannah soupçonna d'abriter – sous son turban – une colonie de poux.

Cependant, les génies du décibel eurent beau s'échiner à inventer des machines plus complexes les unes que les autres, Rose secouait immanquablement la tête : aucun enregistrement ne parvenait jamais à capturer un son parfaitement pur. Il y avait toujours un je-ne-sais-quoi – grésillement ou friture, aussi imperceptible fût-il – inadmissible à l'oreille de celle qui, dans ses duos avec Haïm, avait entendu le chant limpide des atomes.

CHAPITRE 33

ou la cantilène des particules

Un temps, l'assistant du professeur de Broglie, ponte du paradoxe d'Heisenberg – qui venait de prouver que deux propriétés physiques pouvaient cohabiter à l'échelle de l'infiniment petit – coopéra avec Rose et Haïm. Rapidement, il jeta l'éponge. La dualité des ondes-corpuscules lui semblait mille fois plus simple que le chant des neutrons. Comme il remballait ses affaires, il évoqua un drôle de zigue, un doctorant obsédé par les appareils de mesure. Le type avait été rattaché à l'université d'Athènes, mais ses théories sur les quantas avaient effarouché le doyen, qui lui avait coupé les vivres. Il vivait désormais en France, où il espérait parvenir à sonder la résonance des atomes, et s'évertuait à construire une machine qui lui permettrait de collecter, en un enregistrement unique, plusieurs états relatifs. C'est ainsi que Rose et Haïm rencontrèrent Castor Papadopoulos. Ce fut un véritable coup de foudre : ils le tenaient, leur troubadour des particules !

Grâce aux algorithmes époustouflants dudit Grec, ils purent recueillir des sons absolument inédits. Les recherches se concentrèrent d'abord sur l'exploration du papier : deux mois durant, l'équipe s'enferma dans le studio en quête de la mélopée brute des molécules de cellulose. L'espace fut rapidement saturé de fils reliés à des diodes, auxquels se tressaient des câbles, eux-mêmes raccordés à des circuits analogiques, que le scientifique avait branchés en réseau avec des électrodes. Le tout formait un labyrinthe inextricable dans lequel Castor Papadopoulos évoluait avec l'agilité d'un gorille dans la jungle. Dans ce fatras, les trois amis froissèrent des quintaux de papier, déchirèrent du vélin, tailladèrent du carton au moyen d'outils divers et variés, le caressèrent du bout des doigts, testant ces mêmes opérations sur des kilos de papyrus, avant d'écorcher le tout à coups de fourchettes en inox, argent, plastique, des rames et des rames y passant tandis que Castor, stéthoscope en alerte, suivait l'évolution des décibels en fonction du grammage. De temps en temps, Marguerite toquait à la porte pour apporter chocolat chaud, thé ou café.

En moins de six semaines, l'équipe eut suffisamment de bande à sa disposition pour autoproduire un premier album. L'œuvre fut baptisée

Le Lac des signes, et sous-titrée *Millefeuille klezmer*. La création déstabilisa les fans de Rose et d'Haïm, qui perdirent les neuf dixièmes de leur public. Mais la délicatesse des mesures, les silences créatifs, sans parler de la qualité du son, leur conférèrent une notoriété qui, même confidentielle, leur tailla une place de choix dans le milieu de la musique contemporaine.

Hannah fulminait. La drogue seule pouvait expliquer pareilles folies. Persuadée que son neveu s'était laissé dévergonder par cette traînée de Rose, elle envisagea l'épreuve comme une énième punition de Dieu. Probablement ne lui manifestait-elle pas assez sa dévotion. Toutefois, comment faire mieux ? À force de se creuser la tête, la vieille tante finit par dépérir. Un matin qu'elle observait par ennui une file de fourmis transporter bravement les miettes du petit-déjeuner, elle se frappa le front. Un pèlerinage ! Voilà qui comblerait le Seigneur ! Ni une ni deux, elle informa Jacques de leur départ imminent. Ils avaient huit semaines pour rallier Jérusalem à pied : leur arrivée coïnciderait avec Pesa, l'exode du peuple juif hors d'Égypte ! Si avec ça, le Créateur ne leur tirait pas son chapeau, elle jetterait son tablier !

— Parce que Dieu ne porte pas la kippa ? s'étonna Diogène, dans un miaulement grinçant.

Jacques était trop abasourdi pour sermonner le chat. À n'en pas douter, sa femme voulait le tuer : un tel voyage, avec sa jambe de bois ! Comme il renâclait, elle prit son air chafouin :

c'était bien une réaction de goy que de penser à son nombril avant Yahvé. Il la menaça de se remettre à boire pour supporter pareille lubie. Tout le monde s'en mêla et ce fut la foire d'empoigne. Seul Castor Papadopoulos – dont la gloutonnerie le disputait à son obsession pour les ondes – resta stoïque, plongeant imperturbablement sa cuillère dans les œufs à la neige pendant que la famille s'entretuait. Au terme d'interminables pourparlers, et parce que Jacques était toujours aussi amoureux de son dragon de vertu, un compromis fut trouvé : les deux pèlerins se rendraient à Jérusalem en voiture, puis traverseraient la ville à pied jusqu'au Mur des lamentations.

Marguerite se frottait les mains : ça lui ferait des vacances.

CHAPITRE 34

Où dites-le
avec un électrocardiogramme

Alors que Jacques et Hannah mettaient le cap sur la ville trois fois sainte, Camélia profita de l'absence de son affreuse grand-tante pour annoncer une nouvelle fracassante : elle était amoureuse. Silence embarrassé autour de la table. Seul Castor Papadopoulos continuait à engloutir son velouté d'asperges. On échangea des regards gênés. De qui pouvait bien parler Camélia, vu qu'elle ne sortait jamais ? Du matin au soir, elle se cloîtrait dans sa chambre avec Diogène et fumait cigarette sur cigarette en lisant l'intégrale de Beckett. Certes, ses parents avaient consacré ces derniers mois à l'enregistrement de leur album, lui laissant maintes occasions de grimper à califourchon sur la mobylette d'un boutonneux du village, mais on avait du mal à l'imaginer en train de s'acoquiner à l'un d'eux. *Tous des imbéciles*, avait-elle coutume de persifler.

— En voilà une bonne nouvelle ! déclara Marguerite, la mine guillerette – cela faisait si longtemps qu'elle souhaitait à sa petite-fille une histoire d'amour !

Rose et Haïm ne quittaient pas leur progéniture des yeux, partagés entre inquiétude et incrédulité. Qu'allait-elle encore leur infliger ? Le nez dans son assiette, Castor Papadopoulos lampait impassiblement son potage.

— Ton jules et toi, vous avez dû être sacrément prudents pour passer sous les radars de la patronne du café du Commerce ! la titilla Marguerite.

— Elle n'a pas pu nous voir, fut la seule réponse de la jeune femme.

— Je te trouve bien présomptueuse, objecta Rose, la commère est la Mata Hari du patelin.

— Je n'ai jamais foutu les pieds dans son village de bouseux.

336

Comme le ton montait, Marguerite chercha à faire diversion.

— Une nouvelle tournée de velouté ?

Castor tendit son assiette.

— Bon, la blague a assez duré, tu te joues de nous, s'impatienta Haïm.

— Je n'ai aucun humour, tu le sais parfaitement, grogna Camélia.

— Ce sera donc un amoureux imaginaire ? ironisa Rose, que sa fille agaçait.

— Non.

— Alors aurais-tu l'obligeance de nous éclairer ? l'encouragea-t-elle.

La jeune femme se leva pour appuyer sur l'interrupteur.

— Bon sang ! Ne te moque pas de ta mère ! s'emporta Haïm.

— Je ne me moque pas, c'est vous qui ne posez pas les bonnes questions.

— Eh bien, je t'ordonne de nous dire de qui il s'agit, la somma son père.

Camélia se borna à faire un geste en direction de Castor Papadopoulos. Tous les regards braqués sur lui, le jeune homme s'immobilisa, cuillère en main, et se tassa sur sa chaise. Marguerite éclata de rire. Castor et Camélia, c'était la meilleure ! Quoique brute et peu soignée, la jeune fille possédait un charme buissonnier : une ronce, dotée d'épines pour mieux protéger ses tendres fleurs. Il suffisait d'écarter les mèches hirsutes pour apercevoir le nez retroussé et les yeux en amande. À côté,

Castor avait la délicatesse d'un mammouth. En outre, si le formalisme de son esprit sondait les mystères de l'univers, il ignorait les principes élémentaires des lois humaines, ne sachant ni dire bonjour ni participer à une conversation qui ne portât sur les particules. Le plus clair de son temps, il le passait à éplucher les graphiques régurgités par ses machines infernales tout en se goinfrant. En dépit de ces tares, Camélia le confirma : Castor Papadopoulos était l'élu de son cœur. Marguerite se tourna vers lui :

— Et vous ? s'enquit-elle en gloussant.

Le colosse, qui avait déjà replongé le nez dans son assiette, se contenta d'exhiber un relevé. Notre héroïne chaussa ses lunettes. Le pic de l'électrocardiogramme était formel : le cœur de Papadopoulos battait la chamade pour Camélia.

CHAPITRE 35

Où Jérusalem est
le début et la fin de tout

Tandis que la famille s'accoutumait à l'improbable couple, Jacques et Hannah parvinrent enfin aux abords de la Ville sainte. Le voyage s'était quelque peu éternisé : Jacques avait coulé une bielle à la frontière yougoslave, on leur avait volé une valise en Grèce, et les enquiquinements s'étaient abattus sur eux comme les plaies d'Égypte lorsqu'ils avaient traversé la Turquie. Jacques n'en pouvait plus : il ne s'agissait plus d'un pèlerinage mais d'un authentique chemin de croix. Il aurait donné cher pour boire un petit coup d'Aïthops Oinos, assis sur le banc à l'entrée des Mûriers. Hannah, elle, exultait. Ils les avaient bien mérités, leurs monts de Judée, Dieu ne pourrait les leur enlever !

Aux portes de Jérusalem, elle écrasa une larme. Qu'elle était belle la vallée du Cédron, surplombée du mont Scopus ! Ce sol était sa patrie, cette terre son berceau. Toute à ces sentiments lyriques, elle ne voyait pas Jacques bouillir d'impatience. Jamais il n'aurait dû se laisser embarquer dans pareille folie ! Plus ils approchaient, plus la chaleur avoisinait celle des Enfers. Son vœu le plus cher se bornait à cet instant à une simple douche fraîche. Ce fut donc sans égard qu'il interrompit sa douce : trêve de bavardages, on redémarrait ! Et il poussa le moteur de la Martinette à plein tube jusqu'au cœur de la ville. Pour leur plus grand malheur – qui se révélerait bientôt fatal –, l'auberge où ils échouèrent ne possédait pas l'eau courante, et les matelas pullulaient de punaises. Bien que le tenancier affichât pour devise : *Rigueur et satisfaction.*

Le lendemain, dès les premières lueurs du soleil, Hannah réveilla son mari en trombe.

C'était le grand jour, elle ne pouvait plus attendre. Dix minutes plus tard, nos pénitents mirent le cap sur le mont du Temple. Magnétisée par le Kotel, Hannah tirait sans ménagement Jacques qui n'arrivait pas à suivre.

— Je le sens, il est là, tout proche ! piaffa-t-elle.

— Qui ça ? demanda Jacques ruisselant.

— Le Kodesh Ha'Kodashim ! lui répondit-elle sans se donner la peine d'expliquer qu'il s'agissait du Saint des Saints.

— Ce serait ce fils de pute de Malbec, je lui serrerais quand même la main s'il avait un remède contre les démangeaisons, jura Jacques, accablé par les piqûres des hétéroptères.

Mais Hannah n'avait cure des tracas épidermiques de son époux. Au seuil de la porte de Damas, son exaltation ne connut plus aucune limite. Elle courut, n'hésitant pas à bousculer les marchands qui lui fourraient des essences de cyclamen et des poteries sous le nez, à houspiller les gamins à l'entrée des écoles, allant jusqu'à catapulter une mémé qui tardait à se pousser. Mortifié, Jacques épuisa ses dernières forces à s'excuser. Pure perte : personne ne le comprenait.

Ils arrivèrent enfin au Mur du Temple. Jacques s'écroula sur un banc pendant qu'Hannah filait du côté réservé aux femmes. Un zélote la refoula rudement : dans sa précipitation, l'impie n'avait pas couvert ses cheveux ! Notre bigote attrapa au vol une carpette sur l'étal d'un petit vendeur à qui elle lança trois shekels. Son tapis sur la tête, elle s'aplatit contre la pierre en poussant de sonores soupirs d'aise. Choqués, les rabbis se retournèrent. Hannah ne s'en aperçut pas, trop occupée qu'elle était à communier avec Dieu. Jacques aurait voulu disparaître, à l'image de ces papiers coincés dans le mur. Il semonça vertement sa moitié. Hannah remit alors précipitamment de l'ordre dans sa jupe et sortit un bout de feuille de son sac, sur lequel elle griffonna quelques mots. Après l'avoir plié, elle ficha son *ketel* entre deux pierres et débita une prière.

Las, nul ne saurait jamais si Yahvé l'avait écoutée car, sur le chemin du retour, Jacques fut pris d'une abominable crise de démangeaison au beau milieu de la rue – les punaises étaient peu sensibles aux suppliques. Hannah revint sur ses pas en le rabrouant : il ne fallait pas rester planté là, c'était dangereux ! Conseil on ne peut plus avisé, car, à peine l'avait-elle formulé qu'une camionnette les percuta de plein fouet, faisant valdinguer dans le fossé sa cargaison d'agneaux pour Pesa en même temps que nos deux pèlerins. Ainsi s'envola leur dernier souffle, dans une nuée de laine pascale.

Le chauffeur contemplait le désastre sans décolérer :

— *Es iz a katastrofe*, se lamentait-il en secouant la tête devant le corps des deux piétons mêlés à celui des agnelets démantibulés.

Après ça, personne ne voudrait du moindre de ses gigots souillés. Le Deutéronome était on ne peut plus clair à ce sujet : il était interdit de *manger le sang, car le sang, c'est l'âme, et [que] tu ne dois pas manger l'âme avec la chair.*

Si Hannah n'avait eu la tête à moitié écrabouillée, nul doute qu'elle eût opiné du chef face à si belle orthodoxie.

CHAPITRE 36

Où le cadavre n'est pas toujours exquis

Ce fut Isaac qui reçut l'appel. Le propriétaire de l'auberge de Jérusalem était terrorisé. On lui avait ramené ses clients les pieds devant. À voir la main d'Isaac trembler sur le combiné, Marguerite comprit qu'un malheur était arrivé. La conversation avec le taulier prit cependant un tour si incongru qu'elle en perdit tout caractère tragique. Le patron chevrotait. Qu'allait croire sa clientèle si elle tombait sur les macchabées ? Qu'il était un assassin ? Un receleur d'organes ? Pire, un nécrophile ? Lui qui n'avait jamais dévié de sa ligne de conduite : *Rigueur et satisfaction.* Chez lui, la viande froide, c'était pour le buffet, alors il priait expressément le bon monsieur de récupérer ses abattis, n'ayant aucune envie d'être poursuivi le restant de son existence par le spectre de deux maudits Français. Sans compter qu'il avait une réputation à tenir, qu'on se le dise. Non, vraiment, il ne voyait qu'une solution : enfermer les dépouilles dans le coffre de la Martinette, en attendant – en attendant que la famille l'en débarrassât.

Isaac haussa le ton. Lui vivant, sa sœur ne finirait pas comme une roue crevée à l'arrière d'une voiture. Marguerite ne pipait mot à cette dispute en hébreu, mais c'était bien la première fois qu'elle entendait Isaac crier. Ce dernier eut beau hurler, implorer l'aubergiste, le raisonner et éplucher son carnet d'adresses pour dégoter un cousin hiérosolymitain qui eût pu les aider à organiser le rapatriement des corps, même les solutions les plus abracadabrantesques achoppaient sur ce triste détail physiologique : le temps qu'on se retournât, les cadavres auraient commencé à faisander, et jamais les services de l'hygiène ne leur permettraient de passer la frontière avec. Il fallait s'y résoudre : le couple devait rester en Terre promise.

Après moult négociations, Isaac parvint à un arrangement : le type contacterait le Hevra Kaddisha, le service funéraire ; et avant que les employés ne levassent les corps, il s'engageait solennellement à les veiller selon la tradition – Isaac avait insisté : tous les miroirs de la chambre devraient être couverts d'un drap, et l'aubergiste fermerait la bouche et les yeux des défunts avant d'allumer une bougie près de leur visage. Au bout du fil, le bonhomme comprit qu'il avait affaire à quelqu'un de sérieux, un fin connaisseur des rites. Il s'en trouva fort impressionné.

— Vous n'avez pas le choix. En récompense de quoi, nous vous céderons la Martinette.

Dès le lendemain, Isaac et Marguerite embarquèrent pour la cité de David, accompagnés par Rose et Haïm qui tenaient à rendre hommage à leurs oncle et tante. Camélia refusa de venir, invoquant le souvenir de *cette connasse d'Hannah*.

Plutôt cracher sur sa tombe ! asséna-t-elle en expirant un nuage de Gauloise.

Haïm lui administra une claque qui fit valdinguer la cigarette. Camélia se contenta d'en rallumer une autre en toisant son père. De rage, il tourna les talons. Marguerite fit simplement les gros yeux à sa petite-fille, avant de l'étreindre.

— Tu diras bien adieu à tonton Jacques pour moi, lui murmura Camélia, ravalant un sanglot.

— Promis, Méchant joyau, jura l'aïeule, la voix noyée de chagrin.

Ainsi nos quatre voyageurs décollèrent-ils, abandonnant la maison aux bons soins de Camélia et de Castor. Lesquels lui accordèrent une attention toute particulière, s'ingéniant à recenser le moindre recoin pour y copuler dans des positions plus scabreuses les unes que les autres. À peu de chose près, les obsèques de l'oncle et de la tante furent célébrées à l'instant même où leur arrière-petite-nièce fut conçue.

CHAPITRE 37

ou le kaddish pour le frère
– et la belle-sœur

Au moment d'atterrir, Marguerite surprit dans le reflet du hublot le regard d'Isaac, assis à côté d'elle. Le vieux médecin posait pour la première fois le pied en Terre promise, et c'était afin d'y enterrer sa sœur. Les larmes qu'il parvenait à contenir, ce fut Marguerite qui les versa : que Jacques, son cher, son tendre et insupportable frère, dont la bonté l'avait toujours emporté sur la mauvaise humeur, pût disparaître, à cela elle ne s'était jamais préparée. Et à cela, elle ne voulait croire. Deux guerres n'avaient pas réussi à le tuer, l'alcool y avait échoué : le colosse ne pouvait avoir un pied d'argile. Et pourtant, combien de fois avait-elle porté son jumeau. Combien de fois avait-elle dû le ranimer. Jacques avait vécu comme il buvait, comme il conduisait : sans prêter attention au danger, en fonçant, qu'importât le mur. C'était au prix de la mort frôlée qu'il se sentait vivant.

Et voilà qu'il était étendu au fond d'un cercueil, côte à côte avec *dowdah* Hannah. Isaac avait obtenu du rabbin une entorse au protocole : alors que le rite ne tolérait aucune musique, il avait soutiré l'autorisation qu'Haïm jouât – contre un autographe, le religieux étant mélomane. Quand le violoniste entama son adagio, quand Rose enveloppa les notes de sa voix grave – puisqu'elle ne disposait pas de piano –, le cœur de Marguerite battit si fort qu'il incendia sa poitrine. Et lorsque les couvercles furent cloués, c'est son corps tout entier qui faillit imploser.

Ensuite, il fallut suivre le cortège à travers les sépultures, au flanc du mont des Oliviers. Nulle fleur. Nulle couronne. De la pierre, uniquement de la pierre, partout frappée par le soleil.

— Comme Maman trouverait ça triste ! songea Marguerite, un nœud à l'estomac.

Le rabbin se racla la gorge, puis entama le kaddish. Isaac s'apprêtait à en traduire les paroles, mais Marguerite secoua la tête. Tout le temps que le religieux psalmodia, elle murmura sa prière à elle, venue de la terre, de l'amour et de la tristesse, émaillée de violet, de bleu, de rouge – ceux des iris, des bleuets et des coquelicots –, et tachée d'un peu d'huile de vidange. Elle chanta l'âme complexe des machines et l'adrénaline quand on passe les vitesses, les ronflements de moteur et ceux des cuites monstrueuses. Elle chanta les larmes versées de chaque côté d'une porte, un jour de retrouvailles. La gentillesse qui affleure sous la couenne, et les rires opiniâtres. Ceux de l'enfance, et ceux restés coincés au front. Elle chanta l'espoir qui, fidèle chiendent, repousse toujours au creux du ventre. Qui donne la force de tenir, de croire aux aubes, de dompter la soif et, un soir de bal improvisé, d'avouer sa flamme. Puis elle sourit. Un sourire destiné à

Hannah. Que son frère avait aimée par-delà la raison. Alors elle chanta la vieille tante, son air pincé, ses simagrées et ses épices. Tout le temps que le rabbin soliloqua, Marguerite célébra la vie. Celle de Jacques, qui était aussi la sienne, pour ne pas hurler sur ce corps qu'on arrachait au sien.

Lorsqu'on recouvrit les cercueils, personne ne la vit plonger sa main au fond de sa poche. Désormais, et pour l'éternité, il y aurait à Jérusalem un petit bout de terre des Mûriers.

CHAPITRE 38

Où les formules de Planck
sont des berceuses

Puis on rentra, le cœur lourd de laisser les siens à plus de quatre mille kilomètres. Quand Marguerite poussa la porte des Mûriers, suivie du reste de la troupe, Camélia, prise de nausées, se précipita vers les toilettes. Elle ne put plus nier l'évidence et, le soir, annonça la nouvelle à Castor Papadopoulos. Il y eut un long silence, auquel succédèrent de pathétiques excuses :

— Je ne peux pas… Pas capable… Les atomes, oui… Les bébés, non.

Camélia lui rétorqua – à juste titre – qu'il était trop tard pour changer le cours des choses.

— Je ne savais pas… bafouilla le scientifique.

— Comment on fait les bébés ? ironisa-t-elle, avant de se précipiter derechef aux toilettes.

Malgré ses réticences, Castor Papadopoulos promit de faire de son mieux. Ce qui exclurait de changer les couches, de se réveiller la nuit, de donner le biberon, les repas, les bains, et se résumerait à réciter d'affreuses comptines reprenant les formules de Planck pour endormir l'enfant. Qui vint au monde le 18 septembre 1967, au moment même où John Cockcroft – ponte de l'accélération des protons – passait l'arme à gauche. On prénomma la nouvelle-née Iris. Castor pleura toute la journée et toute la nuit. On ne sut jamais s'il sanglotait à cause de la disparition du Nobel de physique ou à l'idée de devenir père – car aucun mystère ne lui paraîtrait jamais plus impénétrable que la paternité.

Le matin de l'accouchement, Rose et Haïm planchaient sur leur pharaonique projet d'encyclopédie sonore. Entendant les cris de la parturiente, ils se ruèrent dans sa chambre pour enregistrer ses vociférations. Il s'en fallut de peu qu'ils terminassent assommés par la lampe de chevet que leur fille, les voyant débarquer bardés de leur matériel, leur balança au visage. Compréhensifs, les parents ne lui en tinrent aucunement rigueur, et répondirent présents chaque fois que Camélia jetait l'éponge, excédée par les pleurs du nourrisson. Ainsi la petite se retrouva-t-elle régulièrement couverte d'électrodes, les musiciens profitant d'avoir un poupon sous le coude pour capter d'inédits gazouillis et gargouillements. Et chaque fois, Camélia s'en plaignait auprès de Marguerite :

— Dieu sait ce que cette petite va me coûter en psychanalyse, avec une famille pareille !

— Au pire, elle finira artiste, ce qui est toujours bon pour le cœur, au mieux, elle aura du succès, ce qui résout d'autres problèmes, souriait la désormais arrière-grand-mère.

CHAPITRE 39

Où l'on meurt de rire

On ne pouvait pas dire que l'expérience de la maternité transcendât Camélia, ne polissant les angles du sarcasme que pour mieux le faire briller. Cependant, son amour pour Iris dénuda ses sentiments, que son cynisme ne parvenait plus à escamoter. Forte de cette sensibilité nouvelle, elle s'essaya à la poésie, cherchant à apprivoiser ces secousses sismiques d'ordinaire étouffées – révolte, colère, indignation, tendresse, désespoir. Castor enregistra une bande-son sur laquelle elle lut son *Traité de décomposition*, que des bruits de chutes diverses accompagnaient.

Au mois de mai suivant, le fameux printemps 1968, Camélia s'engagea dans des expériences libertaires de littérature à l'usine, mêlant politique et écriture.

Pendant ce temps-là, heureuse de faire la peau à son chagrin, Marguerite jonglait entre les couches et les biberons, chargée qu'elle était de garder Iris. Le soir, Camélia ramenait une faune chevelue et indisciplinée aux Mûriers. Les discussions s'éternisaient autour de la table couverte de bouteilles d'Aïthops Oinos. On fustigeait les syndicats, les socialistes, les communistes, chacun échafaudant des théories fumeuses, convoquant Wilhelm Reich à l'entrée, Bakounine au dessert. Marguerite présidait généralement la tablée – quoique modérément intéressée par les prêches, de quelque bord qu'ils fussent. Les jeunes lui réclamaient sans cesse énigmes et devinettes, dont, avec l'âge et en souvenir de Socrate, elle avait fait sa spécialité. Alors elle reprenait vie.

— Connaissez-vous la différence entre les radis et les radicaux ?

Tandis que la troupe donnait unanimement sa langue au chat, elle affichait un petit air malicieux :

— Eh bien, il n'y en a aucune : pareils aux radis, les radicaux sont rouges à l'extérieur, blancs à l'intérieur, et toujours près de l'assiette au beurre.

— Et souvent creux, ajoutait Diogène, depuis son tonneau.

Ainsi Marguerite devint-elle une sorte d'icône. Son sens intuitif de la joie détonnait avec les sermons politiques et désarçonnait les théoriciens les plus inflexibles. Il en fut plus d'un pour se demander, à la fin de la nuit, si une gorgée d'Aïthops Oinos ne valait pas tous les discours révolutionnaires de la planète.

C'est au cours d'une de ces soirées – où l'on buvait trop et fumait plus encore – qu'un nouveau drame se produisit. Un jeune metteur en scène supplia Marguerite de lui raconter le Paris de la Belle Époque. Il voulait tout savoir : Diaghilev, le Casino de Paris... Un souvenir traversa subito l'esprit de Marguerite. Une devinette qu'Eugène aimait à poser. Elle se racla la gorge et fit tinter son verre de la pointe de son couteau :

— Pardonnez-moi pour la crudité du propos, mais j'ai une petite colle à vous proposer : savez-vous quel est le conte préféré des libertins ?

Comme tout le monde séchait, elle eut ce mouvement des mains incroyablement touchant, qui traduisait son embarras amusé. Isaac sourit, attendri. Alors, d'une voix qui s'excusait d'avance, elle se risqua :

— L'étroit petit cochon.

De part et d'autre, ce ne fut que hurlements de rire et grandes tapes sur les cuisses. Ça gloussait, se tordait, chacun un peu saoul, de sorte que personne n'entendit le vieux médecin hoqueter, rougir, s'étouffer, jusqu'à ce que les syncopes le laissassent raide mort. Marguerite se décomposa.

Jamais elle ne se remettrait de la disparition d'Isaac.

CHAPITRE 40

Où le rire est le meilleur ami
de l'homme

Marguerite pleura pendant des mois la perte de son ami. Le vieux médecin avait sans doute connu la plus belle fin qui fût – mourir de rire – mais depuis, elle éprouvait un vide terrible. Une immense bouche qui aspirait tout, noire de chagrin. Aux côtés d'Isaac, elle avait vécu autant d'années qu'auprès de son époux. Il n'était ni son mari ni son compagnon, pas plus que son amant. Simplement, il avait été là. Et son absence l'anéantissait. C'était comme perdre un bout de soi. Épaule ou cœur.

Le jour de l'enterrement, quand tous les autres eurent lancé leur poignée de terre, Marguerite s'approcha de la tombe et murmura quelque chose en douce. Une sorte de déclaration, qui se terminait par... *vieillir à vos côtés, c'était rajeunir.* Au retour du cimetière, elle sut qu'il faudrait s'accrocher. À n'importe quoi, il y avait urgence. Sinon, elle passerait le reste de son existence à larmoyer. Alors elle s'assit dans le fauteuil du salon, celui où jadis son père lisait le journal, et contempla sa famille : Iris qui faisait ses premiers pas, Camélia et Papadopoulos qui s'engueulaient pour mieux se dire qu'ils s'aimaient, Rose et Haïm, désormais obsédés par les liens entre la musique et la philosophie, et puis Diogène, toujours aussi cynique.

Elle ouvrit ensuite la boîte en fer rouge, avec toutes ses reliques. Sous son couvercle, elle retrouvait le fantôme de ceux qu'elle avait aimés, et qui continuaient à lui être chers. Marguerite tint bon pour eux tous. Pour les vivants et pour les morts.

Quotidiennement, elle se fit un devoir de descendre à la cave. Son nez n'avait pas faibli, et l'on ne se lassait pas des bouquets qu'elle assemblait et qui arrivaient encore à surprendre. Hélas, quand Marguerite humait les vins, la délicatesse des arômes avait beau l'enchanter, derrière les parfums subtils, elle devinait une odeur froide et rampante : la tentation de la mort. Obstinée, elle refusa de se laisser chloroformer, applaudit coûte que coûte aux premiers mots d'Iris, soutint Camélia quand celle-ci sombra dans la mélancolie, après que son manuscrit fut refusé par un éditeur. Elle lutta tant et si bien contre la vie qui s'en allait qu'elle éprouva une joie sincère lorsque Rose et Haïm publièrent enfin leur encyclopédie sonore – malgré son succès relatif. Elle connut même de grands transports. Comme ce mardi où, accrochée aux accoudoirs de son fauteuil, elle trembla pour son Méchant joyau, que Michel Polac avait invité dans sa « Bibliothèque de poche », sur la deuxième chaîne. La jeune femme fit un tabac, clouant le bec à un dandy qui prétendait que la poésie était morte en 1914 – en même temps que Dieu, affirmait-il, la bouche en cul-de-poule. Camélia se leva et improvisa un texte comme on crache par terre :

Ils nous emmerdent tes mots
Faut leur rabattre le caquet et leur claquer la rate
À coups de crin, de rots, de crocs
Je racle les fonds de la guerre
et j'en sors des rames de papier
Des rats en clapier
Je m'en torche le cul
Et m'en tartine la langue
Pour te la tirer
Bien droit dans le cul

— Dans tes dents ! exulta Marguerite, en sautant sur son fauteuil dans un mouvement vengeur.

Elle resta donc debout. Parce qu'il le fallait. Parce que jadis, si elle n'avait pas tenu bon, elle n'aurait pas retrouvé Jacques. Parce que si elle n'avait pas tenu bon, elle n'aurait pas revu Audrain. Ni maintenu les Mûriers. Et parce que s'ils n'avaient pas tenu bon, les Papernick auraient péri à Auschwitz.

Alors, pendant des années, Marguerite tint bon.

CHAPITRE 41

Où les hospices ont des noms
de maternité

Jusqu'au jour où – on ne sut jamais vraiment comment cela arriva – elle se mit à rire pour un rien. Un matin, un papillon traversa le ciel, et elle rit. Comme ça, sans raison. La semaine suivante, quand une entreprise de traitement antitermite frappa à la porte pour proposer ses services, Marguerite se mit de nouveau à rire. Tellement fort qu'on ne put l'arrêter. Une fois calmée, elle fut incapable d'expliquer ce qui s'était passé. Ainsi, l'hilarité envahit-elle petit à petit son esprit, minuscule monstre tapi sous son crâne. La bête joua avec ses souvenirs, s'amusa à mettre les chemises à la place des pantalons, mélangea les noms et les dates, si bien que son histoire finit par danser comme le linge tourbillonne dans le tambour d'une machine à laver.

Bientôt, Marguerite déraisonna complètement.

Un soir, Rose lui annonça qu'elle avait un cancer. Sa mère lui répondit que le riesling accompagnait parfaitement le crabe. Quelques mois plus tard, lorsque Rose mourut, Marguerite se contenta de regarder dans le vide en souriant :

— Les roses, ma mère aimait les roses… Mais elle préférait les giroflées.

Elle ne réagit pas plus au décès d'Haïm, un an plus tard. Elle vaquait de-ci de-là. Castor Papadopoulos était fasciné : la vieille femme était à la fois ici et ailleurs, véritable incarnation des états relatifs de la physique quantique. Il était bien le seul à trouver cette dégénérescence épatante. Camélia ne supportait pas de voir sa grand-mère perdre pied. De cette expérience, elle tira sa dernière et meilleure œuvre,

Le Catalogue de l'oubli. Le texte était dédié à Marguerite. Iris pleura en parcourant le recueil.

L'aïeule, que l'allégresse avait guidée toute sa vie, retrouvait, aux confins de la vieillesse, un allié dévoué, le seul à avoir tenu bon quand tous les autres avaient foutu le camp : le rire, fidèle au poste. Au creux de ses joues, dans la multitude des rides à la commissure de ses lèvres, au bord de ses yeux, il avait résisté, prompt à la défendre contre le désespoir. Ensemble, ils avaient fait front.

Grâce à lui, Marguerite ne se rendit pas compte que les siens disparaissaient, des plus vieux aux plus jeunes. Elle demeura increvable, à s'amuser d'un rien, comme un bébé. Ainsi survécut-elle à Camélia, emportée d'un coup de revolver dans la tempe. À Diogène, qui se noya peu après dans un tonneau de vin – suicide ou accident, elle ne se poserait même pas la question. Elle ne pleura pas plus Castor, qu'une crise cardiaque terrassa dans la foulée.

Il ne resta bientôt plus qu'Iris et elle. Ce qui la fit glousser – comme tout. Que son arrière-petite-fille se lançât dans des études en neurosciences, la trisaïeule s'en tordit. Qu'elle fût devenue une sommité sur Alzheimer, concert de pouffements. Et quand Iris lui annonça qu'elle était amoureuse d'un vétérinaire, Marguerite se plia en deux. Au mariage, l'ancêtre faillit s'étouffer de rire. Elle n'en finissait pas de se boyauter.

Rien d'étonnant, donc, à ce qu'elle se gondolât

le jour où la jeune femme reçut une proposition de travail à Paris. Le coup de fil laissa Iris bouche bée, partagée entre l'envie de se réjouir et celle de pleurer : directrice de laboratoire à l'institut Pasteur ! Un poste qu'elle ne pouvait refuser. Mais qu'allait-on faire de Marguerite ? On demanda à l'aïeule, *Aimerais-tu aller à Paris ?* Fou rire. *Serais-tu prête à quitter les Cévennes ?* Bouffonnade. La décision fut prise. On ferma les volets. Les Mûriers ne seraient plus qu'une maison de vacances. Et quand Marguerite aperçut le TGV entrer en gare, elle s'esclaffa : ce train n'avait même pas de roues, il n'irait pas loin ! La fêlure était bien trop profonde pour que la vieille femme se souvînt du matin où, des décennies en arrière, elle avait grimpé pour la première fois dans le PLM, direction la capitale. Marguerite était trop loin pour être où que ce fût, évaporée dans ce monde où les morts dansaient si fort dans son cœur qu'elle n'entendait plus les vivants.

Le matin où Iris accoucha de Gabriel, on eut l'impression que la trisaïeule était définitivement redevenue une enfant. On la plaça aux Bleuets. Joli nom. Presque celui d'une maternité.

ÉPILOGUE

Où… (2022)

Gabriel, c'est moi. Le fils d'Iris et du vétérinaire. Quand Mamita est morte, la Terre s'est arrêtée de tourner à la maison. Je ne comprenais pas pourquoi. Imaginez une ancêtre suffisamment vieille pour être née deux siècles plus tôt, et assez givrée pour ne pas savoir qu'on avait survécu au bug de l'an 2000 : pour moi, elle n'avait pas plus d'intérêt que ces canassons gribouillés au fond d'une grotte en Ariège. Faut pas m'en vouloir : Spiderman, c'était autre chose qu'une vioque toute desséchée à cause de ses fuites.

À quinze ans, en revanche, on ne met plus de pyjama rouge et bleu avec des toiles d'araignée. On se trouve d'autres héros. Moi, à cette époque, j'ai découvert que j'avais grandi sur l'épaule de géants. Quand j'en ai pris conscience, malheureusement, tous étaient morts – sauf Maman et Papa.

C'est arrivé aux Mûriers – on y passait nos étés. Cette année-là, je fumais mes premières Lucky. Je m'étais caché au grenier pour en griller une.

Là, je suis tombé sur une boîte en fer rouge, toute cabossée. Dedans, un bazar de malade : des giroflées séchées, un vieux ticket de métro première classe, une drôle de bobine de soie, un bouchon en liège, une clef avec un atroce petit cochon au bout, un disque, des cassettes, des piles de lettres, un bleuet en papier, une photo en noir et blanc, et tout un tas de vielleries jaunies par le temps. Au milieu, le croquis d'une meuf à tomber par terre. J'en avais lâché ma cigarette. Derrière, un mot griffonné de la main d'un certain Pablo je-sais-pas-quoi : *Pour Marguerite.* La bombe, c'était Mamita ! Pas de chance : déjà que j'étais puceau, j'avais en plus le coup de foudre pour mon arrière-arrière-grand-mère… Ça partait mal pour ma pomme.

Pourtant, la suite a été du tonnerre. J'ai dénoué le paquet de lettres. Lu la première, la deuxième. Et n'ai plus pu m'arrêter. Pire qu'une drogue. Au fur et à mesure, le cocon s'est dévidé, formant un long fil avec lequel j'ai tissé une histoire incroyable. Encore plus folle que celle de Spiderman. L'histoire de Mamita, la Femme-Papillon. Vous me répondrez que les lépidoptères vivent moins d'une semaine – et ce n'est pas mon trisaïeul qui aurait dit le contraire. Mais vous auriez tort, et lui avec. Mon arrière-arrière-grand-mère a vécu cent sept ans : cinq mille cinq cent soixante-quatre semaines de vol, la Mamita. Et mis à part les dernières années où elle s'est cognée aux fenêtres, elle a traversé les saisons comme le vent, légère et insouciante, en faisant virevolter ses jupons. Chaque jour, elle l'a butiné. Quand j'ai capté ça, mon sang a tambouriné dans mes veines. On aurait dit que Marguerite Aghulon tapait à ma porte.

Les années ont passé. J'ai interrogé ceux qui l'avaient connue : Papa, Maman, et plein de croûtons qui vivaient autour des Mûriers. Je suis même allé fouiller du côté des morts : le dimanche au cimetière, le soir sur Internet, et mes vacances aux archives – du département, des journaux, de l'institut Pasteur… Mes potes se sont copieusement foutus de moi. Je m'en moquais, parce que j'apprenais tout un tas de trucs hallucinants et inutiles. Ce qu'est la pébrine ou une Amédée Bollée. Je me sentais bien dans ce monde où les chats parlaient et les femmes portaient des noms de fleurs. Bientôt, je n'ai plus pensé qu'à ça, le nez tellement fourré dans les antiquités que je n'arrêtais pas d'éternuer.

Et puis un lundi, mon patron m'a convoqué. C'est peut-être la meilleure chose que ce couillon ait jamais faite : me licencier. Alors j'ai largué mon studio à Paris et atterri aux Mûriers. Ça embaumait les fruits écrabouillés dans l'allée. La clef était toujours sous le tonneau, devant le chai, c'était pas compliqué.

Quand j'ai ouvert les volets, la poussière a dansé comme un petit bal perdu. Sans vraiment réfléchir, je me suis assis à la table en bois de la cuisine. J'ai allumé mon ordinateur et commencé à écrire. Ça a duré un jour, puis deux, puis une année. J'ai pas vu les mois filer. Tout ce que je sais, c'est qu'un matin, tandis que je téléphonais à ma mère pour lui lire la dernière page, elle m'a demandé :

— Cette histoire, Gaby, qu'est-ce que tu comptes en faire ?

J'ai répété, *Je sais pas*, un peu bêtement. C'est alors qu'une voix grave et douce a résonné dans mon dos :

— Le temps malgré tout trouvera la solution malgré toi.

Quand je me suis retourné, il n'y avait personne, sauf Newton, le chat de la ferme d'à côté, qui me regardait avec un drôle d'air, comme s'il se foutait de ma gueule.

MERCI

À Stéphane, Louison et Violette. Ce livre a commencé avec eux.

À mes parents, mes grands-parents, mes bisaïeux, mes trisaïeux et tous ceux qui les ont précédés.

À Ninon, Christine, Jean-Manuel, Caroline et Dominique.

À Sheitan, Soleil, Philae, Thor, Basile, Boli, Mouche, Félix, Houpette, Tigrette, Mioumiou, et tous les philosophes à quatre pattes qui ont partagé ma vie.

À Hélène Bautista, pour son immense rigueur et sa fantaisie.

À tous ceux qui, chacun à sa manière, m'ont épaulée : Paul-André, Audrey, Catherine, Thomas, Isabelle, Sébastien, Cécile, Donata, Marianne, Marie-Anne, Jacqueline, Pascal et Laurence, Robert, Philippe, Ken, Jean-Luc, Sandrine, Henri, Antoine, Hélène, Pascal, Jean-Jacques, Frédéric, Luis, Élise, Véronique, Amandine.

À Valérie Millet et Marc Villemain. Le plaisir de travailler avec eux, comme les meilleurs crus, ne cesse de se bonifier.

Enfin, au vin, à la science, à la littérature, et aux iris des Cévennes.

DE LA MÊME AUTRICE

Aux Éditions du Sonneur

UNE IMMENSE SENSATION DE CALME, 2018 (Folio n° 2020). Prix SGDL révélation.

LE SANCTUAIRE, 2020 (Folio n° 7037). Grand Prix de l'Imaginaire.

L'AUTRE MOITIÉ DU MONDE, 2021 (Folio n° 7229). Prix Orange du livre, prix des libraires Folie d'Encre, prix de la librairie Coiffard, prix de la librairie Le Baz'Art des Mots.

SUR L'ÉPAULE DES GÉANTS, 2022 (Folio n° 7360). Prix Alexandre-Vialatte.

À L'École des Loisirs

LE SOUFFLE DU PUMA, 2023.

Tous les papiers utilisés pour les ouvrages des collections Folio sont certifiés et proviennent de forêts gérées durablement.

Composition Nord Compo
Impression Maury Imprimeur
45330 Malesherbes
le 22 mars 2024
Dépôt légal : avril 2024
Numéro d'imprimeur : 276978
ISBN 978-2-07-302968-3 / Imprimé en France

600812